21世纪国际经济与贸易学专业系列教材

国际贸易实务

（第二版）

主编◎王秋红　　副主编◎陈宇红　石红莲

International Trade Practice

清华大学出版社
北京

内 容 简 介

本书依据 INCOTERMS® 2020 等最新的国际贸易规则编写，内容包括：导论；INCOTERMS® 2020 中的贸易术语；商品的品名、品质、数量和包装；国际货物运输；国际货物运输保险；进出口商品的价格；国际货款的收付；进出口商品检验、索赔、不可抗力和仲裁；交易的磋商与合同的签订；进出口合同的履行；国际贸易方式；电子商务与跨境电子商务。书中每章前面列有引导案例、教学目标、教学重点和教学难点，后面附有复习思考题、案例分析题和技能拓展训练，便于教师教学和学生学习使用。

本书既可作为国际经济与贸易学专业及相关专业的本科生、研究生教材，也可作为大专院校相关专业的教材，还可供外贸理论工作者和实际工作者学习使用。

图书在版编目（CIP）数据

国际贸易实务/王秋红主编. —2 版. —北京：清华大学出版社，2022.4
21 世纪国际经济与贸易学专业系列教材
ISBN 978-7-302-60398-6

Ⅰ．①国… Ⅱ．①王… Ⅲ．①国际贸易－贸易实务－高等学校－教材 Ⅳ．①F740.4

中国版本图书馆 CIP 数据核字（2022）第 048635 号

责任编辑：邓　婷
封面设计：刘　超
版式设计：文森时代
责任校对：马军令
责任印制：朱雨萌

出版发行：清华大学出版社
　　　　　网　　　址：http://www.tup.com.cn，http://www.wqbook.com
　　　　　地　　　址：北京清华大学学研大厦 A 座　　　　　邮　　编：100084
　　　　　社 总 机：010-83470000　　　　　　　　　　　邮　　购：010-62786544
　　　　　投稿与读者服务：010-62776969，c-service@tup.tsinghua.edu.cn
　　　　　质量反馈：010-62772015，zhiliang@tup.tsinghua.edu.cn
印 装 者：小森印刷霸州有限公司
经　　销：全国新华书店
开　　本：185mm×260mm　　　印　　张：17　　　字　　数：409 千字
版　　次：2012 年 6 月第 1 版　　2022 年 4 月第 2 版　　印　　次：2022 年 4 月第 1 次印刷
定　　价：55.00 元

产品编号：080771-01

第二版前言

《国际贸易实务》第一版于 2012 年 6 月出版，该书出版后得到了同行专家、兄弟院校的大力支持，在此对大家表示衷心的感谢！

为了更好地满足高校和社会的需要，我们对原书进行了修订，除对原来的内容做了细致的修改外，对原书的内容也进行了补充和更新。

本次修订保留了本教材第一版原有的特点及基本体系结构，增加了引导案例，并对课后部分案例分析题和复习思考题进行了更新。教材内容上的修改变动主要体现在以下几个方面。

（1）对第二章内容进行了彻底修改。INCOTERMS® 2020 于 2020 年 1 月 1 日生效，本书第二章的内容按照对外经济贸易大学出版社 2020 年 1 月出版的《国际贸易术语解释通则 2020》重新编写，内容体现了该国际贸易惯例最新的变化。

（2）对其他章节内容进行了更新。本教材第一版出版之后，国际贸易相关规则和惯例有了一些变化和更新，比如，ISBP681 在 2013 年修订为 ISBP745，eUCP2.0、eURC1.0 于 2019 年 7 月 1 日生效等。本次修订时充分考虑了这些规则的新变化。

（3）增加了部分章节的内容。考虑到近年来跨境电子商务作为一种新的贸易方式已成为外贸新的增长点，在第十二章增加了一节专门介绍跨境电子商务的内容。

本书的修订编写分工情况为：王秋红负责编写第一章、第二章和第三章，王育琴负责编写第四章，陈宇红负责编写第五章、第六章和第七章，石红莲负责编写第八章、第九章和第十章，陈幼明负责编写第十一章，陈玉冰负责编写第十二章。王秋红教授负责全书的统稿工作。

在编写的过程中，我们参考了大量的国内外著作、教材及文献，借鉴和吸收了国内外专家学者的研究成果，这里无法逐一列出，在此表示诚挚的谢意。

本书在修订过程中得到了清华大学出版社邓婷老师及其他老师的热情帮助和大力支持，衷心感谢他们为本教材出版付出的辛勤劳动。同时，也感谢清华大学出版社为本书出版提供的帮助和支持。

由于时间仓促，加之水平有限，书中疏漏和不妥之处在所难免，敬请同行、专家和读者批评指正。

编　者
2021 年 12 月

第一版前言

在世界经济全球化迅猛发展的国际环境下，我国的对外贸易得到了快速发展。为了培养更多的国际经贸人才，满足国际经济与贸易专业开设"国际贸易实务"课程的需要，我们编写了这本《国际贸易实务》教材。

"国际贸易实务"课程是国际经济与贸易及相关专业的必修课。目前国内正式出版的《国际贸易实务》教材非常多且各有特色，由于国际贸易实务是一门具有涉外活动特点的、实践性很强的综合性应用学科，它涉及国际贸易理论与政策、国际贸易法律与惯例、国际金融、国际运输与保险等学科的基本原理与基本知识的运用，当相关理论、政策、法律和惯例发生变化时，《国际贸易实务》教材的内容也要做相应的更新和变化。

本书包含了我们多年来从事国际贸易实务教学和实践的经验积累，它主要有以下几个特点。

（1）内容新颖。本书根据最新的国际贸易惯例和规则，介绍了国际贸易实务的主要知识和基本业务操作方法。书中除了充分体现 2007 年后实施的 UCP600、eUCP1.1、ISBP681 等新规则内容外，还将 2011 年 1 月 1 日生效的 INCOTERMS® 2010 的内容完全体现在教材中，是目前国内最早反映这方面内容的教材之一。

（2）结构合理。本书以合同条款为主线，以进出口贸易基本内容为框架，全面系统地介绍了国际贸易实务的基本知识和操作方法，脉络清晰，重点突出。本书导论部分对国际贸易的基本流程进行了简单介绍，之后按照贸易操作的重点和合同条款的内容依次分章介绍，最后详细介绍了国际贸易的基本操作流程，这种介绍方法便于学生学习和掌握复杂的国际贸易实务知识。

（3）实用性强。本书紧密围绕国际贸易进出口业务所需的基本知识编写而成，不仅能够满足外经贸业务人员提高业务能力的需要，而且书中每章开头列有教学目标、教学重点和教学难点，每章之后附有外贸业务中常见的案例，既方便教师教学使用，也方便学生学习使用。另外，本书在各章后面都安排有技能拓展训练，目的是为了让学生熟悉与外贸活动相关的一些实际业务活动的操作程序，使学生对实际工作有更多的了解。

本书的编写分工情况为：王秋红负责编写第一章、第二章和第三章，陈宇红负责编写第四章、第五章、第六章和第七章，石红莲负责编写第八章、第九章和第十章，耿小娟负责编写第十一章，陈幼明负责编写第十二章。王秋红教授负责全书提纲的拟定以及全书的统稿工作。

在编写的过程中，我们参考了大量的国内外著作、教材及文献，借鉴和吸收了国内外专家学者的研究成果，这里无法逐一列出，在此表示诚挚的谢意。

本书在编写过程中得到了清华大学出版社的大力支持和帮助，在此表示衷心的感谢！

由于时间仓促，加之水平有限，书中疏漏和不妥之处在所难免，敬请同行、专家和读者批评指正。

编 者

2012 年元旦

目　　录

第一章 导 论

【引导案例】

根本性违约案例

案情描述： 甲国的 A 公司从乙国的 B 公司进口一批圣诞饰品，准备在圣诞节来临前投放市场。合同规定乙国的 B 公司应在 9 月底以前将货物装船出运，但乙国的 B 公司由于货源组织出了问题，延至 10 月底才装船出运。待货到甲国指定港口后，已错过了市场销售旺季，甲国的 A 公司拒收货物并要求撤销合同，双方为此产生贸易纠纷并诉诸法律。

案例分析： 甲国的 A 公司有权做出拒收货物并要求撤销合同的决定。根据《联合国国际货物销售合同公约》的规定，乙国的 B 公司的行为实质上剥夺了甲国的 A 公司根据合同获得规定货物的权利，导致甲国的 A 公司遭受损失，属于根本性违约。根本性违约的后果是违约方必须赔偿对方的损失和承担相应的法律责任。

外贸企业违约不仅影响企业自身的信誉和形象，而且会给国家形象造成极大的损害，因此，外贸人员一定要熟悉并掌握贸易程序和贸易规则，树立诚信为本的经营观念。

【教学目标】

通过本章的学习，使学生了解国际贸易实务的研究对象和内容，初步掌握国际贸易业务的基本流程，了解国际贸易中贸易法律、条约和惯例的适用，为学习以后各章打下基础。

【教学重点】

国际贸易实务的研究对象和内容；国际贸易业务的基本流程。

【教学难点】

国际贸易实务的研究对象和内容；国际贸易法律、条约和惯例的适用。

第一节 国际贸易实务概述

一、国际贸易的特点

国际贸易的交易过程、交易条件及涉及的问题都远比国内贸易复杂。与国内贸易相比，国际贸易具有自身独特的特点，具体表现在以下几个方面。

（一）国际贸易所适用的法律规范更多

国际贸易的交易双方处在不同的国家或地区，在洽商交易和履约的过程中涉及各自不同的制度、政策措施、法律、惯例和习惯做法，情况错综复杂，稍有疏忽，就可能影响交易的顺利完成。

（二）国际贸易业务操作更复杂

国际贸易的中间环节多，涉及面广，除交易双方当事人外，还涉及商检、运输、保险、金融、车站、港口和海关等部门以及各种中间商和代理商。不论哪个环节出了问题，都会影响整笔交易的正常进行，并有可能引起法律上的纠纷。另外，在国际贸易中，交易双方的成交量通常都比较大，而且交易的商品在运输过程中可能遇到各种自然灾害、意外事故和其他外来风险。

（三）国际贸易面临的风险更大

国际贸易的交易双方相距遥远，加之国际贸易界的从业机构和人员情况复杂，很容易产生欺诈行为，稍有不慎，就可能上当受骗，导致货款两空，使一方蒙受严重的经济损失。另外，国际贸易中交易的商品在长途运输过程中可能遇到各种自然灾害、意外事故和其他外来风险，加之国际市场千变万化，从而加大了国际贸易的风险。

（四）国际贸易所受的限制更多

国际贸易易受各种政策、经济形势和其他客观条件变化的影响，尤其在当前国际局势动荡不定、国际市场竞争加剧、贸易摩擦愈演愈烈、国际市场汇率经常浮动和货价瞬息万变的情况下，国际贸易所受的限制更为明显，从事国际贸易的难度也更大。

二、国际贸易实务的研究对象和内容

国际贸易实务的研究对象是以国际性商品交换为核心，研究国际性商品买卖的具体运作过程，包括国际性商品买卖的具体流程和各环节的操作方法。

国际贸易中交换的商品包括货物、服务、技术，而货物贸易是最基本的贸易，服务贸易和技术贸易的一些做法是从货物贸易中演化出来的。因此，本书以货物贸易为基础来介绍国际贸易中的一些基本原理和操作方法。

关于商品买卖活动是否具有国际性，即该买卖活动属于国际贸易还是国内贸易，这个问题非常重要，它关系争议或违约处理时涉及的法律适用问题。如何判定一项商品买卖活动是否具有"国际性"，各国法律和国际条约所使用的标准是不同的，主要标准有：买卖双方当事人的营业地处于不同的国家；当事人拥有不同的国籍；订立合同的行为完成于不同的国家；货物须由一国运往另一国。《联合国国际货物销售合同公约》（以下简称《公约》）中采用单一的营业地标准，即以买卖双方的营业地点是否处于不同的国家为判断标准。

根据国际贸易实务的研究对象，其研究内容包括国际贸易术语、国际货物买卖合同条款、国际贸易交易程序以及国际贸易方式。

（一）国际贸易术语

国际贸易术语（trade terms），又称价格术语或贸易条件，是指在国际贸易的长期实践中形成的，用一个简短的概念或英文缩写来说明价格的构成和买卖双方有关风险、责任和费用的划分等问题的专门用语。

在国际贸易中，买卖双方需要通过交易磋商来明确货物交接的地点、货物运输中风险在买卖双方之间如何划分、货物运输手续和保险手续由谁办理、进出口手续由谁办理、各种费用（运费、保险费、进出口捐税、各项手续费及杂费等）由谁支付，以及其他各项事宜。

（二）国际货物买卖合同条款

合同条款（contract clauses）是交易双方当事人在交接货物、收付货款和解决争议等方面权利和义务的具体体现，也是双方履行合同的依据和调整双方经济关系的法律文件。

在国际贸易中，买卖双方除了运用国际贸易术语表示各自的一部分权利、义务和责任外，还要确定一些主要的交易条件，这些交易条件就构成了买卖合同中的主要条款。国际贸易合同条款主要有商品条款、运输条款、运输保险条款、价格条款、货款支付条款、争议和违约处理条款等。

（三）国际贸易交易程序

国际贸易交易程序（international trade operations & procedures）是指国际贸易实务操作的顺序和过程，大体分为三个阶段：交易前的准备阶段、交易磋商和订立合同阶段、合同的履行阶段。

（四）国际贸易方式

国际贸易方式（modes of trade）是指为了达到国际贸易的可持续发展、调动贸易伙伴的积极性、获得更多的贸易利益等目的而在国际贸易实务中采取的特定做法。

除传统贸易方式外，当今贸易方式日益多样化，主要的贸易方式有包销、经销与代理、寄售和展卖、招标与投标、拍卖、期货交易与套期保值、对销贸易、加工贸易、租赁贸易以及电子商务。

三、国际贸易实务课程的学习方法

（一）注重国际贸易实务与国际贸易理论与政策的结合

在学习本课程时，要以国际贸易基本原理和国家对外方针政策为指导，将"国际贸易学""中国对外贸易概论"等先行课程中所学到的基础理论和基本政策加以具体运用，力求做到理论与实践、政策与业务有效地结合起来，不断提高分析与解决实际问题的能力。

（二）注重国际贸易业务与相关法律知识的联系

国际贸易法律课程的内容与国际贸易实务课程的内容关系密切。国际货物买卖合同的成立，必须经过一定的法律步骤，国际货物买卖合同是对合同当事人双方有约束力的法律文件。

履行合同是一种法律行为，处理履约当中的争议实际上是解决法律纠纷。不同法系的国家，对法律纠纷裁决的结果也不相同，这就要求从实践和法律两个侧面来研究本课程的内容。

（三）注重本课程与其他相关课程的联系

"国际贸易实务"是一门综合性学科，与其他课程的内容联系紧密，在教与学的过程中，应对各门学科的知识进行综合运用，比如，讲到商品的品质、数量和包装内容时，就应该去了解商品学的知识；讲到商品的价格时，就应该去了解价格学、会计学和金融学的知识；讲到国际货物运输与保险的内容时，就应该去了解运输学、保险学的知识；讲到争议、违约、索赔、不可抗力等内容时，就应该去了解相关的法律知识等。

（四）注重理论与实践的结合

本课程是一门实践性很强的应用学科。在学习过程中，要重视实例分析和操作训练，并安排学生到校外参观、实习，以增加感性认识。此外，还应加强基本技能的训练，注重学生能力的培养。在教学过程中，将理论与实际相结合、教学与实践相联系，是培养新型外贸专业人员的一种有效方式。

（五）加强国际贸易专业英语的学习

对于外贸专业人员而言，不仅要掌握一定的专业知识，还要能熟练地用英语与外商交流、谈判及写传真、书信。如果专业英语掌握得不好，就很难胜任工作，甚至会影响业务的顺利进行。因此，应加强英语的学习，熟练掌握外贸专业术语。

（六）加强国际贸易规则和惯例的学习

为了适应国际贸易发展的需要，国际商会等国际组织相继制定了有关国际贸易方面的各种规则，如《国际贸易术语解释通则》《托收统一规则》《跟单信用证统一惯例》等。这些规则已成为当前国际贸易中公认的国际惯例，被人们普遍接受和经常使用，并成为国际贸易界从业人员遵守的行为准则。因此，在学习本课程时，必须研究国际上一些通行的惯例和普遍实行的规则，并学会灵活运用国际上一些行之有效的贸易方式和习惯做法，以便按国际规范办事，在贸易做法上加速与国际市场接轨。

第二节　国际贸易业务的基本程序

国际贸易分为出口贸易和进口贸易两部分，但是，无论是出口贸易还是进口贸易，其基本程序一般都包括三个阶段，即交易前的准备、合同的商订和合同的履行。

一、出口贸易的基本程序

（一）出口交易前的准备

出口交易前的准备包括开展国际市场调研和制订出口贸易计划。出口交易前开展国际市场调研的目的在于把握国际市场，寻找有利的出口贸易机会。国际市场调研的内容很多，主要包括国外的商品供求形势、价格趋势、市场竞争情况、贸易限制条件、社会文化背景、客户资信情况等。应在进行国际市场调研的基础上，制订出口贸易计划，确定一定时期内出口贸易的设想、做法，如产品系列、目标市场、客户选定、贸易方式、价格和支付条件、成本及经济效益的核算等。制订出口贸易计划有利于出口业务的管理，从而使出口业务的各个环节可以更好地协调配合，顺利完成出口贸易计划。

（二）出口交易磋商和出口合同的订立

根据出口贸易计划，与客户进行接触联系。在与贸易对象建立业务关系之初，为了简化今后交易磋商的内容，可以先与客户就一般交易条件达成协议。交易磋商是指对出口交易条件的具体内容进行谈判，交易条件主要包括商品的品质、数量、包装、价格、交货方式、货款支付方式等。交易磋商可以通过书信、电报、传真等书面形式进行，也可以通过电话、当面谈判等口头形式进行。交易磋商的一般程序包括询盘、发盘、还盘、接受。在交易磋商中，有一方的发盘和另一方的接受，合同即告成立。但是，根据某些国家的法律规定，双方当事人还应签署一份书面合同。

（三）出口合同的履行

出口合同订立后，买卖双方应按照合同规定履行各自的义务，若有违约，则要承担相应的责任。合同的履行程序依据合同规定的交易条件而定。如果合同规定采用 CIF 贸易术语和信用证支付方式，出口方履行合同需要完成以下程序。

1. 准备货物，落实信用证

出口方按合同规定的数量和质量，在合同规定的交货时间之前准备好货物。落实信用证包括催证、审证和改证。催证是指合同订立后，出口方催促进口方尽快申请开立信用证。信用证是出口方收取货款的一种保证。出口方收到信用证后，要根据合同的规定审查信用证，如果发现信用证中有与合同不符且无法接受的条款，应立即向进口方提出，催促进口方尽快要求银行修改信用证。

2. 商品检验，申领出口许可证

货物准备好之后，要按照合同的规定或有关的法规报请商检机构进行检验。货物经检验合格并获得商检证明后，才能出口。另外，国家对部分商品规定其出口需要获得国家颁发的出口许可证才能出口，因此，这类商品需要提前办理申领出口许可证的相关手续。

3. 安排运输，办理保险

货物出口需要运输。出口企业一般委托运输代理机构办理运输事宜。运输代理机构根据出口企业对运输的时间、装运地和目的地的要求，找运输公司洽谈，办理运输手续。安排了运输，明确了载货工具后，出口企业要及时办理运输保险。

4. 申报通关，装运货物

货物出口前要通过海关的检查，因此，出口企业要向海关办理报关手续。经海关查验放行后，可将货物装上运输工具，并从运输公司取得由其签发的运输单据，然后，向进口方发出货物已装运的通知，以便进口方安排接收货物和支付货款等事宜。

5．缮制单据，收取货款

货物装运后，出口企业要着手缮制和备妥各种信用证规定的单据，包括发票、汇票、运输单据、保险单据等主要单据以及其他单据，然后，把这些单据交给银行进行议付。银行审查这些单据是否与信用证规定一致。如果单证相符，银行就把货款支付给出口企业。出口企业收取货款后，合同履行完毕。

6．收汇核销，出口退税

出口企业收妥货款后应在规定时间内，持银行出具的、盖有"出口收汇核销专用章"的结汇水单、盖有"验讫"章的出口收汇核销单及出口货物报关单"收汇核销联"，向外汇管理部门办理出口收汇核销手续。核销之后，出口企业填写出口产品退税申请表，并按规定持海关盖有"验讫"章的出口报关单、出口销售发票、出口商品购进发票、银行出具的出口结汇水单、外汇管理部门出具的出口收汇已核销证明，到当地商务管理部门稽核签章，然后报所在地主管出口退税业务的税务机关申请退税。

上述出口贸易的基本程序可以用图 1-1 表示。

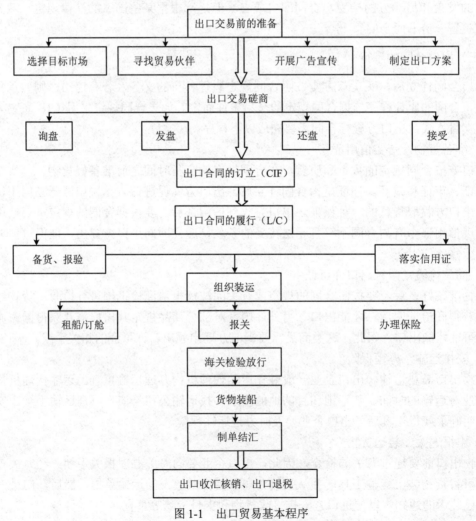

图 1-1　出口贸易基本程序

二、进口贸易的基本程序

（一）进口交易前的准备

进口交易前的准备包括国际市场的调研和制订进口贸易计划。进口交易前开展国际市场调研的目的在于把握国际市场，寻找有利的进口贸易机会。国际市场调研的内容主要有国外的商品供应情况、品质及价格水平的比较、国外市场的销售渠道、出口国的政策及法律、国外供应商的资信情况等。应在进行国际市场调研的基础上制订进口贸易计划，确定一定时期内进口贸易的设想、做法，如产品系列、供应商的选定、贸易方式、价格和支付条件、进口成本、进口关税和国内税、经济效益的核算等。制订进口贸易计划有利于进口业务的管理，使进口业务的各个环节可以更好地协调配合。

（二）进口交易磋商和进口合同的订立

进口交易磋商和进口合同订立的做法及程序与出口交易基本相同。在与国外出口商建立业务联系之初，可先就一般贸易条件达成协议，贸易磋商的内容主要是各项贸易条件。贸易磋商的程序和方式等都与出口交易基本相同，不同之处主要是对贸易条件提出的要求不同，最明显的是出口时设法提高价格，进口时设法降低价格，从不同的立场提出对自己最有利的条件。

（三）进口合同的履行

进口合同成立后，买卖双方按照合同的规定履行自己的义务，若有违约，则承担相应的责任。合同的履行程序依据合同规定的交易条件而定。如果合同规定采用 FOB 贸易术语和信用证支付方式，进口方履行合同需要完成以下程序。

1. 申报进口

如果属于进口管制的商品，进口前需要向政府有关管理部门申请领取进口许可证。

2. 开证、改证

向银行申请开立信用证，以履行合同规定的付款义务。如果出口方收到信用证后，经审核发现内容与合同规定不符而提出修改，进口方则要向银行申请修改信用证。

3. 托运与投保

进口方办理运输事宜，由运输公司派船到合同规定的出口方交货的装运港去接货；另外，还要向保险公司办理保险。

4. 审单和付款

收到开证银行提交的出口方的交货单据后，进口方要对这些单据进行审核。如果单据符合信用证的规定，则要向开证银行交付货款，提取单据。

5. 提货、报关

货物到达目的港后，进口方凭运输提单向船方交单提货。货物进口要向海关申报，接受海关的审核，并缴纳进口关税。报关纳税后，货物才能进入关境内。

6. 商品检验

进口方收到货物后，按合同规定可以行使货物的检验权，即向国内的商检机构申请商品检验。商品检验合格，进口方须接收货物；商品检验不合格，进口方可凭检验证明向出口方提出索赔。

上述进口贸易的基本程序可以用图 1-2 表示。

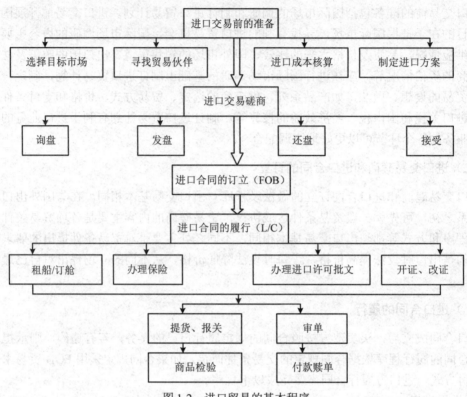

图 1-2　进口贸易的基本程序

第三节　国际贸易法律、条约和惯例及其适用

国际贸易遵循的法律体系包括各国国内法规和国际法规两部分。国内法规是指一国管理本国对外贸易的法规，如《中华人民共和国对外贸易法》（简称《对外贸易法》）、《中华人民共和国货物进出口管理条例》（简称《货物进出口管理条例》）、《中华人民共和国海关法》（简称《海关法》）、《中华人民共和国进出口商品检验法》（简称《进出口商品检验法》）、《中华人民共和国外汇管理条例》（简称《外汇管理条例》）等。国际法规不仅包括国际商法，也包括各国对外签订的双边和多边国际经贸条约和协定。

一、各国有关国际贸易的法律

各国有关国际贸易法律的形式和内容并不完全相同。在英美法系国家，没有民法和商法之分，英美法系国家既没有民法典，也没有商法典，这些国家的货物买卖法大多以单行法的形式出现。在英国，具有代表性的是《1893 年货物买卖法案》；在美国，1906 年制定了《统一买卖法》，后来，由于这部法律已不能适应美国经济发展的需要，1942 年，美国统一州法委员会和美国法学会联合制定了《统一商法典》，其中第二编就是有关买卖法的法律规定。但这部法典并未被美国国会通过，而是由民间团体起草供各州自由采用的样板法。按照美国宪法的规定，有关贸易的立法权原则上属于各州，所以各州对于是否采用《统一商法典》有完全的自主权。但是这部法典比较能够适应美国的经济发展，因此除了路易斯安那州外，所有的州均已立法通过采用这部法典。在大陆法系国家，大多把买卖法纳入民法典，作为民法典的组成部分。尽管大陆法系和英美法系在货物买卖法的立法形式上有所不同，但是有一点是相同的，就是这些国家只有一种买卖法，它既适用于国内货物的买卖，也适用于国际货物的买卖。

我国曾将国内货物买卖法和国际货物买卖法分别立法，制定了《中华人民共和国经济合同法》和《中华人民共和国涉外经济合同法》，但这种做法已不能适应社会主义市场经济的要求，因此，我国于 1999 年制定了统一的《中华人民共和国合同法》（简称《合同法》），它是一部民事单行法。我国自 2021 年 1 月 1 日起正式施行《中华人民共和国民法典》（简称《民法典》），这是新中国第一部以法典命名的法律，在法律体系中居于基础性地位，也是市场经济的基本法。《民法典》实施后，《合同法》废止，有关合同的民事法律规范体现在《民法典》中。

二、国际贸易条约

国际贸易条约（international trade treaty），是两个或两个以上的国家之间、国家与国际组织之间，以及国际组织之间依据国际经济法所缔结的，以条约、公约、协定和协议等名称出现的，以调整国际贸易关系为内容的一切有法律拘束力的文件。它是缔约国之间开展经济贸易往来所必须遵守的准则。由于各国的货物买卖法各不相同，发生法律冲突在所难免，这对于发展国际贸易是不利的。因此，制定统一的规范国际货物买卖的法律和公约一直是世界各国、各种贸易团体追求的目标。

目前，比较有代表性的国际贸易条约包括关于国际货物买卖方面的公约、关于国际货物运输方面的公约、关于国际支付方面的公约等。关于国际货物买卖方面的公约主要有《国际货物销售统一法公约》《国际货物销售合同成立的统一法公约》《联合国国际货物买卖时效期限公约》《联合国国际货物销售合同公约》；关于国际货物运输方面的公约主要有《统一提单的若干法律规则的国际公约》、《联合国海上货物运输公约》（简称《汉堡规则》）、《联合国全程或部分海上国际货物运输合同公约》（简称《鹿特丹规则》）、《统一国际航空运输某些规则的公约》（简称《华沙公约》）、《国际铁路货物联运协定》（简称《国际货协》）、《关于铁路货物运输的国际公约》（简称《国际货约》）、《联合国国际货物多式联运公约》；关于国际支付方面的公约主要有《汇票、本票统一法公约》《解决汇票、本票法律冲突公约》《统一支票法公约》《解决支票法律冲突公约》《联合国国际汇票与国际本票公约》。

《联合国国际货物销售合同公约》（以下简称《公约》），是联合国国际贸易法委员会在《关于国际货物销售的统一法公约》和《关于国际货物销售合同成立的统一法公约》的基础上经过十多年的起草和修改，于 1980 年通过。截至 2020 年 12 月，已有 96 个国家加入了该公约，我国也加入了该公约。《公约》为不同经济、政治和法律制度的国家提供了平等的、统

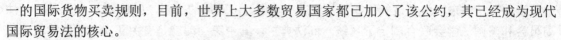

一的国际货物买卖规则，目前，世界上大多数贸易国家都已加入了该公约，其已经成为现代国际贸易法的核心。

我国缔结或者参加的国际条约构成我国法律的一部分，具有国家法的效力。国际条约优先于国家法，即当我国缔结或者参加的国际条约与我国国内的法律有不同规定时，适用有关国际条约的规定，但我国声明保留的条款除外。

三、国际贸易惯例

国际贸易惯例是在国际贸易的长期实践中，在某一地区或某一行业逐渐形成的、为该地区或该行业所普遍认知、适用的商业做法或贸易习惯，作为确立当事人权利和义务的规则，对适用的当事人有约束力。现在的国际贸易惯例经过人们的整理、编纂，表现为书面的成文形式。某一组织、协会的标准合同文本、指导原则、业务规范、术语解释都可以成为国际贸易惯例。国际贸易惯例可以补充现有法律的不足，明确合同条款具体的含义，更好地确认当事人的意图和权利、义务关系。同时，国际贸易惯例促进了国际贸易规则的统一，减少了当事人可能产生的分歧和争议，方便了国际贸易的进行。

国际贸易中的国际惯例很多，涉及不同的种类和方面。目前，在国际贸易领域常见的国际贸易惯例有关于国际贸易术语的国际惯例、关于国际货款收付的国际惯例、关于运输与保险的国际惯例等。国际贸易术语方面的国际惯例主要有国际商会制定的《国际贸易术语解释通则》（INCOTERMS®）、国际法协会制定的《1932 年华沙—牛津规则》、美国全国对外贸易协会制定的《美国对外贸易定义修正本》。国际货款收付方面的国际惯例主要有国际商会制定的《跟单信用证统一惯例》（UCP600）、《托收统一规则》（URC522）。运输与保险方面的国际惯例主要有英国伦敦保险协会制定的《伦敦保险协会货物保险条款》、中国人民保险公司制定的《国际货物运输保险条款》、国际海事委员会制定的《约克—安特卫普规则》。

四、国际贸易法律、条约和惯例的适用

调整国际货物买卖的主要法律是合同法。按照合同法契约自由的原则，当事人可以约定合同适用的法律。因此，在合同的法律适用方面，无论是各国的国内立法还是国际公约，一般都规定当事人可以约定选择合同适用的法律，只有在当事人没有约定的情况下，法院或者仲裁机构才会按照合同最密切联系原则，确定合同适用的法律。但是，当事人选择适用的法律一般应当是实体法，而不包括冲突规范，以避免产生适用法律的不确定性，而法院或者仲裁机构按最密切联系原则确定合同适用的法律一般也是实体法。合同当事人选择用于处理合同争议适用的法律，可以是国际公约、某国的国内法，也可以是国际惯例。由于合同内容的广泛，不同的问题可能有不同的适用规范，因此，在一个合同中可以同时选择适用国际公约、国内法和国际贸易惯例。

在国际贸易中，法律适用涉及法律冲突、法律适用规范和法律适用限制等问题。

（一）法律冲突

法律冲突是指由于两个或者两个以上国家的法律对同一涉外民事关系的规定不一致，用

不同国家的法律处理同一涉外民事关系会出现不同的法律结果，从而引起的法律选用上的矛盾。

法律冲突的产生主要来自两方面的原因：一是国内法与外国法对同一种民事关系的调整规定不同；二是国内法在一定条件下承认外国法的域外效力。

（二）法律适用规范

法律适用是指当面对法律冲突时，必须从不同国家的法律中选择一种法律来处理涉外民事关系，否则问题就得不到解决，这种法律选择被称为法律适用。

究竟适用哪一个国家的法律，这需要由法律适用规范（或称冲突规范）来解决。法律适用规范并不直接确定法律关系当事人的权利与义务，而只是指出某种涉外民事关系适用哪一国家的法律。根据法律适用规范的指示找出的适用法律叫作准据法，它是用来处理具体涉外民事关系的特定国家的实体法。

国际贸易中的法律适用规范一般采用以下几个基本原则。

1．意思自治原则

意思自治原则是指双方当事人在订立合同时，共同选择将某国的法律作为解决与该合同有关的纠纷的依据。

2．客观标志原则

客观标志原则是指在合同当事人没有选择准据法的情况下，依据法律规定和合同的客观标志来确定合同的准据法。合同的客观标志主要有订约地、履约地、法院地或仲裁地、标的物所在地等。

3．最密切联系原则

最密切联系原则是指在当事人没有选择应适用的法律的情况下，法律不具体规定应适用的准据法，而只规定一个原则，即"最密切联系原则"。由法官依据这一原则，选择一个与合同联系最密切的法律予以适用。

我国涉外经济合同的法律适用原则包括意思自治原则、最密切联系原则、适用国际条约原则和适用国际惯例原则。

（三）法律适用限制

1．公共秩序保留

公共秩序保留（reservation of public order）是指法院地国按照冲突规范本应适用外国法时，如果外国法的适用结果将违反国内公共秩序，就排除该外国法的适用。这就是国际私法上的公共秩序问题。

《中华人民共和国涉外民事关系法律适用法》第五条规定，外国法律的适用将损害中华人民共和国社会公共利益的，适用中华人民共和国法律。日本《法例》第三十三条规定，适用外国法的，如果该外国法规定的适用违反公共秩序或善良风俗时，可以不适用。

2．法律规避

法律规避（evasion of law）是指涉外民商事法律关系当事人为逃避本应对其适用的某一国法律，通过故意改变冲突规范连接点具体事实的方法，使得对其有利的另一国法律得以适用的行为。

法律规避的性质涉及法律规避行为在法律上究竟是有效的，还是无效的问题。一种观点认为，法律规避行为是有效的；相反的观点认为，法律规避行为在法律上是无效的。

我国多数法律学者认为，法律规避既包括规避本国法，也包括规避外国法。首先，规避本国强行法的行为一概无效。其次，对规避外国法是否有效的问题，要针对具体案例进行分析，区别对待。如果当事人规避外国法中合理正当的规定，应该认为规避无效；如果当事人规避的是外国法中的不合理的规定，则不应否定该规避行为的效力。

3. 反致、转致和间接反致

（1）反致（renvoi）是指对于某一涉外民事案件，甲国法院根据本国的冲突规范援引乙国法，而依乙国的冲突规范却应适用甲国法；如果甲国法院适用了国内法（实体法），便构成反致。

例如，一个在日本有住所的中国公民，未留遗嘱而死亡，在中国遗留有动产。为此动产的继承，其亲属在日本法院起诉。根据日本的冲突规则，继承本应适用被继承人的本国法，即中国法，但中国的冲突规则却规定动产继承适用被继承人死亡时的住所地法，即日本法。如果日本法院适用了本国继承法判决了案件，就构成反致。

（2）转致（transmission）是指对于某一涉外民事案件，甲国法院根据本国的冲突规范援引乙国法，而依乙国的冲突规范却应适用丙国法，如果甲国法院适用了丙国法（实体法），便构成转致。

例如，一位住所在意大利的丹麦公民，在葡萄牙去世并在葡萄牙留有遗产。根据法院地葡萄牙的国际私法的规定，继承适用被继承人死亡时的属人法，即丹麦法；而丹麦国际私法规定，继承应由被继承人死亡时的住所地法支配，即意大利法。如果葡萄牙法院最终适用了意大利法，则构成转致。

（3）间接反致（indirect remission）是指对于某一涉外民事案件，甲国法院根据本国的冲突规范援引乙国法，而依乙国的冲突规范却应适用丙国法，但丙国的冲突规范还是指定适用甲国法，如果甲国法院适用了本国法（实体法），便构成间接反致。

例如，一位阿根廷公民在英国有住所，死于英国，在日本遗留有不动产，后因该项不动产继承问题在日本法院涉诉。根据日本国际私法关于继承适用被继承人死亡时的属人法的规定，本应适用阿根廷法；但阿根廷国际私法规定，不论遗产的种类和场所，继承适用死者最后住所地法，又指向英国法；而依英国的冲突规范却规定不动产继承应适用不动产所在地法，即日本法。于是，日本法院接受这种间接反致，在处理该案时适用了自己的实体法。

4. 外国法内容的查明

外国法内容的查明又称作外国法内容的确定，是指法院在审理涉外民事案件时，根据本国冲突规范确定应适用的某外国法后，确定和证明该外国法对某种涉外民事关系有哪些具体的规定。

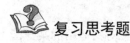 复习思考题

1. 与国内贸易相比，国际贸易有哪些特点？

2．国际贸易实务的研究对象是什么？

3．出口贸易业务的基本程序包括哪些环节？

4．进口贸易业务的基本程序包括哪些环节？

5．目前常见的国际贸易惯例有哪些？

 案例分析题

1．甲国的 A 公司在乙国设立了一个分公司 B，乙国的 C 公司与 A 公司签订了一份来料加工合同，合同规定乙国的 C 公司从 A 公司购买机器设备，从 B 公司购买原材料并加工成成品，B 公司负责将加工后的成品回购，然后再卖给 A 公司，由 A 公司在国际市场上销售。请问：上述涉外经贸活动中的买卖活动是否具有国际性？为什么？

2．中国某外贸进出口公司 A 与日本某外贸公司 B 在中国签订一份出口合同，向日本出口大豆，装运港是大连。双方在执行合同过程中，对合同的形式和合同的解释发生了争议。请问：此项合同纠纷应当使用哪个国家的法律？为什么？

 技能拓展训练

目的：熟悉对外贸易经营者备案登记的办理。

资料：作为一家从事进出口业务的公司，按照《对外贸易经营者备案登记办法》的规定，应当向对外贸易主管部门或者其委托的机构办理备案登记，否则，海关不予办理进出口货物的报关和验放手续。

现在有一家刚成立的外贸公司叫南京顺达进出口公司，你被招聘到该公司。

要求：公司让你去办理对外贸易经营者备案登记，请说明该如何办理。

第二章　INCOTERMS® 2020 中的贸易术语

【引导案例】

CIF 术语纠纷案例

案情描述：我国某出口公司按 CIF 条件向欧洲某国进口商出口一批草编制品，向中国人民保险公司投保了一切险，并规定采用信用证方式结算。我出口公司在规定的期限、指定的我国某港口装船完毕，船公司签发了提单，然后去中国银行议付了货款。第二天，出口公司接到客户来电称：装货的海轮在海上失火，草编制品全部烧毁。客户要求我公司出面向中国人民保险公司提出索赔，否则要求我公司退回全部货款。请问：客户的要求是否合理？为什么？

案例分析：客户的要求不合理，不应由我公司提出索赔。理由：这笔交易是以 CIF 条件成交的，INCOTERMS® 2020 规定：CIF 术语的风险划分界限是以"装运港船上"为界，货物装船前的风险由卖方承担，货物装船后的风险由买方承担。本案中，货物是在运输途中灭失，货物已装上船，责任由买方承担，应由买方向保险公司提出索赔；客户要求我公司出面向中国人民保险公司提出索赔，这一要求是不合理的。至于客户所说的：假如我公司不出面向中国人民保险公司提出索赔，就要求我公司退回全部货款，这一要求根本没有道理。因为 CIF 术语属于象征性交货，即卖方凭单交货，买方凭单付款，我公司只要提交符合信用证要求的单据，银行就应该付款，进口商无权要求我方退回货款。

【教学目标】

通过本章的学习，使学生掌握国际商会制定的 INCOTERMS® 2020 中的十一种贸易术语，特别是几种常用贸易术语的含义、买卖双方的责任和义务及其运用。

【教学重点】

FOB、CFR、CIF、FCA、CPT、CIP 的含义；象征性交货；贸易术语的变形。

【教学难点】

FOB、CFR、CIF 的比较；FCA、CPT、CIP 的比较；贸易术语的选用。

第一节　国际贸易术语及相关国际惯例

一、国际贸易术语

国际贸易术语是指在国际贸易的长期实践中形成的，用一个简短的概念或英文缩写来说明价格的构成和买卖双方有关风险、责任和费用的划分等问题的专门用语。

随着国际贸易的发展变化，国际贸易术语也在不断地发展变化。在国际贸易中，买卖双方需要通过交易磋商来明确货物交接的地点、货物运输中风险在买卖双方之间的划分、货物运输手续和保险手续由谁办理、进出口手续由谁办理、各种费用（运费、保险费、进出口捐税、各项手续费及杂费等）由谁支付等各项事宜。由此可见，在一笔国际买卖交易中，贸易双方需要明确的事项很多，如果买卖双方每一笔交易都要就以上各项交易事项进行磋商，将会花费大量的时间，同时也将会大大增加国际贸易的交易成本，降低交易效率，而且会影响交易的达成。使用国际贸易术语就可以避免这些问题的出现。

国际贸易术语一般包括三方面的内容：责任划分、风险划分和费用负担。责任划分是指买卖双方如何交货、收货，从卖方交货到买方收货过程中涉及的相关工作由谁负责，买卖双方需要交接哪些相关的单据等；风险划分是指买卖双方在交接货物的过程中，货物可能出现的风险由谁来承担；费用负担是指买卖双方在交接货物的过程中，需要支付的相关费用由谁负担。具体来说，国际贸易术语主要解决以下五个方面的问题。

（1）卖方在什么地方以及以何种方式办理交货？

（2）货物发生损坏或灭失的风险何时由卖方转移给买方？

（3）由谁负责办理货物运输、保险以及清关手续？

（4）由谁承担办理上述事项时所需的各种费用？

（5）买卖双方需要交接哪些单据？

每种贸易术语都有其特定的含义，不同的贸易术语意味着买卖双方承担的责任、费用和风险不同。一般情况下，卖方承担的责任、费用和风险小，商品售价就低；反之，商品售价就高。在贸易术语中，卖方责任、费用和风险的大小与商品的价格呈正比关系。由此可见，贸易术语不仅说明买卖双方有关责任、费用和风险的划分，而且也反映着进出口商品价格的构成情况。

贸易术语在国际贸易中起着很重要的作用，主要表现在三个方面：首先，它可以简化交易手续，缩短洽商时间，节约费用开支，促进交易达成；其次，它有利于买卖双方核算成本与价格；最后，它明确了买卖双方的权利和义务，有利于履约中争议的解决，从而促进国际贸易的发展。

二、国际贸易惯例

国际贸易惯例（international trade convention）是指在长期的国际贸易实践中形成的、被

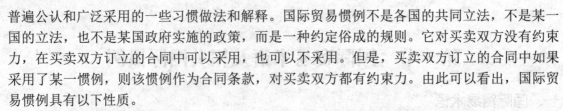

普遍公认和广泛采用的一些习惯做法和解释。国际贸易惯例不是各国的共同立法，不是某一国的立法，也不是某国政府实施的政策，而是一种约定俗成的规则。它对买卖双方没有约束力，在买卖双方订立的合同中可以采用，也可以不采用。但是，买卖双方订立的合同中如果采用了某一惯例，则该惯例作为合同条款，对买卖双方都有约束力。由此可以看出，国际贸易惯例具有以下性质。

（1）国际贸易惯例本身不是法律，它对贸易双方不具有强制性，故买卖双方有权在合同中做出与某项惯例不符的规定。

（2）国际贸易惯例对贸易实践具有重要的指导作用。一方面，如果买卖双方都同意采用某种惯例来约束该项交易并在合同中做出明确规定时，这项约定的惯例就具有了强制性；另一方面，如果双方对某一问题没有做出明确规定，也未注明该合同适用某项惯例，在合同执行中发生争议时，受理该争议案的司法和仲裁机构也往往会引用某一国际贸易惯例进行判决或裁决。

三、有关贸易术语的国际惯例

早在 19 世纪初期，国际贸易术语就在国际贸易活动中开始使用。由于各国法律制度、贸易惯例和习惯做法不同，不同国家对贸易术语的解释和运用存在差异，经常引发贸易纠纷。为了避免各个国家在贸易术语的解释上出现分歧和争议，一些国际组织和商业团体开始对某些贸易术语做出统一解释和规定，这些统一解释和规定逐渐被越来越多的国家所接受，从而成为国际惯例。

目前，国际上有关贸易术语的国际惯例主要有三种：《1932 年华沙—牛津规则》《1990年美国对外贸易定义修订本》和《国际贸易术语解释通则》。

（一）《1932 年华沙—牛津规则》

《1932 年华沙—牛津规则》是国际法协会（International Law Association）专门为解释 CIF 合同制定的统一规则。国际法协会于 1928 年在波兰首都华沙举行会议，制定了关于 CIF 买卖合同的统一规则，称为《1928 年华沙规则》，共 22 条。后来，在 1930 年的纽约会议、1931年的巴黎会议和 1932 年的牛津会议上，将此规则修订为 21 条，并更名为《1932 年华沙—牛津规则》（*Warsaw-Oxford Rules 1932*，简称 W. O. Rules），沿用至今。该规则主要说明 CIF 买卖合同的性质和特点，并具体规定了采用 CIF 条件买卖双方的责任划分，其解释的内容比较具体与详尽。

（二）《1990 年美国对外贸易定义修订本》

本定义最先是 1919 年由美国九大商业团体在纽约制定的，原称为《美国出口报价及其缩写条例》，主要以美国贸易中惯用的 FOB 术语为基础制定的。1941 年 7 月，美国商会、美国进口商全国理事会和美国全国对外贸易理事会组成的联合委员会在第 27 届全国对外贸易会议上对该条例进行了修订，命名为《1941 年美国对外贸易定义修订本》（*Revised American Foreign Trade Definitions* 1941）。1990 年，美国商业团体又对该文本进行了修订，称为《1990 年美国对外贸易定义修订本》（*Revised American Foreign Trade Definitions* 1990，简称《美国定义》）。

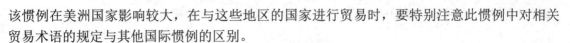

该惯例在美洲国家影响较大，在与这些地区的国家进行贸易时，要特别注意此惯例中对相关贸易术语的规定与其他国际惯例的区别。

《美国定义》解释的贸易术语共有以下六种。

（1）EXW（ex works）：工厂交货。

（2）FOB（free on board）：指定地点运输工具上交货。

（3）FAS（free along side）：在运输工具旁边交货。

（4）C&F（cost & freight）：成本加运费。

（5）CIF（cost，insurance and freight）：成本加保险费、运费。

（6）DEQ（delivered ex quay）：目的港码头交货。

《美国定义》对 FOB 的解释非常详细，它将 FOB 细分为六种类型，其中只有第五种，即 FOB vessel（named port of shipment），指定装运港船上交货与 INCOTERMS®2020 中的 FOB 的含义大体相同。

（1）FOB（named inland carrier at named inland point of departure）：在指定内陆发货地点的指定内陆运输工具上交货。

（2）FOB（named inland carrier at named inland point of departure），freight prepaid to（named point of exportation）：在指定内陆发货地点的指定内陆运输工具上交货，运费预付到指定的出口地点。

（3）FOB（named inland carrier at named inland point of departure），freight allowed to（named point）：在指定内陆发货地点的指定内陆运输工具上交货，减除至指定地点的运费。

（4）FOB（named inland carrier at named inland point of exportation）：在指定出口地点的指定内陆运输工具上交货。

（5）FOB vessel（named port of shipment）：船上交货（指定装运港）。

（6）FOB（named inland port in country of importation）：在指定进口国内陆地点交货。

（三）《国际贸易术语解释通则》

《国际贸易术语解释通则》，简称《通则》，原来的英文名称为 *International Rules for the Interpretation of Trade Terms*，后来简写为 INCOTERMS®，它最早是由国际商会（ICC）于 1936 年在巴黎为了对国际贸易术语进行统一的解释而制定的，当时的《通则》被称为《1936 年通则》。后来，为了适应国际贸易实践发展的需要，国际商会先后于 1953 年、1967 年、1976 年、1980 年、1990 年、2000 年、2010 年、2020 年对其进行过八次修订和补充。

为了适应国际贸易实务的最新发展，ICC 于 2016 年 9 月正式启动了 INCOTERMS® 2020 的起草工作，并在全球进行了广泛的意见征询，与来自各国家和地区的法律、保险、银行、进出口、海关等行业的专家开展了研讨。2018 年 10 月，ICC 商法与惯例委员会秋季会议审议并讨论通过 INCOTERMS® 2020 终稿。2019 年 9 月 10 日，ICC 正式向全球发布了 INCOTERMS® 2020。该规则于 2020 年 1 月 1 日生效。

自从国际商会于 1936 年首次编纂了一套标准的贸易术语作为 INCOTERMS® 规则以来，这套全球普遍接受的合同标准不断更新以适应国际贸易的发展。INCOTERMS® 2020 考虑了日益普遍的货物运输安全需求、不同货物及运输性质对保险承保范围的灵活性需求，以及 FCA

（货交承运人）规则下部分融资性销售情形中银行对装船提单的需求。

四、INCOTERMS® 2020

（一）INCOTERMS® 2020 主要贸易术语

INCOTERMS® 2020 与 INCOTERMS® 2010 相同，依然按照所采用的运输方式不同将十一种贸易术语划分为两类，即适用于任一或多种运输方式的贸易术语、适用于海运和内河水运的贸易术语。

第一类，适用于任一或多种运输方式的贸易术语，包括 EXW、FCA、CPT、CIP、DAP、DPU（INCOTERMS® 2010 中称 DAT）与 DDP。

EXW（ex works）：工厂交货。

FCA（free carrier）：货交承运人。

CPT（carriage paid to）：运费付至。

CIP（carriage and insurance paid to）：运费、保险费付至。

DAP（delivered at place）：目的地交货。

DPU（delivered at place unloaded）：目的地卸货后交货。

DDP（delivered duty paid）：完税后交货。

第二类，适用于海运和内河水运的贸易术语，包括FAS、FOB、CFR、CIF。

FAS（free alongside ship）：船边交货。

FOB（free on board）：船上交货。

CFR（cost and freight）：成本加运费。

CIF（cost insurance and freight）：成本、保险费加运费。

INCOTERMS®规则中，买卖双方的义务分为十个 A/B 条款，与以往 INCOTERMS®规则相比，INCOTERMS® 2020 中十个条款的内部顺序做了重大调整，具体情况如表 2-1 所示。

表 2-1 INCOTERMS® 2020 各种贸易术语下买卖双方的义务

卖方（Seller）	买方（Buyer）
A1 一般义务（general obligations ）	B1 一般义务（general obligations r）
A2 交货（delivery）	B2 提货（taking delivery）
A3 风险转移（transfer of risks）	B3 风险转移（transfer of risks）
A4 运输（carriage）	B4 运输（carriage）
A5 保险（insurance）	B5 保险（insurance）
A6 交货/运输单据（delivery/transport document）	B6 交货/运输单据（delivery/transport document）
A7 出口清关（export clearance）	B7 进口清关（import clearance）
A8 查验—包装—标记（checking-packaging-marking）	B8 查验—包装—标记（checking-packaging-marking）
A9 费用划分（allocation of costs）	B9 费用划分（allocation of costs）
A10 通知买方（notice to the buyer）	B10 通知卖方（notice to the seller）

（二）INCOTERMS® 2020 的主要变化

INCOTERMS® 2020 的变化主要表现在以下六个方面。

1. 装船批注提单和 FCA 术语条款的修改

如货物以 FCA 术语成交经由海运方式运输，卖方或买方（使用信用证付款时则更可能是他们的银行）可能需要已装船批注提单。但是，FCA 术语下的交货在货物装船之前已经完成，无法确定卖方是否能够从承运人处获得已装船提单。根据其运输合同，只有在货物实际装船后，承运人才可能有义务并有权签发已装船提单。

考虑到这种情形，INCOTERMS® 2020 规则 FCA 中的 A6/B6 条款提供了一个附加选项，即买卖双方可以约定，买方可指示其承运人在货物装船后向卖方签发已装船提单，然后卖方有义务向买方提交该提单（通常是通过银行提交）。最后，应当强调的是，即使采用了这一机制，卖方对买方也不承担运输合同条款的义务。

2. 费用的列出位置

在 INCOTERMS® 2020 规则的相关栏目排序中，费用现在显示在每个规则的 A9/B9 处。除重新排序之外，费用条款还有一个变化，在之前版本的《国际贸易术语解释通则》中，由不同条款分配的各种费用通常出现在每个术语规则的不同部分，INCOTERMS® 2020 则列出了每个规则分配的所有费用，其目的是向用户提供一个一站式的费用清单，以便卖方或买方可以在一个地方找到其根据 INCOTERMS® 规则应承担的所有费用。

3. CIF、CIP 中与保险有关的条款

在 INCOTERMS® 2010 中，CIF 和 CIP 的 A3 条款均强制规定卖方有义务"自付费用取得货物保险，该保险需要至少符合《协会货物保险条款》（*Institute Cargo Clauses*，LMA/IUA，劳合社市场协会/伦敦国际承保人协会）条款（C）或类似的最低险别的条款"。

INCOTERMS® 2020 对 CIF 和 CIP 中的保险条款分别进行了规定，CIF 默认使用《协会货物保险条款（C）》，但是买卖双方可以另行商定较高的保险险别；而 CIP 使用《协会货物保险条款（A）》，但当事人可以另行协商选择更低级别的承保范围。

4. 在 FCA、DAP、DPU 和 DDP 中使用卖方或买方自己的运输工具安排运输

在 INCOTERMS® 2010 规则中始终设定，在货物由卖方运往买方时，货物将依据具体使用的贸易术语，由卖方或买方雇佣的第三方承运人运输，而承运人受控于哪一方取决于买卖双方使用哪一条贸易术语。

然而外贸实务中，在某种情况下，虽然货物要从卖方运往买方，但仍然可以在根本不雇佣任何第三方承运人的情况下进行运输。比如，在采用 D 组术语（DAP、DPU、DDP）时，卖方完全可以使用自己的运输工具将货物运往买方所在地。同样，在采用 FCA 术语时，买方也可以选用自己的交通工具，将货物运往自身所在地。

INCOTERMS® 2020 明确规定，采用 FCA、DAP、DPU 和 DDP 术语时，不仅明确允许订立运输合同，而且也允许仅安排必要的运输。

5. 将 DAT 改为 DPU

在 INCOTERMS® 2010 中，DAT 与 DAP 的唯一区别在于：在 DAT 术语下，当货物从到达的运输工具卸载到"运输终端"时，卖方即完成交货；而在 DAP 术语下，当到达的运输工具上可供卸载的货物交由买方处置时，卖方即完成交货。

在 INCOTERMS® 2020 中，国际商会决定对 DAT 和 DAP 进行两处修改：第一，调整 DAT 与 DAP 的位置，将交货发生在卸载之前的 DAP 调至 DAT 之前；第二，将 DAT 改为 DPU（delivered at place unloaded），这样做的目的是强调目的地可以是任何地点，而不仅是"运输终端"，如果该地点不在运输终端，卖方应确保其打算交付货物的地点是能够卸货的地点。

6. 在运输义务和费用中列入与安全有关的要求

在 INCOTERMS® 2010 中，与安全相关的要求在 A2/B2 和 A10/B10 项中，但内容相当有限。由于 INCOTERMS® 2010 是 21 世纪初安全问题受到普遍关注之后术语修订的第一个版本，在此后的航运实务中，又出现了很多与安全相关的需要关注的点，所以在 INCOTERMS® 2020 中，与安全相关的要求已明确列在每个规则的 A4 和 A7 项下，而这些要求所产生的费用也被更明确地标示在每条规则的 A9/B9 项下。

第二节　适用于海运和内河水运的贸易术语

一、FAS

FAS，英文全称 free alongside ship（named port of shipment），在 INCOTERMS® 2020 中译为：船边交货（指定装运港）。贸易合同中规定使用的贸易术语时一定要在贸易术语后加上 INCOTERMS® 2020，如 per M/T USD2000 FAS Waigaoqiao Terminal Shanghai INCOTERMS® 2020。

"装运港船边交货"是指当卖方在指定的装运港将货物交到买方指定的船边（置于码头或驳船上）时，即完成交货；货物灭失或损坏的风险在货物交到船边时发生转移，买方承担自那时起的一切费用和风险。

FAS 术语仅适用于海运和内河水运。

（一）买卖双方的主要义务

根据 INCOTERMS® 2020 的解释，以下为 FAS 术语下买卖双方的主要义务。

1. 卖方义务

（1）一般义务。卖方必须提供符合销售合同约定的货物和商业发票，以及合同可能要求的其他与合同相符的单据。

（2）交货。卖方必须在约定交货日期或交货期限内，在买方指定的装运港内的装货点（如有），以将货物置于买方指定的船舶旁边或以取得已经如此交付的货物的方式交货。

（3）风险转移。卖方承担完成交货前货物灭失或损坏的一切风险。

（4）单据。卖方必须自付费用向买方提供已交货的通常证明。

（5）出口清关。卖方必须办理出口国要求的所有出口清关手续并支付费用，如出口许可证、出口安检清关、装船前检验以及任何其他官方授权。

（6）费用。卖方必须支付完成交货前与货物相关的所有费用。

（7）通知。卖方必须就其已完成交货或船舶未在约定时间内提货，给予买方充分通知。

2．买方义务

（1）一般义务。买方必须按照销售合同约定支付货物价款。

（2）提货。当卖方完成交货时，买方必须提取货物。

（3）风险转移。买方承担自卖方完成交货时起货物灭失或损坏的一切风险。

（4）运输。买方必须自付费用订立自指定的装运港起运货物的运输合同。

（5）单据。买方必须接受卖方提供的交货证明。

（6）进口清关。买方必须办理任何过境国和进口国要求的所有过境/进口清关手续并支付费用，如进口许可证及过境所需的任何许可、进口及任何过境安检清关、装船前检验、任何其他官方授权。

（7）费用。买方必须支付自卖方完成交货之时起与货物相关的所有费用。

（8）通知。买方必须就任何运输相关的安全要求、船舶名称、装船点以及约定期限内所选择的交货时间，给予卖方充分通知。

（二）使用 FAS 术语应注意的问题

1．关于装货点问题

在 FAS 贸易术语下，由于卖方承担在特定地点交货前的风险和费用，而且这些费用和相关作业费可能因各港口惯例不同而出现变化，特别建议双方尽可能清楚地约定指定装运港内的装货点。

2．关于风险和费用转移问题

在 FAS 贸易术语下，买方承担完成交货之后的费用和风险，但是，如果买方没有及时向卖方发出关于装运船舶、装运地以及交货时间等通知，或所指定的船舶没有按时抵达装运港，或船舶按时抵达却无法完成装货工作或提前停止装货时，在货物完成特定化后风险和费用可提前转移。

3．关于船货衔接问题

在 FAS 贸易术语下，卖方负责交货，买方负责运输，因此船货衔接非常重要。买方签订运输合同或安排运输后，必须将船舶名称、装船点以及交货时间等及时通知卖方，如果买方未能及时发出派船通知，或者买方指派的船只未按时到港接收货物，只要货物已被清楚地划出或以其他方式确定为本合同项下的货物，由此产生的风险和费用均由买方承担。

4．关于各国对 FAS 的不同解释问题

INCOTERMS® 2020 中的 FAS 术语与《1990 年美国对外贸易定义修订本》中的 FAS 术语的规定有较大的差别。在 INCOTERMS® 2020 中，FAS 仅适用于水上运输方式，FAS 后面只能接港口名称，而且必须是装运港。而在《1990 年美国对外贸易定义修订本》中，FAS 适用于各种运输方式，FAS 术语后面接的不一定是装运港，也可以是内陆地区。因此，在与美国、加拿大、墨西哥等地区的公司开展贸易按 FAS 订立合同时，需要在 FAS 之后加上 vessel 字样，才能表示 INCOTERMS® 2020 中 FAS 的含义。另外，《美国定义》对 FAS 术语下办理出口手续的责任人及相关费用的承担者与 INCOTERMS® 2020 也不同，应由买方承担。

二、FOB

FOB，英文全称 free on board（insert named port of shipment），在 INCOTERMS® 2020 中译为：船上交货（指定装运港）。在贸易合用中使用该术语时后面要加上 INCOTERMS® 2020，如 per M/T USD1600 FOB Shanghai INCOTERMS® 2020。

"船上交货"是指卖方以在指定装运港将货物装上买方指定的船舶或通过取得已交付至船上货物的方式交货；货物灭失或损坏的风险在货物交到船上时发生转移，买方承担自那时起的一切费用和风险。

FOB 术语是国际贸易中常用的贸易术语之一，它仅适用于海运和内河水运。

（一）买卖双方的主要义务

根据 INCOTERMS® 2020 的解释，以下为 FOB 术语下买卖双方的主要义务。

1. 卖方义务

（1）一般义务。卖方必须提供符合销售合同约定的货物和商业发票，以及合同可能要求的其他与合同相符的证据。

（2）交货。卖方必须在约定交货日期或交货期限内，在买方指定的装运港内的装货点，以将货物置于买方指定的船上或以取得已经如此交付的货物的方式交货。

（3）风险转移。卖方承担完成交货前货物灭失或损坏的一切风险。

（4）单据。卖方必须自付费用向买方提供已交货的通常证明。

（5）出口清关。卖方必须办理出口国要求的所有出口清关手续并支付费用，如出口许可证、出口安检清关、装船前检验以及任何其他官方授权。

（6）费用。卖方必须支付完成交货前与货物相关的所有费用。

（7）通知。卖方必须就其已完成交货或船舶未在约定时间内提货，给予买方充分通知。

2. 买方义务

（1）一般义务。买方必须按照销售合同约定支付货物价款。

（2）提货。当卖方完成交货时，买方必须提取货物。

（3）风险转移。买方承担自卖方完成交货时起货物灭失或损坏的一切风险。

（4）运输。买方必须自付费用订立自指定装运港起运货物的运输合同。

（5）单据。买方必须接受卖方提供的交货证明。

（6）进口清关。买方必须办理任何过境国和进口国要求的所有过境/进口清关手续并支付费用，如进口许可证及过境所需的任何许可、进口及任何过境安检清关、装船前检验、任何其他官方授权。

（7）费用。买方必须支付自卖方完成交货之时起与货物相关的所有费用。

（8）通知。买方必须就任何运输相关的安全要求、船舶的名称、装船点以及约定期限内所选择的交货时间，给予卖方充分通知。

（二）使用 FOB 术语应注意的问题

1．关于风险转移问题

在 FOB 术语下，买卖双方风险划分的界限是以"装运港船上"为界，即货物装船前的风险，包括货物在装船过程中落入海中所造成的损失，由卖方承担；货物装船后的风险，以及在运输过程中所发生的损失，由买方承担。

如果买方未将指定的船舶名称通知卖方，或买方指定的船舶未准时到达，导致卖方未能履行交货义务或提前停止装货，由此造成的货物灭失或损坏的风险，由买方承担，但前提是该货物已清楚地确定为该合同项下之货物。

2．关于船货衔接问题

在 FOB 术语下，买方负责办理租船或订舱，卖方负责在合同规定的时间和地点，将货物装上买方指定的船舶，因此，就存在船货衔接的问题。根据有关法律和惯例，如果买方未能按时派船，包括未经对方同意提前将船派到和延迟派到装运港，卖方都有权拒绝交货，而由此产生的各种费用，如空舱费、滞期费以及仓储费等，均由买方负担。如果买方指派的船舶按时到达装运港，而卖方却未能备妥货物，由此产生的上述费用则由卖方承担。

3．关于通知问题

FOB 术语涉及两个充分通知：一个是买方租船后，应将船名、装货时间、地点给予卖方充分通知；另一个是卖方在货物装船后要给予买方充分通知。在第一种情况下，如买方未给予充分通知，指定的船舶未按时到达或未能按时受载货物，或比规定的时间提前停止装货，由此产生的货物灭失或损失应由买方承担。在第二种情况下，由于货物风险是在装运港船上由卖方转移给买方，因此，卖方在货物装船完毕后必须通知买方，以便买方投保，否则，由此造成买方受到的损失，应当由卖方负责。

4．关于装船费用的负担问题

按照 FOB 术语成交时，如果采用班轮运输，船方管装管卸，装卸费、平舱费和理舱费都已经包含在班轮运费中，该费用自然是由负责租船订舱的买方负责；如果采用租船运输，船方一般不负担装卸费用，因此，在合同中就必须明确说明各种与装船相关的费用由谁来负担。为了明确租船运输时有关装船费用由哪方负担，买卖双方往往在 FOB 术语后加列附加条件，形成 FOB 术语的变形（variants of FOB）。常见的 FOB 术语的变形包括以下几种。

（1）FOB liner terms（FOB 班轮条件），是指装船费用按照班轮的做法处理，即由支付运费的一方（买方）负担。

（2）FOB under tackle（FOB 吊钩下交货），是指卖方将货物交到买方指定船只的吊钩所及之处，而吊货入舱以及其他各项费用由买方负担。

（3）FOB stowed（FOB 理舱费在内），是指卖方负责将货物装入船舱并承担包括理舱费在内的装船费用。所谓理舱费是指货物装入船舱后需要按照舱图进行垫舱和整理的费用。该FOB 术语的变形通常用于大宗的打包货物或者以件数计量的货物。

（4）FOB trimmed（FOB 平舱费在内），是指卖方将货物装入船舱并承担包括平舱费在内的装船费用。所谓平舱费是指对装入船舱的散装货物进行平整所产生的费用。该 FOB 术语的变形主要用于大宗的散装货物。

（5）FOB stowed and trimmed（FOB 理舱费、平舱费在内），是指卖方将货物装入船舱并承担包括理舱费和平舱费在内的装船费用。

使用 FOB 贸易术语变形仅为了明确装船费用由谁负担，并不改变交货地点和风险划分的界限。

5．关于各国对 FOB 的不同解释问题

在国际贸易中，个别国家对 FOB 的解释与《国际贸易术语解释通则》不同，典型的是《美国定义》。因此，在对美洲贸易中，如用 FOB 术语成交，则要注明是适用国际商会制定的《国际贸易术语解释通则》，还是适用《美国定义》，以免引起误解。

INCOTERMS® 2020 中的 FOB 与《美国定义》中的 FOB 术语比较，二者主要的区别有以下几点。

（1）使用范围不同。INCOTERMS®2020 中的 FOB 只有一种形式，是一个完整并有确切内涵的贸易术语，即船上交货，买卖双方之间的责任、费用和风险划分界限是装运港船上。《美国定义》中的 FOB 有六种形式，仅有 FOB 则不完整，没有确切的内容，必须在 FOB 后附加说明。由于两个惯例中的 FOB 规定的范围不同，也就决定了两者的性质不同。

（2）表达形式不同。INCOTERMS®2020 中的 FOB 后面直接加装运港名称就可以了，而《美国定义》中的 FOB 后面必须加上 vessel 字样，再加装运港名称才表示"装运港船上交货"，否则表示在装运港所在城市的任何地方交货。

（3）FOB vessel 也存在不同。INCOTERMS®2020 中的 FOB 要求卖方负责出口清关并缴纳出口税费，而《美国定义》中的 FOB vessel 不要求卖方缴纳出口税费；INCOTERMS® 2020 中的 FOB 规定卖方必须"给予买方关于货物已交至船上的充分的通知"，以便于买方办理投保并做好接货的准备工作，而《美国定义》中的 FOB 则没有这样的规定。

三、CFR

CFR，英文全称 cost and freight（insert named port of destination），在 INCOTERMS® 2020 中译为：成本加运费（指定目的港）。在贸易合同中使用该术语时后面要加上 INCOTERMS® 2020，如 per M/T USD1600 CFR Amsterdam INCOTERMS® 2020。

"成本加运费"是指卖方在船上交货或以取得已经这样交付的货物的方式交货；货物灭失或损坏的风险在货物交到船上时发生转移，买方承担自那时起的一切费用和风险；卖方签订运输合同并支付必要的成本和运费，将货物运至指定的目的港。

CFR 术语是国际贸易中常用贸易术语之一，它仅适用于海运和内河水运。

（一）买卖双方的主要义务

根据 INCOTERMS® 2020 的解释，以下为 CFR 术语下买卖双方的主要义务。

1．卖方义务

（1）一般义务。卖方必须提供符合销售合同约定的货物和商业发票，以及合同可能要求的其他与合同相符的单据。

（2）交货。卖方必须在约定交货日期或交货期限内，以将货物装上船或者以取得已经如此交付的货物的方式交货。

（3）风险转移。卖方承担完成交货前货物灭失或损坏的一切风险。

（4）运输。卖方必须签订或取得运输合同，将货物自交货地内的约定交货点，运送至指定目的港或该目的港内的任何交货点。

（5）单据。卖方必须承担费用，向买方提供运至约定目的港的通常运输单据。

（6）出口清关。卖方必须办理出口国要求的所有出口清关手续并支付费用，如出口许可证、出口安检清关、装船前检验及任何其他官方授权。

（7）费用。卖方必须支付完成交货前与货物相关的所有费用。

（8）通知。卖方必须向买方发出已完成交货的通知，卖方必须向买方发出买方收取货物任何所需通知以便买方收取货物。

2．买方义务

（1）一般义务。买方必须按照销售合同约定支付货物价款。

（2）提货。当卖方完成交货时，买方必须在指定目的港自承运人处提取货物。

（3）风险转移。买方承担自卖方完成交货时起货物灭失或损坏的一切风险。

（4）单据。如果运输单据与合同相符，买方必须接受卖方提供的运输单据。

（5）进口清关。买方必须办理任何过境国和进口国要求的所有过境/进口清关手续并支付费用，如进口许可证及过境所需的任何许可、进口及任何过境安检清关、装船前检验、任何其他官方授权。

（6）费用。买方必须支付自卖方完成交货之时起与货物相关的所有费用。

（二）使用 CFR 术语应注意的问题

1．关于装船通知的问题

按 CFR 术语成交时，由卖方安排运输，由买方办理货运保险。如卖方不及时发出装船通知，买方就无法及时办理货运保险，甚至有可能出现漏保货运险的情况。因此，卖方装船后必须及时向买方发出装船通知，否则，卖方应承担货物在运输途中的风险和损失。

INCOTERMS® 2020 规定：卖方必须向买方发出所需通知，以便买方采取收取货物通常所需要的措施（包括办理保险）。如果卖方因遗漏或没有及时向买方发出装船通知而使买方未能及时办妥保险所造成的后果，由卖方承担责任。

2．关于卸货费用的负担问题

按照 CFR 术语成交时，由于是由卖方负责租船订舱、支付运费，因此，货物在装运港的装货费用应由卖方负担。目的港的卸货费用究竟由谁负担，还存在分歧。如果货物是使用班轮运输，运费由签订运输合同的卖方支付，在目的港的卸货费用实际上也是由卖方负担。

在租船运输条件下，船方按不负担装卸费条件出租船舶，卸货费究竟由谁负担，需要买卖双方在合同中订明，具体的规定方法可以在合同中用文字订明，也可以采用 CFR 术语的变形表示。CFR 术语的变形主要有以下四种。

（1）CFR liner terms（CFR 班轮条件），是指卸货费按班轮运输办法处理，船方管装管卸，卸货费由支付运费的一方（卖方）负担。

（2）CFR landed（CFR 卸到岸上），是指由卖方负担卸货费，包括驳运费和码头费在内。

（3）CFR ex tackle（CFR 吊钩下交货），是指卖方负担将货物从船舱吊起卸到船舶吊钩所及之处（码头上或驳船上）的费用，在船舶不能靠岸的情况下，包括驳船费和码头费在内的卸货费由买方负担。

（4）CFR ex ship's hold（CFR 舱底交货），是指货物运到目的港后，由买方自行启舱，并负担货物从舱底卸到码头的费用。

以上CFR术语的变形仅为标明卸货费用由谁负担，不改变交货地点和风险划分界限。

3. 进口采用 CFR 术语须注意的事项

在进口业务中，如果是按 CFR 术语成交时，应慎重行事。由于 CFR 术语是由出口商安排装运，由进口商负责办理保险，故进口商应选择资信好的国外客户成交，并对船舶提出适当的要求，以防出口商与船方勾结，出具假提单，租用不适航的船舶。若出现这类情况，会使进口商蒙受不应有的损失。

四、CIF

CIF，英文全称 cost insurance and freight（insert named port of destination），在 INCOTERMS® 2020 中译为：成本、保险费加运费（指定目的港）。在贸易合同使用该术语时后面要加上 INCOTERMS® 2020，如 per M/T USD2600 CIF Singapore INCOTERMS® 2020。

"成本、保险费加运费"是指卖方在船上交货或以取得已经这样交付的货物的方式交货；货物灭失或损坏的风险在货物交到船上时发生转移，买方承担自那时起的一切费用和风险；卖方签订运输合同并支付必要的成本和运费，将货物运至指定的目的港；卖方还要为买方在运输途中货物的灭失或损坏风险办理保险。

CIF术语是国际贸易中常用贸易术语之一，它仅适用于海运和内河水运。

（一）买卖双方的主要义务

根据 INCOTERMS® 2020 的解释，以下为 CIF 术语下买卖双方的主要义务。

1. 卖方义务

（1）一般义务。卖方必须提供符合销售合同约定的货物和商业发票，以及合同可能要求的其他与合同相符的单据。

（2）交货。卖方必须在约定交货日期或交货期限内，以将货物装上船或者以取得已经如此交付的货物的方式交货。

（3）风险转移。卖方承担完成交货之前货物灭失或损坏的一切风险。

（4）运输。卖方必须签订或取得运输合同，将货物自交货地内的约定交货点，运送至指定目的港或该目的港内的任何交货点。

（5）保险。卖方必须自付费用取得货物保险。

（6）单据。卖方必须承担费用，向买方提供运至约定目的港的通常运输单据。

（7）出口清关。卖方必须办理出口国要求的所有出口清关手续并支付费用，如出口许可证、出口安检清关、装船前检验及任何其他官方授权。

（8）费用。卖方必须支付完成交货前与货物相关的所有费用。

（9）通知。卖方必须向买方发出已完成交货的通知，卖方必须向买方发出买方收取货物任何所需通知以便买方收取货物。

2．买方义务

（1）一般义务。买方必须按照销售合同约定支付货物价款。

（2）提货。当卖方完成交货时，买方必须在指定目的港自承运人处提取货物。

（3）风险转移。买方承担自卖方完成交货时起货物灭失或损坏的一切风险。

（4）单据。如果运输单据与合同相符，买方必须接受卖方提供的运输单据。

（5）进口清关。买方必须办理任何过境国和进口国要求的所有过境/进口清关手续并支付费用，如进口许可证及过境所需的任何许可、进口及任何过境安检清关、装船前检验、任何其他官方授权。

（6）费用。买方必须支付自卖方完成交货之时起与货物相关的所有费用。

（二）使用 CIF 术语应注意的问题

1．关于办理保险问题

在 CIF 术语下，卖方要替买方办理货运保险并支付保险费。如果合同的保险条款中明确规定了保险险别、保险金额等内容，卖方按照合同的规定办理投保即可；如果合同中没有就保险险别等内容做出具体规定，则按照惯例办理。INCOTERMS® 2020 规定，卖方取得的货物保险至少符合《协会货物保险条款》中"条款 C"或类似条款的最低险别。保险合同应与信誉良好的承保人或保险公司订立。保险最低金额是合同金额另加10%，并采用合同货币。如果买方提出要求，卖方可以加保战争、罢工等险，但费用需要由买方自己承担。

2．关于租船订舱问题

在 CIF 术语下，卖方要负责租船订舱，办理从装运港到目的港的运输事项并支付运费。关于运输问题，INCOTERMS® 2020 规定，卖方必须按照通常条件订立合同，经由通常航线，由通常用来运输该商品的船舶运输。除非买卖双方另有约定，对于买方事后提出的关于限制装运船舶的国籍、船型、船龄、船级以及指定装载某班轮公会的船只等要求，卖方都有权拒绝接受。但在实际业务中，如果买方提出以上要求，卖方能够办到且不增加额外开支，或买方愿意承担相应费用时，卖方也可以接受。

3．关于卸货费用负担问题

按照 CIF 术语成交时，卖方负担的费用只是在 FOB 的基础上增加了运费和保险费，而这里的运费是指正常的运费，不包括在运输途中可能发生的额外费用。租船运输过程中在装运港发生的装船费用由卖方负担，但是，对于在目的港发生的卸货费用究竟由谁来负担的问题，由于世界各国港口的习惯做法不同，仍然存在分歧。按照 INCOTERMS®2020 中有关 CIF 术语的规定，除非运输合同规定该费用应由买方支付者外，通常要求买方支付包括驳运费和码头费在内的卸货费。尽管如此，为了避免在此问题上引起纠纷，可以使用 CIF 术语的变形。CIF 术语的变形主要有以下四种。

（1）CIF liner terms（CIF 班轮条件），是指卸货费按班轮条件办理，即由卖方负担卸货费。

（2）CIF landed（CIF 卸到岸上），是指由卖方负担卸货费，包括驳船费和码头费。

（3）CIF ex tackle（CIF 吊钩交货），是指卖方负责将货物从船舱吊起卸到船舶吊钩所及之处（码头上或驳船上）的费用，在船舶不能靠岸的情况下，包括驳船费和码头费在内的卸货费由买方负担。

（4）CIF ex ship's hold（CIF 舱底交货），是指货物运抵目的港后，自船舱底起吊直到卸到码头的卸货费均由买方负担。

CIF 的变形只是为了说明卸货费用的负担问题，并不改变 CIF 术语的交货地点和费用以及风险划分的界限。

4．关于象征性交货问题

根据交货方式不同，国际贸易中的交货可分为象征性交货和实际交货。象征性交货（symbolic delivery）是指卖方只要按期在约定地点完成装运，并向买方提交合同规定的包括物权凭证在内的有关单据，就算完成了交货义务，无须保证到货。实际交货（physical delivery）是指卖方在规定的时间和地点，将符合合同规定的货物提交给买方或其指定人，而不能以交单代替交货。

CIF 术语是一种典型的象征性交货。在象征性交货方式下，卖方是凭单交货，买方是凭单付款。只要卖方如期向买方提交了合同规定的全套合格单据，即使货物在运输途中灭失或损坏，买方也必须履行付款义务；反之，如果卖方提交的单据不符合要求，即使货物完好无损地运达目的港，买方仍有权拒绝付款。

当然，按CIF术语成交，卖方履行其交单义务，只是得到买方付款的前提条件，除此之外，卖方还必须履行其交货义务。如果卖方提交的货物不符合要求，买方即使已经付款，仍然可以根据合同的规定向卖方提出索赔。

第三节　适用于任一或多种运输方式的贸易术语

一、EXW

EXW，英文全称 ex works（insert named place of delivery），在 INCOTERMS® 2020 中译为：工厂交货（指定交货地点）。

"工厂交货"是指当卖方在其所在地或其他指定地点（如工厂、车间或仓库等）将货物交由买方处置时，即完成交货；卖方无须将货物装上任何前来接收货物的运输工具，卖方也无须办理出口清关手续；卖方承担完成交货前货物灭失或损坏的一切费用和风险。

EXW术语适用于任一或多种运输方式，包括公路、铁路、江河、海洋、航空运输以及多式联运。EXW不是国际贸易中的常用术语，但是，它是十一种贸易术语中卖方承担责任、风险最小，费用最少的一种术语。

（一）买卖双方的主要义务

根据 INCOTERMS® 2020 的解释，以下为 EXW 术语下买卖双方的主要义务。

1．卖方义务

（1）一般义务。卖方必须提供符合买卖合同约定的货物和商业发票，以及合同可能要求的其他与合同相符的单据。

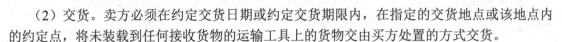

（2）交货。卖方必须在约定交货日期或约定交货期限内，在指定的交货地点或该地点内的约定点，将未装载到任何接收货物的运输工具上的货物交由买方处置的方式交货。

（3）风险转移。卖方承担完成交货前货物灭失或损坏的一切风险。

（4）费用。卖方必须支付完成交货前与货物相关的所有费用。

（5）通知。卖方必须向买方发出为买方提取货物所需的任何通知。

2．买方义务

（1）一般义务。买方必须按照销售合同约定支付货物价款。

（2）提货。当卖方完成交货并发出通知时，买方必须提取货物。

（3）风险转移。买方承担自卖方完成交货时起货物灭失或损坏的一切风险。

（4）运输。买方必须自付费用签订运输合同或安排自指定交货地起的货物运输事宜。

（5）出口/进口清关。买方必须办理出口国/过境国/进口国所要求的所有出口/过境/进口清关手续，并支付相关费用，如出口/过境/进口许可证、出口/过境/进口安检清关、装船前检验以及任何其他官方授权。

（6）费用。买方必须支付自卖方完成交货之时起与货物相关的所有费用。

（二）使用 EXW 术语应注意的问题

1．关于交货地点问题

在 EXW 术语后面要尽可能清楚地写明指定交货地点内的交付点。如果在指定交货地点没有约定特定的交付点，且有不止一个交付点可供使用时，卖方可以选择对其来说最方便的交付点。

2．关于装货问题

卖方不需要将货物装上任何前来接收货物的运输工具，即使卖方也许更方便这样做。如果由卖方装货，也是由买方承担相关风险和费用。如果卖方更方便装货，应使用 FCA 术语，因为该术语要求卖方承担装货义务，以及与此相关的风险和费用。

3．关于办理出口清关问题

采用EXW术语，需要清关时卖方无须办理出口清关手续，卖方只有在买方提出要求并承担风险和费用时才有义务协助买方办理出口手续。因此，当买方不能直接或间接地办理出口手续时，不应使用这一术语，而应使用FCA术语。

4．关于提供出口信息问题

当买方提出要求并承担风险和费用时，卖方有义务及时向买方提供或协助买方取得货物进出口相关单证和信息，包括安全信息。而买方仅有限地承担向卖方提供货物出口相关信息的责任。

5．关于风险转移问题

在 EXW 术语下，风险和费用通常一起转移，有时也可以提前转移，风险提前转移的前提是货物已经完成"特定化"。所谓货物的特定化，是指在货物的包装上刷上唛头，打上运输标志，向买方发出通知，这表明该批货物已被划归于本合同项下，与其他货物清楚地分开。如果货物没有完成特定化，是不能发生风险的提前转移的。

二、FCA

FCA，英文全称 free carrier（insert named place of delivery），在 INCOTERMS® 2020 中译为：货交承运人（指定交货地点）。

"货交承运人"是指卖方在卖方所在地、当货物装上了买方的运输工具时，或在其他指定地点、在卖方的运输工具上交由买方指定的承运人或其他人处置时，即完成交货；卖方承担完成交货前货物灭失或损坏的一切费用和风险。

FCA 术语适用于任一或多种运输方式，包括公路、铁路、江河、海洋、航空运输以及多式联运。

（一）买卖双方的主要义务

根据 INCOTERMS® 2020 的解释，以下为 FCA 术语下买卖双方的主要义务。

1. 卖方义务

（1）一般义务。卖方必须提供符合销售合同约定的货物和商业发票，以及合同可能要求的其他与合同相符的单据。

（2）交货。卖方必须在约定交货日期或交货期限内，在指定地或指定点向买方指定的承运人或其他人交付货物，或以取得已经如此交付的货物的方式交货。

（3）风险转移。卖方承担完成交货前货物灭失或损坏的一切风险。

（4）单据。卖方必须自付费用向买方提供已交货的通常证明。

（5）出口清关。卖方必须办理出口国要求的所有出口清关手续并支付费用，如出口许可证、出口安检清关、装船前检验以及任何其他官方授权。

（6）费用。卖方必须支付完成交货前与货物相关的所有费用。

（7）通知。卖方必须就其已完成交货或买方指定的承运人或其他人未在约定期限内提货的情况，给予买方充分通知。

2. 买方义务

（1）一般义务。买方必须按照销售合同约定支付货物价款。

（2）提货。当卖方完成交货时，买方必须提取货物。

（3）风险转移。买方承担自卖方完成交货时起货物灭失或损坏的一切风险。

（4）运输。买方必须自付费用签订运输合同或安排自指定交货地起的货物运输事宜。

（5）单据。买方必须接受卖方提供的交货证明。

（6）进口清关。买方必须办理任何过境国和进口国要求的所有过境/进口清关手续并支付费用，如进口许可证及过境所需的任何许可、进口及任何过境安检清关、装船前检验，以及任何其他官方授权。

（7）费用。买方必须支付自卖方完成交货之时起与货物相关的所有费用。

（8）通知。买方必须就承运人或其他人、收取货物的时间、指定人使用的运输方式及指定地点内的交货点向卖方发出通知。

（二）使用 FCA 术语应注意的问题

1. 关于交货义务问题

在 FCA 术语下，卖方必须在指定的交货地点交货。INCOTERMS®2020 指出，卖方通过以下两种方式之一向买方交货。

（1）如指定地点是卖方所在地，则当货物被装上买方指定的承运人或代表买方的其他人提供的运输工具时，卖方即完成了交货义务。

（2）如指定的地点不是卖方所在地，而是其他任何地点，则当货物虽仍处于卖方的运输工具上，但已做好卸载准备，并交由买方指定的承运人或其他人处置时，卖方即完成了交货义务。

INCOTERMS® 2020 同时又规定：若买方未明确指定交货地点内特定的交付点，且有数个交付点可供使用时，卖方则可以在指定的地点选择最适合其目的的交货点。

2．关于装货卸货问题

根据 INCOTERMS® 2020 的解释，在 FCA 术语下，交货地点的选择直接影响买卖双方的风险责任划分，交货地点不同，买卖双方的责任就不同。如果双方约定的交货地点是在卖方所在地，卖方负责把货物装上买方安排的承运人提供的运输工具上，即卖方负责装货；如果双方约定的交货地点是在承运人所在地，卖方负责将货物运交承运人，在自己提供的运输工具上完成交货义务，而无须负责卸货。

3．关于承运人问题

INCOTERMS® 2020 规定，在 FCA 术语下，买方必须自付费用签订自指定的交货地点启运货物的运输合同。但若买方要求或依商业实践，且买方未适时做出相反指示，则卖方可以按照通常条件签订运输合同，由买方负担风险和费用。在任何一种情况下，卖方都可以拒绝签订运输合同，如予拒绝，卖方应立即通知买方。

4．关于风险转移问题

以 FCA 术语成交时，无论采用何种运输方式，买卖双方的风险划分都是以货交承运人为界。货交承运人之前的风险由卖方承担，货交承运人之后的风险由买方承担。但是，如果买方未能及时订立运输合同，或者未及时给予卖方通知，或者买方指定的承运人在约定的时间未能接收货物，那么，其后的风险该由谁来承担呢？INCOTERMS® 2020 的解释是：自规定的交货约定日期或期限届满之日起，由买方承担货物灭失或损坏的所有风险，但前提是该货物已清楚地确定为合同项下的货物。由此可见，如果由于买方的原因使卖方无法按时完成交货义务，只要货物已被特定化，风险应该转移给买方。

5．关于货物集合化的费用负担问题

在 FCA 术语下，卖方负担在完成交货义务之前所发生的一切费用，买方负担交货后所发生的一切费用。在采用 FCA 术语时，货物大多做集合化或组合化处理，如将货物装入集装箱或装上托盘，因此，卖方应该考虑此项费用，并将其计入货物价格之中。

三、CPT

CPT，英文全称 carriage paid to（insert named place of destination），在 INCOTERMS® 2020 中译为：运费付至（指定目的地）。

"运费付至"是指卖方将货物在双方约定地点交给卖方指定的承运人或其他人，即完成交货；卖方承担完成交货前货物灭失或损坏的一切费用和风险；卖方自付费用签订运输合同，将货物自交货地内的任何交货点运送至指定目的地。

CPT 术语适用于任一或多种运输方式，包括公路、铁路、江河、海洋、航空运输以及多式联运。

（一）买卖双方的主要义务

根据 INCOTERMS® 2020 的解释，以下为 CPT 术语下买卖双方的主要义务。

1. 卖方义务

（1）一般义务。卖方必须提供符合销售合同约定的货物和商业发票，以及合同可能要求的其他与合同相符的单据。

（2）交货。卖方必须在约定交货日期或交货期限内，以将货物交给承运人或以取得已经如此交付的货物的方式交货。

（3）风险转移。卖方承担完成交货前货物灭失或损坏的一切风险。

（4）运输。卖方必须签订或取得运输合同，将货物自交货地内的约定交货点，运送至指定目的地或位于该目的地的任何交货点。运输合同必须按照惯常条款订立，由卖方承担费用，经由通常路径，按照所售货物类型的惯常运输方式运送货物。

（5）单据。卖方必须承担费用，向买方提供通常运输单据。

（6）出口清关。卖方必须办理出口国要求的所有出口清关手续并支付费用，如出口许可证、出口安检清关、装船前检验及任何其他官方授权。

（7）费用。卖方必须支付完成交货前与货物相关的所有费用。

（8）通知。卖方必须向买方发出已完成交货的通知，卖方必须向买方发出任何所需通知以便买方收取货物。

2. 买方义务

（1）一般义务。买方必须按照销售合同约定支付货物价款。

（2）提货。当卖方完成交货时，买方必须在指定目的地或在该地方内约定地点自承运人处提取货物。

（3）风险转移。买方承担自卖方完成交货时起货物灭失或损坏的一切风险。

（4）单据。如果运输单据与合同相符，买方必须接受卖方提供的运输单据。

（5）进口清关。买方必须办理任何过境国和进口国要求的所有过境/进口清关手续并支付费用，如进口许可证及过境所需的任何许可、进口及任何过境安检清关、装船前检验，以及任何其他官方授权。

（6）费用。买方必须支付自卖方完成交货之时起与货物相关的所有费用。

（二）使用 CPT 术语应注意的问题

1. 关于风险划分界限问题

根据 INCOTERMS® 2020 的解释，以 CPT 术语成交时，虽然卖方负责订立从交货地内的约定交货点至指定目的地的运输合同，并支付主要运费，但是，CPT 的风险划分界限与 FCA 术语是相同的，仍然是以货交承运人为界，即卖方承担货交承运人之前货物灭失或损坏的风险。在多式联运情况下，卖方承担货交第一承运人之前货物灭失或损坏的风险。

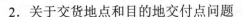

2．关于交货地点和目的地交付点问题

根据 INCOTERMS® 2020 的解释，以 CPT 术语成交时，由于风险转移和费用转移的地点不同，该术语有两个关键点：交货地点和目的地交付点。在 CPT 术语中，卖方的风险是在交货地点转移给买方，因此，建议买卖双方在合同中尽量给出确切的交货地点。同时 CPT 术语又规定，卖方负责签订将货物运送至目的地的运输合同并支付运费。由于卖方需要承担将货物运至目的地具体地点的费用，因此，建议双方尽可能明确地指定目的地内的货物交付点，而卖方最好取得完全符合该选择的运输合同。

3．关于交货通知问题

根据 INCOTERMS® 2020 的解释，以 CPT 术语成交时，卖方将货物交给承运人之后，应立即向买方发出交货的详尽通知。在实际业务中，这种通知也称作"装运通知"（shipping notice，shipping advice），其作用是使买方及时购买货物运输保险、办理进口手续、报关和接货。如果卖方因遗漏或没有及时向买方发出装运通知，而使买方未能及时办妥保险所造成的后果，要由卖方承担责任。

4．关于买方通知问题

根据 INCOTERMS® 2020 的解释，以 CPT 术语成交时，当买方有权决定发货时间和/或指定目的地或目的地内收取货物的交付点时，必须向卖方发出充分通知。如果买方未给予卖方通知，则买方必须从约定的交货日期或交货期限届满之日起，承担货物灭失或损坏的一切风险，但前提是该货物已清楚地确定为合同项下之货物。

四、CIP

CIP，英文全称 carriage and insurance paid to（insert named place of destination），在 INCOTERMS® 2020 中译为：运费和保险费付至（指定目的地）。

"运费和保险费付至"是指卖方将货物在双方约定地点（如果双方已约定了地点）交给卖方指定的承运人或其他人，即完成交货；卖方承担完成交货前货物灭失或损坏的一切费用和风险；卖方自付费用签订运输合同，将货物自交货地内的任何交货点运送至指定目的地；卖方自付费用取得货物保险。

CIP 术语适用于任一或多种运输方式，包括公路、铁路、江河、海洋、航空运输以及多式联运。

（一）买卖双方的主要义务

根据 INCOTERMS® 2020 的解释，以下为 CIP 术语下买卖双方的主要义务。

1．卖方义务

（1）一般义务。卖方必须提供符合销售合同约定的货物和商业发票，以及合同可能要求的其他与合同相符的单据。

（2）交货。卖方必须在约定交货日期或交货期限内，以将货物交给承运人或以取得已经如此交付的货物的方式交货。

（3）风险转移。卖方承担完成交货前货物灭失或损坏的一切风险。

（4）运输。卖方必须签订或取得运输合同，将货物自交货地内的约定交货点，运送至指定目的地，或位于该目的地的任何交货点。

（5）保险。卖方必须自付费用取得货物保险。

（6）单据。卖方必须承担费用，向买方提供通常运输单据。

（7）出口清关。卖方必须办理出口国要求的所有出口清关手续并支付费用，如出口许可证、出口安检清关、装船前检验以及任何其他官方授权。

（8）费用。卖方必须支付完成交货前与货物相关的所有费用。

（9）通知。卖方必须向买方发出已完成交货的通知，卖方必须向买方发出任何所需通知以便买方收取货物。

2．买方义务

（1）一般义务。买方必须按照销售合同约定支付货物价款。

（2）提货。当卖方完成交货时，买方必须在指定目的地或在该地方内约定地点自承运人处提取货物。

（3）风险转移。买方承担自卖方完成交货时起货物灭失或损坏的一切风险。

（4）单据。如果运输单据与合同相符，买方必须接受卖方提供的运输单据。

（5）进口清关。买方必须办理任何过境国和进口国要求的所有过境/进口清关手续并支付费用，如进口许可证及过境所需的任何许可、进口及任何过境安检清关、装船前检验，以及任何其他官方授权。

（6）费用。买方必须支付自卖方完成交货时起与货物相关的所有费用。

（二）使用 CIP 术语应注意的问题

1．关于投保问题

根据 INCOTERMS®2020 的解释，以 CIP 术语成交时，卖方负责办理货运保险并支付保险费，但货物从交货地到目的地的运输途中的风险是由买方承担的。如果合同的保险条款中明确规定了保险险别、保险金额等内容，卖方按照合同的规定办理投保即可；如果合同中没有就保险险别等内容做出具体规定，则按照惯例办理。根据 INCOTERMS®2020 规定，卖方所取得的货物保险需至少符合《协会货物保险条款》"条款 A"（clauses A）或类似条款的最低险别，保险最低金额应为 CIP 合同金额的 110%，并采用合同货币投保。惯例同时规定，卖方所取得的保险合同应该是与信誉良好的承保人或保险公司订立的。

2．关于订立运输合同问题

根据 INCOTERMS®2020 的解释，以 CIP 术语成交时，卖方要负责租船订舱，办理从装运港到目的港的运输事项并支付运费。关于运输问题，各个惯例的规定不尽相同。INCOTERMS®2020 规定，卖方应按照通常条件订立运输合同，经由通常航线和习惯方式运送货物。如果卖方在订立运输合同时，通常路线发生不可抗力受阻，卖方对订立运输合同可以免责，即由此而造成的晚交货或不交货，卖方不承担责任。

3．关于交货地点和目的地交付点问题

与 CPT 术语相同，在 CIP 术语下，买卖双方的风险转移和费用转移的地点是不同的，因此该术语也存在两个关键点：交货地点和目的地交付点，建议买卖双方在合同中明确规定这两个地点。

4．关于货物价格确定问题

从商品价格构成上看，CIP 价=CPT 价+保险费=FCA 价+运费+保险费，因此，出口商在报价时，要认真核算运费和保险费，并预计二者的变动趋势，以免报价过低影响利润，甚至导致亏损。

五、DAP

DAP，英文全称 delivered at place（insert named place of destination），在 INCOTERMS® 2020 中译为：目的地交货（指定目的地）。

"目的地交货"是指当卖方在指定目的地将仍处于抵达的运输工具之上，且已做好卸载准备的货物交由买方处置时，即完成交货；卖方承担完成交货前货物灭失或损坏的一切费用和风险；卖方自付费用签订运输合同，将货物运至指定目的地。

DAP 术语适用于任一或多种运输方式，包括公路、铁路、江河、海洋、航空运输以及多式联运。

（一）买卖双方的主要义务

根据 INCOTERMS® 2020 的解释，以下为 DAP 术语下买卖双方的主要义务。

1．卖方义务

（1）一般义务。卖方必须提供符合销售合同约定的货物和商业发票，以及合同可能要求的其他与合同相符的单据。

（2）交货。卖方必须在约定交货日期或交货期限内，在约定目的地的约定地点，以将放置在抵达的运输工具上并做好卸货准备的货物交由买方处置，或以取得已经如此交付的货物的方式交货。

（3）风险转移。卖方承担完成交货前货物灭失或损坏的一切风险。

（4）运输。卖方必须自付费用签订运输合同或安排运输，将货物运至指定目的地或指定目的地内的约定地点。

（5）单据。卖方必须承担费用，向买方提交所要求的任何单据，以便买方能够接管货物。

（6）出口清关。卖方必须办理出口国要求的所有出口清关手续并支付费用，如出口许可证、出口安检清关、装船前检验以及任何其他官方授权。

（7）费用。卖方必须支付完成交货前与货物相关的所有费用。

（8）通知。卖方必须向买方发出买方收取货物所需的任何通知。

2．买方义务

（1）一般义务。买方必须按照销售合同约定支付货物价款。

（2）提货。当卖方完成交货时，买方必须提取货物。

（3）风险转移。买方承担自卖方完成交货时起货物灭失或损坏的一切风险。

（4）单据。买方必须接受卖方提供的运输单据。

（5）进口清关。买方必须办理进口国要求的所有进口清关手续并支付费用，如进口许可证、进口安检清关、装船前检验，以及任何其他官方授权。

（6）费用。买方必须支付自卖方完成交货之时起与货物相关的所有费用。

（二）使用 DAP 术语应注意的问题

1．关于交货点问题

根据 INCOTERMS® 2020 的解释，以 DAP 术语成交时，卖方承担在特定地点交货之前的风险，买方承担在该地点交货时起的风险，因此，建议买卖双方在合同中尽可能确切地约定指定目的地内的交货点。如果双方未约定特定的交货点或该点不能由惯例确定，卖方则可以在指定目的地选择最适合其目的的交货点。

2．关于买方通知问题

根据 INCOTERMS® 2020 的解释，以 DAP 术语成交时，当买方有权决定在约定期间内的具体时间和/或指定目的地内的收取货物的点时，买方必须向卖方发出充分的通知，否则，自约定的交货日期或交货期限届满之日起，买方承担货物灭失或损坏的一切风险。

3．关于卸货费问题

根据 INCOTERMS® 2020 的解释，以 DAP 术语成交时，卖方在约定的地点或指定的目的地，将仍处于抵达的运输工具之上且已做好卸载准备的货物交由买方处置，即完成交货义务，因此，除非运输合同做出专门规定，否则卖方不负责支付卸货费。

4．关于进口清关问题

根据 INCOTERMS® 2020 的解释，以 DAP 术语成交时，卖方负责将货物运至目的地的约定地点，卖方只负责出口清关，不负责进口清关，货物进口的一切进口手续由买方负责办理。如果买方未履行办理进口清关手续的义务，由此造成的货物灭失或损坏的一切风险由买方承担，但前提是该货物已清楚地确定为合同项下之货物。

六、DPU

DPU，英文全称 delivered at place unloaded（insert named place of destination），在 INCOTERMS® 2020 中译为：目的地卸货后交货（指定目的地）。DPU 是 INCOTERMS® 2020 中唯一新增的贸易术语，替代了 INCOTERMS® 2010 中的 DAT。

"目的地卸货后交货"是指卖方在指定目的地将货物从抵达的运输工具上卸下，交由买方处置时，即完成交货；卖方承担将货物运送至指定目的地并将其卸下之前的一切风险；卖方自付费用签订运输合同，将货物运至指定目的地。

DPU 术语适用于任一或多种运输方式，包括公路、铁路、江河、海洋、航空运输以及多式联运。

DPU 交付货物的地点和到货地点是一致的，它是 INCOTERMS® 2020 中唯一要求卖方在目的地卸货的术语。因此，卖方要确保在目的地指定交货地点能够卸货，如果卖方不想承担卸货风险和费用，可以选择 DAP 术语。

（一）买卖双方的主要义务

根据 INCOTERMS® 2020 的解释，以下为 DPU 术语下买卖双方的主要义务。

1．卖方义务

（1）一般义务。卖方必须提供符合销售合同约定的货物和商业发票，以及合同可能要求的其他与合同相符的单据。

（2）交货。卖方必须在约定交货日期或交货期限内，在指定目的地的约定地点，以将货物从抵达的运输工具上卸下并交由买方处置，或以取得已经如此交付的货物的方式交货。

（3）风险转移。卖方承担完成交货前货物灭失或损坏的一切风险。

（4）运输。卖方必须自付费用签订运输合同或安排运输，将货物运至指定目的地或指定目的地内的约定地点。

（5）单据。卖方必须承担费用，向买方提交所要求的任何单据，以便买方能够接管货物。

（6）出口清关。卖方必须办理出口国要求的所有出口清关手续并支付费用，如出口许可证、出口安检清关、装船前检验以及任何其他官方授权。

（7）费用。卖方必须支付完成交货前与货物相关的所有费用。

（8）通知。卖方必须向买方发出买方收取货物所需的任何通知。

2．买方义务

（1）一般义务。买方必须按照销售合同约定支付货物价款。

（2）提货。当卖方完成交货时，买方必须提取货物。

（3）风险转移。买方承担自卖方完成交货时起货物灭失或损坏的一切风险。

（4）单据。买方必须接受卖方提供的运输单据。

（5）进口清关。买方必须办理进口国要求的所有手续并支付费用，如进口许可证、进口安检清关、装船前检验，以及任何其他官方授权。

（6）费用。买方必须支付自卖方完成交货之时起与货物相关的所有费用。

（二）使用 DPU 术语应注意的问题

1．买方通知问题

根据 INCOTERMS® 2020 的解释，以 DPU 术语成交时，当买方有权约定交货期限内的时间及/或指定目的地内的提货点时，买方必须给予卖方充分通知，否则，自约定的交货日期或交货期限届满之日起，买方承担货物灭失或损坏的一切风险。

2．卸货费问题

根据 INCOTERMS® 2020 的解释，以 DPU 术语成交时，卖方在指定目的地的约定地点，将货物从抵达的运输工具上卸下并交由买方处置，即完成交货义务。因此，在 DPU 术语下卸货费由卖方负担。

3．进口清关问题

根据 INCOTERMS® 2020 的解释，以 DPU 术语成交时，卖方负责将货物运至目的地的约定地点，卖方负责办理出口国和过境国要求的所有出口和过境清关手续，并支付费用，不负责办理进口清关手续，货物进口的一切进口手续由买方负责办理。如果买方未履行办理进口清关手续的义务，由此造成的货物灭失或损坏的一切风险由买方承担，但前提是该货物已清楚地确定为合同项下之货物。

七、DDP

DDP，英文全称 delivered duty paid（insert named place of destination），在 INCOTERMS®2020 中译为：完税后交货（指定目的地）。

"完税后交货"是指当卖方在指定目的地将仍处于抵达的运输工具上，但已完成进口清关且已做好卸载准备的货物交由买方处置时，即完成交货；卖方承担完成交货前货物灭失或损坏的一切风险；卖方自付费用签订运输合同，将货物运至指定目的地；卖方办理出口国/过境国/进口国要求的所有出口/过境/进口清关手续，并支付费用。

DDP 术语适用于任一或多种运输方式，包括公路、铁路、江河、海洋、航空运输以及多式联运。

DDP 术语是十一种贸易术语中，卖方承担责任、风险最大，费用最高的一种术语。

（一）买卖双方的主要义务

根据 INCOTERMS® 2020 的解释，以下为 DDP 术语下买卖双方的主要义务。

1. 卖方义务

（1）一般义务。卖方必须提供符合买卖合同约定的货物和商业发票，以及合同可能要求的其他与合同相符的单据。

（2）交货。卖方必须在约定交货日期或交货期限内，在指定目的地的约定地点，以将放置在抵达的运输工具上并做好卸货准备的货物交由买方处置，或以取得已经如此交付的货物的方式交货。

（3）风险转移。卖方承担完成交货前货物灭失或损坏的一切风险。

（4）运输。卖方必须自付费用签订运输合同或安排运输，将货物运至指定目的地或指定目的地内的约定地点。

（5）单据。卖方必须承担费用，向买方提交所要求的任何单据，以便买方能够接管货物。

（6）出口/进口清关。卖方必须办理出口国、过境国和进口国要求的所有出口/过境/进口清关手续，并支付费用，如出口/过境/进口许可证、出口/过境/进口安检清关、装船前检验以及任何其他官方授权。

（7）费用。卖方必须支付完成交货前与货物相关的所有费用。

（8）通知。卖方必须向买方发出买方收取货物所需的任何通知。

2. 买方义务

（1）一般义务。买方必须按照销售合同约定支付货物价款。

（2）提货。当卖方完成交货时，买方必须提取货物。

（3）风险转移。买方承担自卖方完成交货时起货物灭失或损坏的一切风险。

（4）单据。买方必须接受卖方提供的运输单据。

（5）费用。买方必须支付自卖方完成交货之时起与货物相关的所有费用。

（二）使用 DDP 术语应注意的问题

1. 关于办理保险问题

根据 INCOTERMS® 2020 的解释，以 DDP 术语成交时，卖方要承担很大的风险，卖方对买方虽然没有订立保险合同的义务，但由于整个运输过程的风险要由卖方承担，为了能在货物受损或灭失时及时得到经济补偿，卖方应办理货运保险，其投保险别应考虑运输方式、货物的性质等因素。

2. 关于办理进口清关手续问题

根据 INCOTERMS® 2020 的解释，以 DDP 术语成交时，卖方是在办理了出口和进口结关手续后在指定目的地交货的，这实际上是卖方已将货物运进了进口方的国内市场。如果卖方直接办理进口手续有困难，也可要求买方协助办理。如果卖方不能直接或间接地取得进口许可或办理进口手续，则不应使用 DDP 术语。

3. 关于卸货费用问题

根据 INCOTERMS® 2020 的解释，以 DDP 术语成交时，卖方在目的地将放置在抵达的运输工具上并做好卸货准备的货物交由买方处置时，即完成交货义务，不需要将货物卸下，买方负责将货物从抵达的运输工具上卸下，并且承担卸货费用。

4. 关于排除某些进口税费问题

以 DDP 术语成交时，如果双方当事人同意在卖方承担的义务中排除货物进口时应支付的某些费用，如增值税，应写明：delivered duty paid, VAT unpaid（…named place of destination），即"完税后交货，增值税未付（指定目的地）"。

第四节　国际贸易术语的比较与选择

一、INCOTERMS® 2020 中常用贸易术语比较

（一）FOB、CIF、CFR 比较

FOB、CIF、CFR 三种术语是国际贸易中最常用的，就买卖双方的义务来说，很多方面是相同的，不同之处主要在于租船订舱、支付运费、办理保险、支付保险费这几个方面的责任划分。现将以上三种术语间的异同进行归纳，如表 2-2 所示。

表 2-2　FOB、CIF、CFR 三种贸易术语比较

	卖　方	买　方
相同点	1. 装货，充分通知 2. 出口手续，提供证件 3. 交单	1. 接货 2. 进口手续，提供证件 3. 受单、付款
	4. 都是装运港船上交货，风险、费用划分一致——装运港船上为界	
	5. 交货性质相同，都是凭单交货、凭单付款	
	6. 都适合于海运或内河水运	

续表

不同点		卖　　方	买　　方
	FOB		1．租船订舱、支付运费（F） 2．办理保险、支付保险费（I）
	CIF	1．租船订舱、支付运费（F） 2．办理保险、支付保险费（I）	
	CFR	租船订舱、支付运费（F）	办理保险、支付保险费（I）

（二）FCA、CPT、CIP 比较

FCA、CPT、CIP 三种术语都属于"货交承运人"术语，就买卖双方的义务来说，有些方面是相同的，有些方面是不同的，主要不同之处在于租船订舱、支付运费、办理保险、支付保险费这几个方面的责任划分。现将以上三种术语间的异同进行归纳，如表 2-3 所示。

表 2-3　FCA、CPT、CIP 三种贸易术语比较

相同点		卖　　方	买　　方
		1．装货，充分通知 2．出口手续，提供证件 3．交单	1．接货 2．进口手续，提供证件 3．受单、付款
		4．风险、费用划分一致——货交承运人为界 5．都适合于各种运输方式	
不同点	FCA		1．租船订舱、支付运费（F） 2．办理保险、支付保险费（I）
	CIP	1．租船订舱、支付运费（F） 2．办理保险、支付保险费（I）	
	CPT	租船订舱、支付运费（F）	办理保险、支付保险费（I）

（三）FOB、CFR、CIF 与 FCA、CPT、CIP 比较

FCA、CPT、CIP 三种术语是在 FOB、CFR、CIF 三种术语的基础上发展起来的，它们之间既有联系，也有区别。两组术语间的主要区别主要表现在以下几点。

1．适用的运输方式不同

FOB、CFR、CIF 三种术语仅适用于海运和内河运输，其承运人一般只限于船公司；而 FCA、CPT、CIP 三种术语适用于各种运输方式，包括多式联运，其承运人可以是船公司、铁路局、航空公司，也可以是安排多式联运的联合运输经营人。

2．交货和风险转移的地点不同

FOB、CFR、CIF 的交货地点均为装运港，风险均在装运港船上时从卖方转移至买方。而 FCA、CPT、CIP 的交货地点需视不同的运输方式和不同的约定而定，它可以是在卖方处所由承运人提供的运输工具上，也可以是在铁路、公路、航空、内河、海洋运输承运人或多式联运承运人的运输站或其他收货点。至于货物灭失或损坏的风险，则于卖方将货物交由承运人保管时，即自卖方转移至买方。

3．装卸费用负担不同

按 FOB、CFR、CIF 术语，卖方承担货物在装运港船上为止的一切费用。但由于货物装船是一个连续作业，各港口的习惯做法又不尽一致，因此，在使用程租船运输的 FOB 合同中，应明确装船费由何方负担，在 CFR 和 CIF 合同中，则应明确卸货费由何方负担。而在 FCA、CPT、CIP 术语下，如涉及海洋运输并使用程租船装运，卖方将货物交给承运人时所支付的运费（CPT、CIP 术语），或由买方支付的运费（FCA 术语），已包含了承运人接管货物后在装运港的装船费和目的港的卸货费。这样，在 FCA 合同中的装货费的负担和在 CPT、CIP 合同中的卸货费的负担问题均已明确。

4．运输单据不同

在 FOB、CFR、CIF 术语下，卖方一般应向买方提交已装船清洁提单，而在 FCA、CPT、CIP 术语下，卖方提交的运输单则视不同的运输方式而定。如在海运和内河运输方式下，卖方应提供可转让的提单，有时也可提供不可转让的海运单和内河运单；如在铁路、公路、航空运输或多式联运方式下，则应分别提供铁路运单、公路运单、航空运单或多式联运单据。

（四）INCOTERMS® 2020 中十一种术语比较

为了便于理解和掌握 INCOTERMS® 2020 的内容，对两大类贸易术语中的十一种术语，按照买卖双方的主要责任进行归类、比较，如表 2-4 所示。

表 2-4　INCOTERMS® 2020 中十一种术语主要义务比较

贸易 术语	交货 地点	风险 转移	办理 运输	办理 保险	出口 报关	进口 报关	运输 方式
FAS	装运港口	装运港船边	买方	/	卖方	买方	水上运输
FOB	装运港口	装运港船上	买方	/	卖方	买方	水上运输
CFR	装运港口	装运港船上	卖方	/	卖方	买方	水上运输
CIF	装运港口	装运港船上	卖方	卖方	卖方	买方	水上运输
EXW	货物产地或所在地	买方处置货物时	买方	/	买方	买方	任何运输
FCA	出口国内地或港口	承运人处置货物后	买方	/	卖方	买方	任何运输
CPT	出口国内地或港口	承运人处置货物后	卖方	/	卖方	买方	任何运输
CIP	出口国内地或港口	承运人处置货物后	卖方	卖方	卖方	买方	任何运输
DAP	进口国目的地	买方在指定地点收货后	卖方	/	卖方	买方	任何运输
DPU	目的港或目的地	买方在指定地点收货后	卖方	/	卖方	买方	任何运输
DDP	进口国目的地	买方在指定地点收货后	卖方	/	卖方	卖方	任何运输

二、贸易术语的选择

（一）贸易术语与买卖合同性质的关系

在国际货物买卖合同中，贸易术语一般在价格条款中表示出来。不同的贸易术语，买卖双方承担的责任、费用和风险各不相同。在实际业务中，买卖合同的双方当事人选用何种贸易术语，不仅决定了合同价格的高低，而且还关系合同的性质，甚至还影响贸易纠纷的处理和解决。因此，贸易术语的选择和运用是直接关系买卖双方经济效益的重要问题。

在国际货物买卖合同中，一般都要明确所采用的贸易术语，以明确买卖双方交接货物的方式和条件，即明确买卖双方在交接货物过程中各自应承担的责任、费用和风险，从而划分双方的权利和义务，并说明合同的基本特征。因此，贸易术语是确定买卖合同性质的一个重要因素。

在实际业务中，通常都以贸易术语的名称来给买卖合同命名，如按 FOB 术语成交的合同称作 FOB 合同、按 CIF 术语成交的合同称作 CIF 合同等。

在 INCOTERMS®2020 的十一种术语中，按 EXW 术语成交，卖方在货物所在地交货，故其签订的合同为产地交货合同。按 FAS、FOB、CIF、CFR 和 FCA、CPT、CIP 术语成交，卖方在装运地或装运港交货，因此，按这些术语成交的合同属于装运合同。所谓装运合同，即装运地交货合同，是指卖方在出口国或装运国（地区）完成交货义务；卖方只负责装运，不负责到达；货物在运输途中的风险由买方承担，是否能到达目的港（地）和何时到达目的港（地）均由买方负责。按 DAP、DPU、DDP 术语成交，卖方应负责将货物运至指定目的地，并承担货物到达该目的地的全部费用和风险，因此，按这些术语成交的合同属于到达合同。所谓到达合同，是指卖方负责按合同规定的时间把货物交至规定的目的港（地），承担至该地点为止的一切费用、风险，即卖方要负责货物的到达以及何时到达。

一般情况下，贸易术语的性质应与买卖合同性质相一致，合同中的有关条款应与合同性质相一致，与所使用的贸易术语在内容上保持一致，不应互相矛盾，否则，将会给买卖双方带来不必要的纠纷，甚至会造成经济损失。由此可见，贸易术语与买卖合同性质之间有着密切联系，二者的关系表现为以下两个方面。

（1）贸易术语是决定买卖合同性质的重要因素。一般来说，业务中通常以贸易术语来给买卖合同命名。

（2）贸易术语不是决定合同性质的唯一因素。确定买卖合同的性质，不能单纯看采用何种贸易术语，还应看买卖合同中的其他条件是如何规定的。

（二）选用贸易术语时应考虑的因素

国际贸易中可供选用的贸易术语很多，据统计，各国使用频率较高的贸易术语主要有 FOB、CIF 和 CFR 等。随着国际贸易的发展和运输方式的变化，FCA、CPT 和 CIP 术语的使用也日益增多。在选择贸易术语时，应考虑以下几个因素。

1. 运输条件

买卖双方采用何种贸易术语，首先应考虑采用何种运输方式运送。在本身有足够运输能力或安排运输无困难，而且经济上又合算的情况下，可争取按自身安排运输的条件成交；否则，应酌情争取按由对方安排运输的条件成交。另外，INCOTERMS® 2020 对每种贸易术语所适用的运输方式都做出了解释，如 FOB、CFR 和 CIF 术语只适用于海洋运输和内河运输，而不适用于空运、铁路和公路运输。如果买卖双方拟使用空运、铁路和公路运输，则应选用 FCA、CPT 和 CIP 术语。在我国，随着使用集装箱运输和多式联运方式的不断增多，为适应这种发展趋势，可以适当选择使用 FCA、CPT 和 CIP 术语。

2．货物的特点

在国际贸易中，进出口货物的品种繁多，不同类别的货物具有不同的特点，对运输方面的要求各不相同，运费的多少也有差异。有些货物价值较低，但运费占货价的比重较大，对这类货物，出口时应选用 FOB 术语，进口时应选用 CIF 或 CFR 术语。此外，成交量的大小也涉及运输安排的难易和经济核算的问题，因此，也要根据它来考虑贸易术语的选用。

3．运费、保险费的情况

运费、保险费是构成价格的一部分，因此，在选用贸易术语时，应考虑运费、保险费的因素。一般来说，在出口贸易中，我方应争取选用 CIF 和 CFR 术语；在进口贸易中，应争取选用 FOB 术语，这样有利于节省运费和保险费的外汇支出，也有利于促进我国对外运输事业和保险事业的发展。另外，在选用贸易术语时，还应注意运费变动的趋势。当运费看涨时，为了避免承担运费上涨的风险，出口时应选用 FOB 术语，进口时应选用 CIF 或 CFR 术语。

4．运输途中的风险

在国际贸易中，交易的商品一般要经过长途运输，货物在运输途中可能遇到各种自然灾害、意外事故等风险，因此，买卖双方在洽商交易时，必须根据不同时期、不同地区、不同运输路线和运输方式的风险情况，并结合购销意图来选用适当的贸易术语。

5．办理进出口货物结关手续的难易

在国际贸易中，货物进出口的结关手续有些国家规定只能由结关所在国的当事人安排或代为办理，有些国家无此项限制。如果买方不能直接或间接办理出口结关手续，则不宜按 EXW 术语成交；如果卖方不能直接或间接办理进口手续，此时则不宜采用 DDP 术语等。

6．按实际需要灵活掌握

有些国家为了支持本国保险事业的发展，建议出口商出口时采用 CIF 术语，进口时采用 FOB 或 CFR 术语；发展中国家为了创收更多的外汇，建议出口商出口时采用 CIF 或 CFR 术语，进口时采用 FOB 术语；在出口大宗商品时，国外进口商为了争取到运费和保险费的优惠，要求自行办理租船订舱和保险，为了发展双方贸易，进口商也可采用 FOB 术语。

三、使用 INCOTERMS® 2020 应注意的问题

（一）使用贸易术语的格式要求

在使用任何贸易术语时，需要将 INCOTERMS®2020 作为后缀或者贸易术语的必要构成要件在合同中说明，尽可能对地点和港口做出详细说明。

例如：FCA Xi'an International Port Zone INCOTERMS® 2020.

说明："FCA"是贸易术语，"Xi'an International Port Zone"是地点，"INCOTERMS® 2020"是对所选的贸易术语版本的说明。注意 INCOTERMS® 2020 的特定表述，注册商标"®"是其构成的一部分。

（二）贸易术语中地点的重要性

在使用贸易术语 EXW、FCA、DAP、DPU、DDP、FAS 和 FOB 时，指定地点是指风险从卖方转移到买方的交货地点。

在使用贸易术语 CPT、CIP、CFR、CIF 时，指定地点并非交货地点，而是指运费已付至的目的地。

（三）贸易术语指明地点的法律意义

（1）在 EXW、FCA、DAP、DPU、DDP、FAS 和 FOB 术语中，指定地点是交货（delivery）地点，即风险转移地点，建立了风险承担的认定基础。

（2）在 CPT、CIP、CFR 和 CIF 术语中，指定地点是指运费已付至的地点，风险如何承担尚不清楚，即还需要明确交货地点。

（3）"交货"（delivery，交付）的特定法律意义。"delivery"的法律意义有三个方面：① 法律意义上控制权的转移；② 可成为风险转移的基础；③ 可成为所有权转移的基础。

 复习思考题

1. FOB、CFR 和 CIF 三种常用贸易术语中买卖双方有哪些主要义务？

2. FOB、CFR 和 CIF 三种常用贸易术语有何异同点？

3. 采用 FOB、CFR 和 CIF 三种常用贸易术语成交时各应注意哪些问题？

4. FCA、CPT 和 CIP 三种常用贸易术语有何异同点？

5. FCA、CPT、CIP 和 FOB、CFR、CIF 有何异同点？

6. 如果你是一个外贸业务员，在出口业务中你愿意采用哪种贸易术语？在进口业务中你又愿意采用哪种贸易术语？为什么？

 案例分析题

1. 中国某出口商与日本某进口商签订了一份 FOB 合同，合同规定由卖方出售 2000 公吨小麦给买方。小麦在装运港装船时是混装的，共装运了 5000 公吨，准备在目的地由船公司负责分拨 2000 公吨给买方。但载货船只在途中遇高温天气导致小麦变质，共损失 2500 公吨。卖方声称其出售给买方的 2000 公吨小麦在运输途中全部损失，并认为根据 FOB 合同，风险在装运港越过船舷时已经转移给买方，故卖方对损失不负责任。买方则要求卖方履行合同。双方发生争议，后将争议提交仲裁解决。请问：仲裁机构将如何裁决？为什么？

2. 我国某出口公司按 CIF 伦敦向英商出售一批核桃仁，由于该商品季节性较强，双方在合同中规定，买方须于 9 月底前将信用证开到，卖方保证货运船只不迟于 12 月 2 日驶抵目的港。如货轮迟于 12 月 2 日抵达目的港，买方有权取消合同，如货款已收，卖方必须将货款退还买方。请问：合同中有关条款是否存在问题？为什么？

3. 中国 A 公司按 CFR 术语与美国 B 公司签约成交出口一批商品，合同规定保险由买方自理。我方于 9 月 1 日凌晨 2 点装船完毕，受载货轮于当日下午起航。因 9 月 1、2 日是周末，我方未及时向买方发出装船通知。9 月 3 日上班收到买方急电，称货轮于 2 日下午 4 时遇难沉没，货物灭失，要求我方赔偿全部损失。请问：我方是否应该赔偿？为什么？

技能拓展训练

目的：熟悉装船通知书的写作方法。

资料：在 INCOTERMS®2020 的 FOB、CFR 等术语中，卖方有一项义务是装船后通知买方。这项义务非常重要，如果卖方未尽到通知义务，需要承担相应的责任和损失。

模拟一项业务，该笔业务处于货物装运阶段，货物已装船，需向进口商发出已装船通知。

要求：请你草拟一份装船通知书。

第三章 商品的品名、品质、数量和包装

【引导案例】

商品品质纠纷案例

案情描述：我国某出口公司向英国出口一批大豆，合同规定水分最高为14%，杂质不超过2.5%，在成交前我方曾向买方寄过样品，订约后我方又电告买方成交货物与样品相似。当货物运到英国后，买方提出货物与样品不符并出示相应的检验证书，检验证书称货物的品质比样品低7%，并以此要求我方赔偿15 000英镑的损失。请问：买方要求是否合理？为什么？

案例分析：买方要求合理。在本案中，合同规定："水分最高为14%，杂质不超过2.5%"，从合同内容看，这笔进出口交易属于凭规格买卖，只要我方所交货物符合合同规定的规格，就算履行了合同义务。成交前我方向对方寄送了样品，寄送的样品并未声明是参考样品；签约后又电告对方成交货物与样品相似，这样对方有理由认为该笔交易是既凭规格又凭样品买卖。在国际贸易中，凡属于凭样品买卖，卖方所交货物必须与样品完全一致，否则买方有权拒收货物或提出索赔。综合以上情况，买方提出赔偿要求是有一定道理的，我方很难以该笔交易并非凭样买卖为由不予理赔。

【教学目标】

通过本章的学习，使学生掌握买卖合同中订立品质条款的重要性和基本方法；掌握数量条款的订立方法；熟悉包装条款包含的基本内容。

【教学重点】

表示商品品质的方法及其合理选用；运输标志、溢短装条款、中性包装的概念。

【教学难点】

《联合国国际货物销售合同公约》对品质、数量和包装条款的相关规定。

第一节 商品的品名

一、约定商品品名的意义

在国际货物买卖合同中，品名是合同标的物的首要内容，明确合同标的物的名称非常必要，不仅具有法律意义，而且具有实际价值。

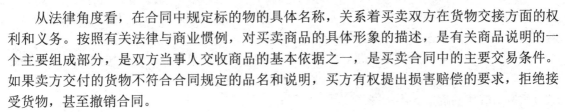

从法律角度看，在合同中规定标的物的具体名称，关系着买卖双方在货物交接方面的权利和义务。按照有关法律与商业惯例，对买卖商品的具体形象的描述，是有关商品说明的一个主要组成部分，是双方当事人交收商品的基本依据之一，是买卖合同中的主要交易条件。如果卖方交付的货物不符合合同规定的品名和说明，买方有权提出损害赔偿的要求，拒绝接受货物，甚至撤销合同。

从业务角度看，品名或说明的规定是双方交易的物质内容，是交易赖以进行的物质基础和前提条件。此外，好的商品名称还能促进消费，激发消费者的购买欲望，有利于买卖合同的签订。

二、命名商品品名的方法

商品的品名（name of commodity），即商品的名称，是指能使一种商品区别于其他商品的一种称呼。商品的品名在一定程度上表明商品的自然属性、用途以及主要的性能特征。商品名称的命名方法主要有以下几种。

（1）以商品的主要用途命名，如洗衣机、运动服、保温杯等。

（2）以商品的主要原料命名，如羊毛衫、皮夹克、玻璃杯、铁锅等。

（3）以商品的主要成分命名，如巧克力奶糖、人参蜂王浆、西洋参含片等。

（4）以商品的外观造型命名，如喇叭裤、锥形裤、蝙蝠衫、高跟鞋等。

（5）以商品产地的名胜古迹、著名人物命名，如孔府家酒、西湖龙井茶等。

（6）以商品的制作工艺命名，如精炼油、二锅头烧酒、手工面、蒸馏水等。

三、合同中的品名条款

（一）品名条款的内容

在国际货物买卖合同中，品名条款没有统一的格式和内容，一般比较简单，通常都是在"品名"或"商品名称"的标题下，列明缔约双方同意交易的商品的名称；有时也可以不加标题，只在合同的开头部分列明交易双方同意买卖某种商品的文句。例如：

品名：东北大豆

Name of Commodity：Northeast Soybean

品名条款的规定取决于成交商品的品种和特点，就一般商品来说，有时只需说明商品的名称即可。但有的商品拥有不同的品种、等级和型号，因此，为了明确起见，也有命名时把商品的品种、等级和型号的概括性描述包括进去，做进一步限定。例如：

55%腈纶45%棉的女士针织上衣

55% ACRYLIC 45% COTTON LADIES KNITTED BLOUSE

（二）订立品名条款应注意的事项

品名条款是国际货物买卖合同中的主要交易条件之一，在规定品名条款时，应注意下列事项。

（1）商品的品名必须做到内容明确、具体，避免空泛、笼统的规定。例如，品名为大豆，就不够具体，应标明东北大豆或其他产地的大豆。

（2）商品的品名必须实事求是、切实反映商品的实际情况。条款中规定的品名，必须是卖方能够提供的商品，凡做不到或不必要的描述性的词句均不要列入。例如，品名为优质绿茶，大家对优质的理解各不相同，该品名就不宜使用。

（3）商品的品名要尽可能使用国际上通用的名称。如果使用地方性的名称，交易双方应事先就其含义达成共识。对于某些新商品的命名及其译名，应力求准确、易懂，并符合国际上的习惯称呼。例如，我们常称的"病毒唑"，其国际通用名称为"利巴韦林"。

（4）确定品名时应恰当地选择商品的不同名称，以利于降低关税、方便进出口和节约运费开支。往美国销售家具，如果用 furniture K.D（knock down），其税率为 8%；如果改为 furniture，则税率为 5%。非洲商人进口我国的理发椅，如果商品名称为 barter's chair，海关需要征税，如果改为医疗用椅（hospital chair），则不征税。

（5）商品的品名要与 H.S.编码制度规定的品名相适应。国际上为了便于对商品的统计征税时有共同的分类标准，1950 年由联合国经济理事会发布了《国际贸易标准分类》（SITC），其后，世界各主要贸易国又在比利时布鲁塞尔签订了《海关税则分类目录公约》（*Convention on Nomenclature for the Classification of Goods is Customs Tariffs*），又称为《海关合作理事会税则商品分类目录》（*Customs Co-operation Council Nomenclature*，CCCN）。CCCN 与 SITC 二者对商品的分类存在区别，为了避免采用不同分类目录在关税和贸易、运输中产生分歧，在上述两个规则的基础上，海关合作理事会主持制定了《协调商品名称及编码制度》（*The Harmonized Commodity Description and Coding System*，简称 H.S.编码制度）。该制度于 1988 年 1 月 1 日正式实施，我国于 1992 年 1 月 1 日起所进行的海关统计和普惠制待遇的确定等都按 H.S.编码制度进行。因此，我国在为商品命名时，应与 H.S.编码制度规定的品名相一致。

第二节　商品的品质

一、约定商品品质的意义

商品的品质（quality of goods），亦称质量，是指商品的内在素质与外观形态的综合，是商品适合一定用途、满足用户需要的各种特性。内在素质是指商品的物理性能、机械性能、化学成分、生物特性等自然属性（如气味、滋味、成分、性能、组织结构等）。外观形态是指商品的外形（如颜色、光泽、透明度、款式、花色、造型等）。

在国际贸易中，商品的品质不仅是主要交易条件，而且是买卖双方进行交易磋商的重要内容。因为商品品质的优劣不但关系商品的使用效能和售价高低，而且还决定商品销路的好坏，还涉及有关企业以至国家的声誉。在当前国际市场竞争激烈的情况下，提高出口商品的品质，是增强商品竞争力的主要手段。只有切实加强出口商品的质量管理，根据国际市场的需要和变化，不断提高出口商品质量，增加花色品种和改进款式，并使之适销对路，才能开拓和巩固国际市场，做到以质取胜。在进口贸易中，严格把好进口商品质量关，使进口商品适应国内

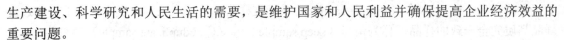

生产建设、科学研究和人民生活的需要，是维护国家和人民利益并确保提高企业经济效益的重要问题。

合同中的品质条件是构成商品说明的重要组成部分，是买卖双方交接货物的依据。《联合国国际货物销售合同公约》（简称《公约》）规定，卖方交付货物，必须符合约定的品质。如果卖方交付的货物不符合约定的品质条件，买方有权要求损害赔偿，也可以要求修理或交付替代货物，甚至可以拒收货物和撤销合同。

二、表示商品品质的方法

不同种类的商品，有不同的品质表示方法。在国际贸易中，由于交易的商品种类繁多，特点各异，表示商品品质的方法也有很多种，归纳起来，可以分为两大类：以实物表示商品的品质和以文字说明表示商品的品质。

（一）以实物表示商品的品质

以实物表示商品的品质，是指以作为交易对象的实际商品或以代表商品品质的样品来表示商品的品质。它包括凭成交商品的实际品质（actual quality）和凭样品（sample）两种表示方法。前者被称为看货买卖，后者被称为凭样品买卖。

1. 看货买卖

看货买卖（sale by actual quality）是根据现有商品的实际品质进行买卖。如果买卖双方根据成交商品的实际品质进行交易，通常先由买方或其代理人在卖方所在地验看商品，达成交易后，卖方应交付验看过的商品。只要卖方交付的是验看过的商品，买方就不得对商品品质提出异议。

在国际贸易中，由于交易双方远隔两地，交易洽谈多靠函电方式进行。买方到卖方所在地验看商品存在诸多不便，因此国际贸易中很少采用看货买卖这种方式，它常用于寄售、展卖、拍卖中。

2. 凭样品买卖

凭样品买卖（sale by sample）是指买卖双方按约定的足以代表实际货物的样品，作为交货的品质依据的买卖。

样品（sample）是指从一批商品中抽取出来的，或由生产部门、使用部门加工、设计出来的，足以反映和代表整批商品品质的少量实物，包括参考样品和标准样品。

在国际贸易中，根据提供样品方式的不同，凭样品买卖可分为以下三种。

（1）凭卖方样品买卖。由卖方提供的样品，称为卖方样品（seller's sample）。凡是凭卖方样品作为交货品质依据的买卖，称为凭卖方样品买卖（sale by seller's sample）。在凭卖方样品买卖时，必须注意以下几个方面的问题。

① 样品要有足够的代表性。卖方在选择提交给买方确认的样品时，要选择有代表性的样品，样品的品质既不能偏高，也不能偏低。品质过高，会给日后的交货带来困难；品质过低，难以成交，即便能成交，也会在价格上吃亏。

② 要留有复样，并编号、注明日期。卖方在将样品送交买方的同时，应该保留与送交样品品质完全一致的另一样品，以备将来生产、交货或处理品质纠纷时做核对之用。卖方送交

给买方的样品，称为原样（original sample）或标准样（type sample）。卖方保留的、与送交样品品质完全一致的样品，称为留样（keep sample）或复样（duplicate sample）。

卖方应在原样和留样上编制相同的号码，并注明样品提交给买方的具体日期，以便日后查用。对留样一定要妥善保管，以防日后交货时发生品质纠纷拿不出留样，而使卖方处于被动地位。

③ 在合同中规定"卖方交货与所提供样品的品质大致相同或基本相同"。凭卖方样品买卖的商品多属于品质难以规格化、标准化的商品，很难做到交货品质与样品完全一致，因此，在订立合同时为了留有余地，可在合同中规定"卖方交货与所提供样品的品质大致相同或基本相同"，以防买方因卖方所交货物与样品有微小差异而拒收或索赔。

④ 严格区分参考样品和标准样品。卖方送交买方的作为交货依据的样品，称为标准样品（type sample）。参考样品（reference sample）通常是在用文字说明表示商品品质时，寄给买方作为参考之用，以便客户对货物品质有较多的了解。标准样品要作为交货的品质依据，而参考样品只是作为宣传之用，不作为交货的品质依据。为了避免误解，在对外寄送参考样品时，应加注"仅供参考"（for reference only）字样。

（2）凭买方样品买卖。由买方提供的样品，称为买方样品（buyer's sample）。凡是凭买方样品作为交货品质依据的买卖，称为凭买方样品买卖（sale by buyer's sample），也称为来样成交或来样制作。

在凭买方样品买卖时，对买方有利，但对卖方不利，这是因为原材料、加工技术、设备和生产安排等条件的局限，可能会给卖方交货带来一定的困难。因此，在凭买方样品买卖时，卖方必须注意以下几个方面的问题。

① 卖方应注意对方的来样是否是反动的、不健康的、式样和图案丑陋。

② 卖方应注意原材料供应、加工生产技术和生产安排的可能性。

③ 防止侵犯第三者的工业产权。

（3）凭对等样品买卖。卖方根据买方提供的样品，加工复制出一个类似的样品提供给买方确认，经确认后的样品，叫作对等样品（counter sample），也叫作回样（return sample）或确认样（confirming sample）。凡是凭对等样品作为交货品质依据的买卖，称为凭对等样品买卖（sale by counter sample）。

以上三种凭样品成交的方式，不论采用哪一种，在操作中都应当注意下列事项。

① 凡凭样品买卖，卖方交货的品质必须与样品完全一致。凭样品买卖有两个基本要求：一是以样品作为交货的唯一依据；二是卖方保证所交货物必须与样品完全一致。

② 以样品表示品质的方法，只能酌情采用。凭样品买卖，容易在履约过程中产生品质方面的争议，因此，凡是能用科学的指标表示商品品质的商品，不宜采用此法。对于在造型上有特殊要求或具有色、香、味等方面特征的商品，以及其他难以用客观的指标表示品质的商品，宜采用凭样品买卖。在当前国际贸易中，单纯凭样品成交的情况不多，一般是以样品来表示商品的某个或某几个方面的品质指标。例如，在服装交易中，为了表示商品的色泽质量，可以采用"色样"（colour sample）；为了表示商品的款式和造型，可以采用"款式样"（pattern sample）；对这些商品其他方面的品质，则采用其他的方法来表示。

③ 采用凭样品成交而对品质无绝对把握时，应在合同条款中做出灵活的规定，如可以在

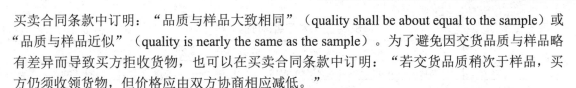

买卖合同条款中订明："品质与样品大致相同"（quality shall be about equal to the sample）或 "品质与样品近似"（quality is nearly the same as the sample）。为了避免因交货品质与样品略有差异而导致买方拒收货物，也可以在买卖合同条款中订明："若交货品质稍次于样品，买方仍须收领货物，但价格应由双方协商相应减低。"

（二）以文字说明表示商品的品质

以文字说明表示商品的品质，就是以文字、图表、照片等方式来说明商品品质的方法。以文字说明表示商品品质而达成的交易被称为"凭文字说明买卖"（sale by description），其常见的方式有以下几种。

1. 凭规格买卖

凭规格买卖（sale by specification）是指买卖双方在交易中用规格表示商品的品质。商品的规格（specification）是指用来反映商品品质的一些主要指标，如成分、含量、纯度、大小、长短、粗细等。

在国际贸易中，买卖双方洽谈交易时，对于适合凭规格买卖的商品应提供具体规格来说明商品的基本品质，并在合同中订明。凭规格买卖时，表示商品品质的指标因商品的不同而不同，即使是同一种商品，因用途不同，对规格的要求也有所不同。用规格表示商品品质的方法简单易行、明确具体，而且可以根据成交货物的具体情况灵活调整，故这种方法在国际贸易中应用比较广泛。例如：

northeast soybean:	
moisture（max.）	15%
oil content（min.）	18%
admixture（max.）	1.5%
inperfect grains（max.）	8.5%
东北大豆：	
水分含量（最高）	15%
含油量（最低）	18%
杂质含量（最高）	1.5%
不完善粒含量（最高）	8.5%

2. 凭等级买卖

凭等级买卖（sale by grade）是指买卖双方在交易中用等级表示商品的品质。商品等级（grade of goods）是指把同一种商品按其规格中若干主要指标的差异，划分为不同的级别和档次，用数字、字母或文字表示商品品质上的差异程度，如甲级、乙级、丙级，A级、B级、C级、一级、二级、三级等。

商品的等级，通常是由制造商或出口商根据长期生产过程中总结的该项商品的经验，在掌握其品质规律的基础上制定出来的。买卖双方可根据合同当事人的意愿对商品的等级提出要求，并在合同中具体订明。例如，我国出口的钨砂（tungsten）根据其三氧化钨、锡的含量不同，可分为特级、一级和二级，每一级的具体规格如表 3-1 所示。

表 3-1　各种等级钨砂的规格

等　　级	成　　分			
	三氧化钨（min.）	锡（max.）	砷（max.）	硫（max.）
特级	70%	0.2%	0.2%	0.8%
一级	65%	0.2%	0.2%	0.8%
二级	65%	1.5%	0.2%	0.8%

我国出口的鲜鸡蛋（fresh hen eggs），按照买卖双方所熟悉的惯例，各种等级的规格如表 3-2 所示。

表 3-2　各种等级鲜鸡蛋的规格

等　　级	AA 级	A 级	B 级	C 级	D 级	E 级
每只鸡蛋净重/克	60～65	55～60	50～55	45～50	40～45	35～40

3．凭标准买卖

凭标准买卖（sale by standard）是指买卖双方在交易中用标准表示商品的品质。商品的标准（standard of goods）是指经政府机关或工商业团体统一制定和公布的规格或等级，即将商品的规格和等级予以标准化。

在国际贸易中，有些商品通常凭标准买卖。国际贸易中的商品标准非常多，各国都有自己的商品标准，还有国际组织的标准，如国际标准化组织的 ISO 标准等。我国有国家标准、部门标准、企业标准等。

国际贸易中采用的各种商品标准，有些具有法律上的约束力，凡是品质不符合标准要求的商品，不许进口或出口；有些标准不具有法律上的约束力，只是供交易双方参考使用。对于国际上已广泛采用的标准，一般可按该标准进行交易。由于制定的标准经常修改和变动，一种商品的标准可能有不同年份的版本，不同版本的品质标准是有差异的。因此，在贸易中凭标准买卖时，应在合同中注明制定标准的国家或机构、所采用标准的年份和版本，以免引起争议。例如：

Rifampicin in conformity with B.P.1993

利福平，英国药典 1993 年版

在国际贸易中，对某些品质变化大，难以规定统一标准的农副产品和资源性产品等初级产品，往往采用"良好平均品质"（fair average quality，FAQ）和"上好可销品质"（good merchantable quality，GMQ）来表示商品的品质。

良好平均品质（FAQ）是指一定时期内某地出口货物的平均品质水平，一般是指中等货，或称为"大路货"。良好平均品质的具体确定办法有两种：一是由生产国在农产品收获后，经过对产品进行广泛抽样，从中制定出该年度的"良好平均品质"的标准和样品，并予以公布，作为该年度 FAQ 的标准；二是从各批出运的货物中抽样，然后综合起来，取其平均值作为"良好平均品质"的标准。它可由买卖双方联合抽样，或共同委托检验人员抽样，送交商检机构检验决定。上好可销品质（GMQ），也称为"精选货"，是指卖方出售的货物品质上好，适合市场销售，无须说明商品的具体品质。

FAQ 和 GMQ 两个概念都比较笼统，在操作中容易引起争执，因此应尽量少用，一般将

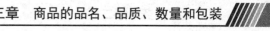

它们用于无法以样品或国际公认的标准来检验产品品质的一些商品，如木材、冷冻鱼虾等。

4. 凭说明书和图样买卖

凭说明书和图样买卖（sale by description and illustration）是指在国际贸易中，有些机器、电器、仪表、大型设备、交通工具等技术密集型产品，因其结构复杂，制作工艺各异，无法用样品或简单的几项指标来反映其质量全貌，一般以说明书并附以图样、图片、设计图或分析表及各种数据，来说明具体的性能及构造的特点。

有些厂商为了推销商品，定期或不定期地向顾客发送商品目录或产品介绍，用图片和文字介绍其定型产品的外形、构造、性能、用途、包装，有时还附有价格，供顾客选购。如果买主对商品目录所提供的产品的性能或规格另有要求，也可以在上述基础上辅以详细说明，经卖方确认后达成交易。

凭说明书和图样买卖时，要求所交的货物必须符合说明书所规定的各项指标。在合同中除说明书的内容以外，一般还需要订立卖方品质保证条款和技术服务条款。

5. 凭商标或品牌买卖

凭商标或品牌买卖（sale by trademark or brand）是指买卖双方在交易中用商标或品牌表示商品的品质。商品的商标（trademark）是指生产或经营者用来识别其所生产或出售的商品的标志，通常是由一个或几个具有特色的词汇、字母、数字、图形或图片组成。商品的品牌（brand）是指工商企业给其制造或销售的产品所冠的名称，以便与其他企业的同类产品区别开来。一个品牌可以用于一种产品，也可以用于一个企业的所有产品。商标是品牌的图案化，经过注册登记，是受法律保护的。

在国际贸易中，对于一些品质稳定、规格统一，在国际市场上行销已久、信誉良好并为买主所熟悉的商品，交易时只要说明商标或品牌，品质即已明确，故可凭商标或品牌买卖。比如：松下电器（Panasonic）、三星电子（Samsung）、美加净牌牙膏（MAXAM Brand Dental Cream）、大白兔奶糖（White Rabbit Creamy Candy）等。

品牌或商标属于工业产权，各国都制定了有关法律加以保护。在国际贸易中，要注意有关国家的法律规定，以维护自己的品牌或商标权益。在用品牌或商标表示商品品质时，如果同一种品牌或商标的产品拥有不同的型号或规格，则合同中除了使用品牌或商标外，还必须订明型号或规格。

6. 凭产地名称买卖

凭产地名称买卖（sale by name of origin）是指买卖双方在交易中用产地名称表示商品的品质。有些农副土特产品受产区的自然条件、传统的加工工艺等因素的影响，在品质方面具有其他产区的产品所不具有的独特风格和特色。对这一类产品一般用产地名称（name of origin）来表示其品质，如四川榨菜（Sichuan preserved vegetable）、东北大豆（Northeast soybean）、景德镇瓷器（Jingdezhen china-ware）、长白山人参（Changbai mountain ginseng）等。

三、合同中的品质条款

（一）品质条款的内容

在买卖合同中，品质条款的内容有简有繁，视不同商品和不同表示品质的方法而定。在凭样品买卖时，品质条款中要列明商品的名称、达成交易时采用的样品的编号等；在凭文字说明买卖时，根据表示品质的方法不同，品质条款中要列明商品的名称、规格、等级、品牌、标准等。

一般情况下，凡能用科学的指标说明其品质的商品，则适用于凭规格、等级或标准买卖；有些难以规格化和标准化的商品，则适用于凭样品买卖；有些质量好，并具有一定特色的名优产品，适用于凭商标或品牌买卖；有些性能复杂的机器、电器和仪表，适用于凭说明书和图样买卖；有些具有地方风味和特色的产品，可凭产地名称买卖。

在凭样品买卖时，一般应列明样品的编号或寄送日期，有时还要加列交货品质与样品一致的说明；在凭标准买卖时，一般应列明所引用的标准和标准版本与年份；在凭说明书和图样买卖时，应在合同中列明图样和说明书的名称和份数等。

以下为常见的品质条款示例。

1. 凭规格

以"芝麻"为例：

moisture（max.）	8%
admixture（max.）	2%
oil content（min.）	52%
水分含量（最高）	8%
杂质含量（最高）	2%
含油量（最低）	52%

2. 凭等级

以"茶叶"为例：

9371 China green tea special chummy grade 1

9371 中国绿茶，特珍一级

3. 凭品名、规格

以"红酒"为例：

Zhangyu dry red wine, twelve degree of sugar.

张裕干红葡萄酒，糖分 12 度。

（二）订立品质条款应注意的事项

1. 规定品质机动幅度

品质机动幅度是指允许卖方所交货物的品质在一定的幅度内有灵活性。由于某些初级产品（如农副产品）的品质不甚稳定，交货品质很难与合同规定的品质完全相符，为了便于卖方交货，往往在规定品质指标外，加订一定的机动幅度，并辅以价格调整条款。

合同中品质条款的制定要明确、具体，不能笼统、含糊。但是，如果将某些商品（农副土特产品等）的品质规定得过细、过死，日后很难做到交货品质与合同规定的品质相符，从而造成卖方交货困难。在国际贸易中，为了维护买卖双方的权益，保证合同的顺利履行，可以对有些商品规定品质机动幅度，允许卖方所交货物的品质在一定范围内有差异。常见的品质机动幅度的规定方法有以下四种。

（1）规定一定的范围。对某些商品品质指标的规定允许有一定的差异范围，如棉布 35/36 英寸。卖方交货时，只要在此范围内，均属合格。

（2）规定一定的极限。对某些商品的品质以最大、最高、最多（max.）或最小、最低、最少（min.）来规定其上下极限，如白糯米，碎粒最高（max.）25%。卖方交货时，只要没有超出极限规定，买方就无权拒收。

（3）规定上下差异。对某些商品的品质指标进行规定，同时给出一个上下变动幅度，如中国灰鸭绒，含绒量 90%，允许上下浮动 1%。卖方交货时，只要没有超出规定的幅度，就算符合合同要求。

（4）品质公差。品质公差（quality tolerance）是指工业品在生产过程中由于科学技术水平、生产水平和加工能力所限而产生的国际上公认的误差。在工业品生产过程中，产品的品质指标出现一定的误差是难免的，如手表每天出现若干秒的误差，属于正常现象。这种为国际上所公认的品质误差，即使在合同中不做规定，卖方交货品质在公认的误差范围内，即认为符合合同。为了保险起见，还是应该在合同的品质条款中订明，其规定方法有：① 笼统规定；② 明确规定一定的幅度。

2．订立品质增减价条款

为了体现按质论价，在使用品质机动幅度时，有些商品也可以根据交货品质情况调整价格，即在合同中订立品质增减价条款。

（1）对机动幅度内的品质差异，可按交货实际品质规定予以增价和减价。例如，在我国大豆出口合同中规定："含油量每增减 1%（±1%），则合同价格增减 1.5%（±1.5%）。若增减幅度不到 1%者，可按比例计算。"

（2）只对品质低于合同规定者扣价。在品质机动幅度范围之内，交货品质低于合同规定者扣价，而高于合同规定者不加价。

品质增减价条款一般应选用对价格有重要影响而又允许有一定机动幅度的主要品质指标。

3．正确运用各种表示品质的方法

品质条款的内容中肯定涉及表示品质的方法，究竟采用何种表示商品品质的方法，应视商品的特点而定。一般情况下，凡是能用一种方法表示品质的，就不宜用两种或两种以上的方法表示。在同时使用规格和样品两种品质表示方法的出口贸易中，必须明确表明是以规格为准，还是以样品为准；若以规格为准，就应在条款中注明"样品仅供参考"的字样。部分国家的法律规定（如英国），凡是既凭样品，又凭规格达成的交易，卖方交货的品质必须既符合样品，又要与规格保持一致，否则买方有权拒收货物，并可以提出索赔。因此，在选择订立品质的方法时，一般不宜采用既凭样品买卖又凭规格买卖的品质表示方法。

4．品质条件要有合理性

为了合同顺利地订立与履行，在制定品质条款时要注意条款内容的合理性，具体表现在以下三个方面。

（1）要从实际出发，防止品质条件偏高或偏低。在确定出口商品的品质条件时，既要考虑国外市场的实际需求，又要考虑国内生产和供货的可能性。如果外商对商品品质要求很高，而出口商做不到的话，绝对不能接受。对于品质条件符合国外市场需求的商品，合同中的品质规格不应低于实际商品的品质规格，以免影响成交价格，但也不能为了追求高价而盲目提高品质规格，结果可能会导致资源浪费，甚至会给交货带来困难。

（2）要适当选择品质指标。在品质条款中，应当有选择地规定各项品质指标。凡是影响品质的重要指标，不能遗漏；而对于影响品质的次要指标，尽量少订。对于与品质无关的指标，不要订入品质条款，以免条款过于烦琐，从而影响交易的履行。

（3）要注意指标之间的相互关系。各项品质指标是从不同的角度来说明商品品质的，各项指标之间有着内在的联系，在确定商品的品质指标时，要注意它们之间的一致性，以免由于某一品质指标规定得不合理而影响其他品质指标，造成经济损失。例如，在大豆品质条款中规定："水分不超过 17%，不完善粒不超过 9%，杂质不超过 3%，矿物质不超过 0.15%。"显然，这种规定不合理，因为该条款中对矿物质的要求过高，这与其他指标的规定不相称。一般情况下，为了使矿物质符合约定的指标，需要反复加工，而反复加工的结果必然会大大增加不完善粒的含量。

第三节　商品的数量

一、约定商品数量的意义

商品数量的多少，是制定单价和计算交易总金额的重要依据，它不仅关系着交易规模的大小，而且是确定价格和其他交易条件的重要依据。因此，商品的数量条款是买卖合同中的一项重要条款。

《联合国国际货物销售合同公约》规定，卖方所交货物的数量必须与合同规定相符。卖方所交货物的数量如果多于合同规定的数量，买方可以拒收多交部分，也可以收取多交部分中的全部或部分货物，但应按照合同价格付款。如果卖方所交货物数量少于合同规定的数量，可允许卖方在规定交货期届满之前补齐，但不得使买方遭受不合理的不便或承担不合理的开支，即使如此，买方也保留要求损害赔偿的权利。

由于交易双方约定的数量条款是交接货物的依据，因此，正确掌握成交数量和订好合同中的数量条款，具有十分重要的意义。

二、商品数量的计量单位和计量方法

各国度量衡制度不同，所使用的计量单位也各不相同。度量衡制度不仅关系货物的计价基础和卖方交货数量的准确性，有时还涉及商业发票上的计量单位是否符合进口国海关的相关规定。

国际贸易中常用的度量衡制度有公制（the metric system）、英制（the British system）、美制（the U.S. system）、国际单位制（the international system）。我国于 1985 年 9 月 6 日通过了《中华人民共和国计量法》，于 1986 年 7 月 1 日开始实施国际单位制。

（一）计量单位

国际贸易中所使用的计量单位种类很多，不同的商品可以采用不同的单位来计量，常见的计量单位有以下几种。

1. 按重量（weight）计算

这是国际贸易中使用最多的一种计量方法。按重量计算的单位有公吨（metric ton，M/T）、长吨（long ton，L/T）、短吨（short ton，S/T）、千克（kilogram，kg）、克（gram）、盎司（ounce）。这些计量单位通常用于计量大宗农副产品、矿产品以及一些工业制成品。

2. 按数量（number）计算

在国际贸易中，大多数工业制成品交易，尤其是日用消费品、工业品、机械产品，以及一部分土特产品，习惯于用数量单位计量。按数量计算的单位有件（piece）、双（pair）、套（set）、打（dozen）、卷（roll）、令（ream）、罗（gross）、袋（bag）、包（bale）。

3. 按长度（length）计算

在金属绳索、丝绸、布匹等类商品的交易中，通常采用长度单位计量。按长度计算的单位有米（meter，m）、厘米（centimeter，cm）、英尺（foot，ft）、英寸（inch，in）、码（yard，yd）。

4. 按面积（area）计算

面积单位通常用于玻璃板、地毯、皮革等商品的交易中。按面积计算的单位有平方米（square meter）、平方英尺（square foot）、平方码（square yard）。

5. 按体积（volume）计算

体积单位通常用于木材、天然气以及化学气体的交易中。按体积计算的单位有立方米（cubic meter）、立方英尺（cubic foot）、立方码（cubic yard）。

6. 按容积（capacity）计算

按容积计算的单位有蒲式耳（bushel）、加仑（gallon）、公升（litre）等。蒲式耳常用于计量各种谷物，公升和加仑多用于计量液体商品，如酒类、汽油、石油等。

（二）重量的计算方法

在国际贸易中，很多商品都是按重量单位计量的。在计算重量时，通常有以下几种主要方法。

1. 毛重

毛重（gross weight）是商品本身的重量加包装的重量。它在多数情况下只作为搬运及装卸等场合的计算，一般用于价值较低的商品。

2. 净重

净重（net weight）是指商品本身的实际重量，不包括包装的重量，即：净重=毛重-皮重。在国际贸易中，对以重量计量的商品，大部分都按净重计价。确定净重的方法有以下两种。

（1）以毛作净（gross for net）：是以毛重当作净重计价。有些商品因包装不便单独称重，或因包装材料与商品价格差不多，采用以毛重当作净重计价，即习惯上称为"以毛作净"，俗称"连皮滚"。这种计重方法适用于一些价值较低的农产品或其他商品。

（2）毛重扣除皮重：是指用毛重减去包装物重量之后的净重来计价。

用净重计重时，对于如何计算包装物重量（皮重），国际上有下列几种做法。

① 按实际皮重（actual tare）计算：它是通过测量每件包装的实际重量而求得的总的包装重量。

② 按平均皮重（average tare）计算：测量时可以从整批货物中抽取一定的件数，称出其实际皮重，然后求出其平均重量，即为平均皮重。

③ 按习惯皮重（customary tare）计算：某些商品，由于其所使用的包装材料和规格已定型，其重量已为市场所公认，在计算皮重时，无须逐件过秤，重复测量，只要按习惯上公认的皮重乘以总件数，即可求得总皮重。

④ 按约定皮重（computed tare）计算：用这种方法不需要经过实际测量，而是以买卖双方事先协商约定的包装重量为准。

在实际操作中，应根据商品的性质、所使用的包装的特点、合同数量的多寡以及交易习惯，由双方当事人事先约定毛重的计算方法并列入合同，以免事后引起争议。

3. 公量

公量（conditioned weight）是指用科学方法除去商品中所含的水分，再加上国际公认的标准含水量，按此方法求出的重量。这种计重方法适用于经济价值较高、含水量又极不稳定的商品，如生丝、羊毛和棉花等。其计算公式为

$$公量 = 商品干量 \times (1 + 标准回潮率) = 商品净重 \times \frac{(1 + 标准回潮率)}{(1 + 实际回潮率)}$$

4. 理论重量

理论重量（theoretical weight）是指对于一些按固定形状、规格和尺寸所生产和买卖的商品，当其规格和重量一致、尺寸大小一致、每件商品的重量大体相同时，根据其件数推算出的总重量。这种计重方法适用于马口铁、钢板等商品。

5. 法定重量和实物净重

法定重量（legal weight）是商品的重量加上直接接触商品的包装物料的重量。实物净重（net weight）是指除去直接接触商品的包装物料所计算出来的纯商品的重量。

三、合同中的数量条款

（一）数量条款的内容

买卖合同中的数量条款主要包括成交商品的数量和计量单位。按重量成交的商品，还需订明计算重量的方法。数量条款的内容及其繁简程度应视商品的特性而定。

以下为常见的数量条款示例。

（1）Rice 5000 metric tons, 5% more or less at seller's option.

大米，5000 公吨，允许 5%溢短装，由卖方决定。

（2）Soybean 60 000 M/T, gross for net, 5% more or less at seller's option at contract prices.

蚕豆，60 000 公吨，以毛作净，卖方可溢短装 5%，增减部分按合同价格计价。

（二）订立数量条款应注意的事项

1. 数量条款要明确具体

为了避免发生争议，合同中的数量条款要规定得明确、具体，一般不宜采用"大约"（about）、"近似"（circa）、"左右"（appoximate）等带有不确定性的字眼来说明成交数量。数量条

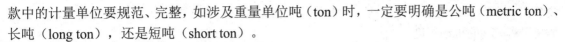

款中的计量单位要规范、完整，如涉及重量单位吨（ton）时，一定要明确是公吨（metric ton）、长吨（long ton），还是短吨（short ton）。

2. 合理规定数量机动幅度

在粮食、矿砂、化肥和食糖等大宗商品的交易中，由于商品特性、货源变化、船舱容量、装载技术和包装等因素的影响，要求准确地按约定数量交货有时存在一定的困难。为了避免因卖方实际交货不足或超过合同规定而引起的法律纠纷，方便合同的履行，对于一些数量难以严格限定的商品，可以在合同中规定交货数量允许有一定范围的机动幅度。规定数量机动幅度（quantity allowance）的方法有以下两种。

（1）溢短装条款。溢短装条款（more or less clause）是指在买卖合同的数量条款中，明确规定卖方实际交货数量可以多于或少于合同所规定的数量一定幅度的条款，其内容包括溢短装幅度、溢短装选择权和溢短装部分的计价方法。

① 溢短装幅度。溢短装幅度也就是允许溢短装的比例，即允许多交或少交的百分比。在实际操作中多数规定为5%，具体还要视商品特性、运输方式等确定。

② 溢短装选择权。溢短装选择权是指约定何方有权决定多交或少交，一般规定由卖方决定，但在买方租船订舱的情况下，为了与租船合同衔接，也可由买方决定。例如，500公吨，卖方可溢装或短装5%（500 M/T, 5% more or less at seller's option），这里的"at seller's option"是指溢装或短装"由卖方决定"。在FOB合同中，是由买方派船装载货物，买方会要求由他们决定多装或少装的数量，如60 000公吨，10%上下，由买方决定（60 000 M/T, 10% more or less at buyer's option）。在溢短装条款中，溢装或短装是由卖方决定、由买方决定，还是由运输方决定，一般应在合同中做出明确规定，以免某一方因价格波动，在溢短装的份额中取得额外利益。

③ 溢短装部分的计价方法。溢短装部分的计价方法通常是按合同价格计算，《公约》规定：卖方多交货物后，买方若收取了超出部分，则要按合同规定支付相应的价款。如果交货时商品市场价格下跌，多装对卖方有利；如果商品市场价格上升，多装对买方有利。为了防止有权选择溢短装的当事人利用行市的变化，有意多装或少装，以获取额外的利润，可以在合同中规定溢短装货物按以下几种方法计算价格：按合同价格计算；按装船日的市场价格计算；按目的地的市场价格计算；部分按合同价格计算、部分按装船日或到货日的市场价格计算等。

（2）约量条款。约量条款（about clause）是指实际交货数量可有一定幅度的弹性的条款，即在交货数量前面加"约"字规定机动幅度的方式。目前在国际贸易中，对于"约"字等用语缺乏统一的解释，因此，履行起来容易引起纠纷。但是，如果合同中采用信用证支付方式，根据国际商会2006年修订的《跟单信用证统一惯例》第600号出版物（简称UCP600）中第三十条a款的规定："'约'或'大约'用于信用证金额或信用证规定的数量或单价时，应解释为允许有关金额或数量或单价有不超过10%的增减幅度。"

3. 未明确规定数量机动幅度时的习惯做法

在合同中没有明确规定机动幅度的情况下，卖方交货的数量原则上应与合同规定的数量完全一致。但在采用信用证支付方式时，根据UCP600中第三十条b款的规定："在信用证未以包装单位件数或货物自身件数的方式规定货物数量时，货物数量允许有5%的增减幅度，只

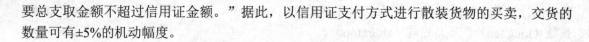

要总支取金额不超过信用证金额。"据此，以信用证支付方式进行散装货物的买卖，交货的数量可有±5%的机动幅度。

第四节　商品的包装

一、约定商品包装的意义

商品包装（packing of goods）是指在商品流通过程中用于保护商品、方便储运、促进销售所采用的容器、材料及辅助物等的总称，也指为达到保护商品、方便储运、促进销售的目的而采用容器、材料及辅助物的过程中施加一定技术方法等的操作活动。包装是货物说明的组成部分，是商品生产的继续，是保护商品和美化商品的一种手段。

包装是实现商品价值和使用价值的重要手段之一，是连接商品生产和消费之间的桥梁。绝大多数商品只有通过适当的包装，才能进入流通领域进行销售，以实现其使用价值和价值。在当前国际市场竞争十分激烈的情况下，许多国家都把改进包装作为加强对外竞销的重要手段之一。因为，良好的包装不仅能保护商品，还能宣传和美化商品，吸引顾客，扩大销路，提高售价，并在一定程度上显示出口国家的科技、文化艺术水平。其作用主要是为了保护商品，便于运输、搬运、装运、储存，促使商品增值。

从法律角度讲，包装是国际贸易买卖合同中的主要交易条件之一，根据《公约》第三十五条的规定，卖方必须按照合同规定的方式装箱或包装，如果卖方交付的货物未按合同规定的方式装箱或包装，就构成违约。如果卖方违约，买方有权提出索赔，甚至可以拒收货物。

二、商品包装的种类

国际贸易中销售的商品可以分为三类，即裸装货（nuded cargo）、散装货（bulk cargo）和包装货（packed cargo）。裸装货是指形态上自然成件数，无须包装或略加捆扎即可成件的货物，如钢材、铜锭、车辆等；散装货是指无须包装，可直接装上运输工具的货物，这类货物多为不易或不值得包装的货物，如小麦、煤、生铁等农矿产品；包装货是指必须经过一定包装才能进入市场的货物，大多数日用品和工业品都需要包装。

商品的包装，按其在流通领域中所起作用的不同以及国际贸易中的习惯做法，可以将其分为运输包装、销售包装和中性包装等。

（一）运输包装

运输包装（transport package），又称作大包装或外包装，是指以满足运输储存要求为主要目的的包装。它的作用主要在于保护商品的品质和数量，防止在储存、运输和装卸过程中发生货损和货差，便于运输、储存、检验、计数、分拨，有利于节省运输成本。

1．对运输包装的要求

（1）必须适应商品的特性。

（2）必须适应各种不同运输方式的要求。

（3）必须考虑相关国家的法律规定和客户的要求。

（4）要在保证包装牢固的前提下节省费用，便于各环节有关人员进行操作，以免使货物遭受损失。

2．运输包装的分类

运输包装的种类主要有两种：单件运输包装和集合运输包装。

（1）单件运输包装。单件运输包装是根据商品的形态或特性将一件或数件商品装入一个较小容器内的包装方式。制作单件运输包装时，要注意选用适当的材料，并要求结构造型科学合理，同时还应考虑不同国家和地区的气温、湿度、港口设施和不同商品的性能、特点、形状等因素。

单件运输包装的种类很多：按照包装外形来分，习惯上常用的有包、箱、桶、袋等；按照包装的质地来分，有软性包装、半硬性包装和硬性包装；按照制作包装所采用的材料来分，一般常用的有纸质包装，金属包装，木制品包装，塑料包装，棉麻制品包装，竹、柳、草制品包装，玻璃制品包装和陶瓷包装。

（2）集合运输包装。集合运输包装是将一定数量的单件商品组合成一件大的包装或装入一个大的包装容器内。集合运输包装的种类有集装箱、集装包和集装袋、托盘等。

① 集装箱（container）一般由钢板、铝板等金属制成，多为长方形，可以反复使用，它既是货物的运输包装，又是运输工具的组成部分。目前国际上最常用的海运集装箱规格有8ft×8ft×20ft 和 8ft×8ft×40ft（1ft=0.304 m）两种。

② 集装包和集装袋（flexible container）是用合成纤维或复合材料编织成抽口式的包或袋，用于盛装已经包装好的桶装和袋装的多件商品，每包一般可装入 1～1.5 吨重的货物。

③ 托盘（pallet）是在一件或一组货物下面所附加的一块垫板。为防止货物散落，需要用厚箱板纸、收缩薄膜、拉伸薄膜等将货物牢固包扎在托盘上，组合成一件"托盘包装"。每一托盘的装载量一般为 1～1.5 吨。此外，还有一种两面插入式托盘。

在国际贸易中，买卖双方究竟采用何种包装，应在合同中具体订明。

3．运输包装的标志

运输包装的标志是指为了便于货物交接，防止错发、错运，便于识别、运输、仓储，海关等有关部门进行查验以及收货人提取货物，在货物发运之前，按一定的要求在运输包装上面书写、压印、刷制的简单图形、文字和数字。根据用途的不同，运输包装上的标志可分为运输标志、指示性标志和警告性标志三种。

（1）运输标志。运输标志（shipping mark），俗称唛头，由一些图形、字母、数字和简单文字组成，通常印制在外包装的明显部位。国际标准化组织（International Organization for Standardization，ISO）和国际货物装卸协调协会（International Cargo Handing Co-ordination Association，ICHCA）推荐使用的标准运输标志由四个要素组成，包括收货人代号、参考号、目的地名称和货物件数代号。例如：

ABC ——收货人代号（收货人名称的英文缩写或简称）

S/C2020——参考号（如发票号、合同号、信用证号等）

LONDON——目的地名称（货物最终目的地或目的港名称）

No.2/20 ——件数代号（包装货物单件顺序号和总件数）

　　按国际贸易的惯例，运输标志由卖方提供，并且可以不在合同中做出具体规定。如果由买方提供运输标志，应在合同中规定向卖方通知唛头的日期，以免影响备货、出运和结汇等一系列工作。

　　（2）指示性标志。指示性标志（indicative mark），又称注意标志或安全标志，是提示有关人员在装卸、运输和保管过程中需要注意事项的标志。指示性标志一般都是以简单、醒目的图形和文字在包装上标出，如"易碎物品""禁用手钩""向上""怕湿"等，如图3-1所示。

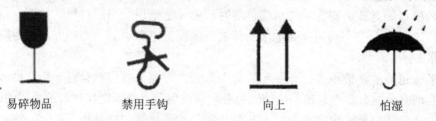

易碎物品　　　　禁用手钩　　　　向上　　　　怕湿

图3-1　指示性标志（GB/T191—2008）

　　（3）警告性标志。警告性标志（warning mark），又称危险品标志，它是针对易燃、易爆、有毒或具有放射性的货物，为了在运输、保管和装卸过程中，提醒有关人员采取防护措施，以保护物资和人身的安全而标在外包装上的标志。

　　我国国家技术监督局制定有《危险货物包装标志》，联合国政府间海事协商组织也制定了一套《国际海运危险品标志》。凡包装内装有爆炸品、易燃物品、自燃物品、遇水燃烧物品、有毒品、腐蚀性物品、氧化剂和放射性物品等危险品的，应在运输包装上刷写明显的危险品警告标志，如"有毒物品""感染性物品""放射性物品""腐蚀性物品"等，如图3-2所示。

有毒物品　　　　感染性物品　　　　放射性物品　　　　腐蚀性物品

图3-2　一些危险品标志（联合国危险货物运输标志）

　　上述运输包装上的各类标志都必须按有关规定标示在运输包装上的明显部位，标志的颜色要符合有关规定的要求，防止褪色、脱落，让人一目了然，容易辨认。

　　（二）销售包装

　　1．销售包装的分类

　　（1）挂式包装。通过包装物上的吊带、吊钩、吊孔、网兜等装置，将商品悬挂起来，方便销售。

　　（2）堆叠式包装。包装物的顶部与底部设有温和装置，可以堆叠起来，便于销售时堆放、陈列，如瓶类、罐类、盆类等。

（3）易开式包装。在包装封口严密的容器上设置易开启装置，方便消费者开启使用，如易拉罐、易开盒、易开袋等。

（4）携带式包装。在包装物上设计有提手装置，方便消费者携带。

（5）透明式包装。包装物全部或部分采用透明材料制成，可以使消费者直接了解商品的形态和造型，便于识别，以利于选购。

（6）喷雾式包装。包装物上设计有按压按钮后喷出液体或泡沫的装置，方便消费者使用，如香水、发胶等。

（7）配套式包装。将与主产品相关联的其他产品配套包装在一起销售，如餐具、茶具等。

（8）礼品式包装。专为送礼设计的包装，外表美观、讲究，以显示礼品的名贵。

2．销售包装的标志和说明

在销售包装上，一般都附有装潢画面和文字说明。在设计和制作销售包装时，应做好以下几个方面的工作。

（1）包装的装潢画面要美观大方，富有艺术吸引力，并突出商品的特点。其图案和色彩要符合有关国家的民族习惯和喜好，以利于扩大出口。

（2）包装上的文字说明，包括商标、品牌、品名、产地、数量、规格、成分、用途和使用方法等，要与装潢画面紧密配合、互相衬托、彼此补充，文字要简明扼要。

（3）包装上的标签，包括生产国别、制造厂商、货物名称、商品成分、品质特点、使用方法等。

3．销售包装条形码

条形码（bar code）是一种商品代码，是由一组宽度不等的多个黑条和空白，按照一定的编码规则排列，用以表达一组信息的图形标识符。条形码可以表示商品许多信息，通过光电扫描输入计算机，从而判断出某件商品的生产国、制造厂商、商品名称、生产日期、图书分类号、邮件起止地点、类别、日期等许多信息。随着光电扫描阅读设备的使用，条形码成为销售包装上不可缺少的标记，目前，世界上许多国家都在商品包装上使用条形码。

国际上通用的包装上的条形码有两种：美国、加拿大组织的统一编码委员会的 UPC 码（universal product code）和国际物品编码委员会的 EAN 码（european article number）。UPC 码是美国和加拿大产品统一的标识符号，EAN 码除在欧洲使用外，亚洲许多国家也使用此码。这两种编码系统属同一类型，每个字符均由数条黑白相间的条纹组成，中间有两条窄条纹向下伸出少许，将条形码分成左右两部分。这两种条形码虽然只能表示 0～9，但具有高度的查核能力，扫描操作简单可靠。

商品条形码中的前缀码是用来标识国家或地区的代码，赋码权在国际物品编码协会，如 00～09 代表美国、加拿大，45～49 代表日本。我国于 1988 年 12 月建立了"中国物品编码中心"，并于 1991 年 4 月正式加入国际物品编码协会，该协会分配给我国的国别号为"690～695"。凡适用于使用条形码的商品，特别是出口的商品，应在商品包装上印刷条形码。

（三）中性包装

中性包装（neutral packing）是指既不标明生产国别、地名和厂商名称，也不标明商标或品牌的包装，也就是说，在出口商品包装的内外都没有原产地和厂商的标记。中性包装包括无牌中性包装和定牌中性包装两种。

无牌中性包装，是指包装上既无生产国别和厂商名称，又无商标或品牌；定牌中性包装，是指包装上仅有买方指定的商标或品牌，但无生产国别和厂商名称。

采用中性包装的目的是为了打破某些进口国家与地区的关税和非关税壁垒，以及满足部分交易的特殊需要（如转口销售等），它是出口国家厂商加强对外竞销和扩大出口的一种手段。为了把生意做活，对国际贸易中的这种习惯做法可酌情采用，但使用时要注意避免发生知识产权纠纷。

三、合同中的包装条款

（一）包装条款的内容

交易合同中的包装条款（packing clause）主要包括包装材料、包装方式、包装规格、包装标志，有时也包括包装费用等内容。以下为常见的包装条款示例。

（1）In wooden cases of 50 kilos net each.

木箱装，每箱 50 千克，净重。

（2）In cartons of 40 kgs net each, then on pallets.

纸箱装，每箱净重 40 千克，然后装托盘。

（3）In international standard tea boxes, 20 boxes on a pallet, 10 pallets in a FCL container.

国际标准茶叶，纸箱装，20 纸箱一托盘，10 托盘一集装箱。

（二）订立包装条款应注意的事项

1. 要考虑商品特点和不同运输方式的要求

商品的特性、形状和运输方式的不同，对包装要求也不相同，必须从商品在储运和销售过程中的实际需要出发，使约定的包装科学、合理，并达到安全、适用和适销的要求。

2. 对包装的要求应明确具体

应明确规定包装材料、造型和规格，一般不宜采用"海运包装"和"习惯包装"之类的用语。

3. 应订明包装费用由何方负担

包装由谁供应，通常有下列三种规定方法。

（1）由卖方供应包装，包装连同商品一起交付买方。

（2）由卖方供应包装，但交货后，卖方将原包装收回。

（3）由买方供应包装或包装物料。应明确规定买方提供包装或包装物料的时间，以及由于包装物料未能及时提供而影响发运时买卖双方所负的责任。

按照国际贸易惯例，包装费用一般都包括在货价之内，不另计价，在包装条款中无须另行订明。但如果买方有要求，则需要在包装条款中订明相关费用。

复习思考题

1. 表示商品品质的方法有哪些？
2. 在凭样品成交时应注意哪些问题？

3．什么叫凭标准买卖？凭标准买卖时应注意哪些问题？

4．订立品质条款时应注意哪些问题？

5．什么是溢短装条款？为什么在某些商品的买卖合同中要规定溢短装条款？

6．什么是中性包装？为什么要采用中性包装？

7．某公司出口羊毛，买卖双方约定标准回潮率为8%，现有羊毛3500公吨，经过测定，回潮率为10%。请问：符合双方约定回潮率的重量应为多少？

8．我国内蒙古某出口公司向韩国出口 10 公吨羊毛。在合同中规定按公量计算，标准回潮率定为11%。经抽样证明，10 千克纯羊毛用科学方法去掉水分后净剩羊毛 8 千克。请问：这一批羊毛的公量为多少？

9．如果卖方按每箱150美元的价格售出某商品1000箱，合同规定"1000 M/T 5% more or less at seller's option"。请问：① 这是一个什么条款？② 最多可装多少箱？最少可装多少箱？③ 如实际装运1040箱，买方需要支付多少货款？

 案例分析题

1．青岛某纺织厂向加拿大出口一批绣花被罩，国外要求花绣在被罩的横面。但合同签订后，该厂在加工时，认为花纹应绣在被罩的竖面才较明显，便擅自改变了绣花部位。货物出口到国外后，买方以布局与合同不符为由，要求全部退货。请问：买方要求是否合理？卖方应如何处理？

2．青岛某出口公司向日本出口一批苹果，合同规定是三级品，但发货时才发现三级苹果库存告急，于是该出口公司以二级品交货，并在发票上加注："二级苹果仍按三级苹果计价"。请问：这种以好顶次的做法是否妥当？为什么？

3．我国某公司向俄罗斯出口黄豆一批，合同的数量条款规定：每袋净重100千克，共1000袋，合计100公吨。货抵俄罗斯后，经检验黄豆每袋仅重96千克，1000袋合计96公吨。正值黄豆价格下跌，俄罗斯客户以单货不符为由提出降价5%的要求，否则拒收。请问：买方的要求是否合理？为什么？

4．菲律宾某公司与上海某自行车厂洽谈业务，拟从我国进口"永久"自行车 1000 辆。但要求我方改用"剑"牌商标，并在包装上不得注明"Made in China"字样。请问：我方是否可以接受？在处理此项业务时应注意什么问题？

 技能拓展训练

目的：熟悉标准唛头的制作方法。

资料：厦门国贸有限公司向英国天空贸易有限公司出口某产品200件，已知收货人代号为：BSC；目的地名称为：LONDON，BRITAIN；发票号码为：18263168。

要求：请根据上述条件制作一个标准化唛头。

第四章　国际货物运输

【引导案例】

分期装运纠纷案例

案情描述：大连某进出口公司与日本某公司签订了一份出口 150 公吨冷冻食品的合同。合同规定：3—7 月，我方每月平均装运 30 公吨，日方凭即期信用证支付，后其来证规定装运前由港口商检局出具船边测温证书作为议付单据之一。我方 3—5 月交货正常，顺利结汇。但到 6 月份，由于船期延误，拖到 7 月 6 日才装运出口，海运提单倒签至 6 月 30 日，而送银行的商检证书上在船边的测温日期为 7 月 6 日，议付银行也未发现两个日期存在矛盾；在 7 月 10 日，同船又装运出口 30 公吨，我方所交商检证书上在船边的测温日期为 7 月 10 日。开证行收到议付单据后来电表示拒付这两笔货款。请问：我方的失误在哪里？开证行拒付的依据是什么？

案例分析：我方存在以下几个失误。

（1）倒签提单。将本已延迟到 7 月 6 日才装运货物的提单日期倒签到 6 月 30 日，这已构成侵权行为。

（2）单单不符。提单的日期为 6 月 30 日，但是商检证书上船边测温的日期却是 7 月 6 日，这属于单单不符，会导致银行拒付。

（3）分月装运的货物装在同一条船上。把信用证中规定分月装运的货物（6 月和 7 月）装在同一条船上，这样做既违反了信用证和合同中有关装运的规定，同时也无异于告诉对方 6 月 30 日的提单是伪造的，这是不该犯的明显错误。

开证行拒付的依据是：6 月份的货物，由于商检证书和提单的日期不符，开证行可以以单单不符为由拒付。7 月份发运的货物，虽单证相符、单单相符，但开证可以以前批（6 月份）应装货物未按时装运为由拒付。UCP600 第三十二条规定：如信用证规定在指定的时期内分期支款及/或分期装运，任何一期未按信用证规定的期限支款及/或装运时，信用证对该期及以后各期均告失效。本案中，6 月份货物未按期发运，6 月份和 7 月份所装货物均告失效。

【教学目标】

通过本章的学习，使学生了解国际货物运输中常见的几种运输方式；掌握班轮运费的计算方法；掌握订立合同中的装运条款的方法。

【教学重点】

海运方式下合同中的装运条款的订立；班轮运费的计算。

【教学难点】

班轮运费的计算；海运提单的性质和种类；UCP600 对分批装运和转运的规定。

第一节　国际货物运输概述

一、国际货物运输的概念及特点

（一）国际货物运输的概念

运输按运送对象可分为货物运输和旅客运输，货物运输按地域可分为国内货物运输和国际货物运输两大类。国际货物运输，就是在国家与国家、国家与地区之间进行的货物运输。

在国际贸易中，商品的价格包含商品的运价，商品的运价在商品的价格中占有较大的比重，一般约占10%，有的商品的运价甚至要占其价格的 30%～40%。商品的运价与商品的生产价格一样，随着市场供求关系变化而围绕着价值上下波动。商品的运价随着商品的物质形态一起在国际市场中进行交换，商品运价的变化直接影响国际贸易商品价格的变化。

国际货物运输的主要对象是国际贸易商品，实际上，国际货物运输也是一种国际贸易，只不过它用于交换的不是物质形态的商品，而是一种特殊的商品，即货物的位移。商品的运价，就是它的交换价格。由此可见，从贸易的角度来说，国际货物运输就是一种无形的国际贸易。

（二）国际货物运输的特点

国际货物运输与国内货物运输相比，具有以下几个方面的特点。

1. 国际货物运输是一项政策性很强的涉外活动

国际货物运输是国际贸易的一个组成部分，在组织货物运输的过程中，需要经常同国外发生直接或间接的、广泛的业务联系，这种联系不仅是经济上的，也常常会涉及国家之间的政治问题，是一项政策性很强的涉外活动。因此，国际货物运输既是一项经济活动，也是一项重要的外事活动。

2. 国际货物运输是中间环节很多的长途运输

国际货物运输是国家与国家、国家与地区之间的运输，一般运输距离比较长，需要使用多种运输工具，通过多次装卸搬运，经过许多中间环节，经由不同的地区和国家，并且要遵守各国不同的法规和规定，其中任何一个环节发生问题，都会影响整个运输过程。

3. 国际货物运输涉及面广，情况复杂多变

国际货物运输涉及国内外许多部门，需要与不同国家和地区的货主、交通运输部门、商检机构、保险公司、银行或其他金融机构、海关、港口以及各种中间代理商等打交道。同时，各个国家和地区的法律、政策规定各异，贸易、运输习惯和经营做法不同，金融货币制度的差异，以及政治、经济和自然条件的变化，都会对国际货物运输产生较大的影响。

二、国际货物运输的方式

（一）国际海洋运输

国际海洋运输是指使用船舶通过海上航道在不同国家和地区的港口之间运送货物的一种方式。国际海洋运输具有通过能力强，运输量大，运费低廉，对货物的适应性强，速度较低，风险较大等特点。目前，国际贸易总运量中的 2/3 以上，我国进出口货运总量的 90%都是通过海洋运输。

（二）国际铁路运输

国际铁路运输是指使用火车通过铁路轨道在不同国家和地区的港口之间运送货物的一种方式。国际铁路运输是国际贸易运输中的主要运输方式之一。国际铁路运输具有运行速度较快，运输连续性强，运输安全性高，通用性能好，运输成本较低和能耗低的特点。

（三）国际航空运输

国际航空运输通常是在无法使用其他运输方式时，紧急运送货物的一种极为保险的方式。它快速及时、价格昂贵。国际航空运输一般用于高附加值、小体积的物品运输。

（四）国际集装箱运输

集装箱是指具有一定强度、刚度和规格，能反复使用，外形像箱子，可以集装成组货物而专供周转使用，便于机械操作和运输的大型货物容器。国际集装箱运输就是以集装箱作为运输单位进行货物运输的一种现代化的先进的运输方式。

（五）国际多式联运

国际多式联运（international multimodal transport）是在集装箱运输基础上产生并发展起来的，以集装箱为媒介，把海上运输、铁路运输、公路运输、航空运输和内河运输等传统的单一运输方式有机地结合起来，构成一个连贯的过程，来完成国际货物运输。

国际货物运输方式除以上几种主要方式外，还有公路运输、管道运输、邮包运输等。

各种运输方式各有其特点。在对外贸易工作中，应根据进出口货物的性质、运量的大小、路程的远近、需求的缓急、成本的高低、装卸地的条件、相关国家的法令制度与惯例、气候与自然条件以及国际社会与政治状态等因素审慎选择，以便高效、顺利地实现外贸运输的目的。

在运输方式的选择上，除考虑运输成本和运行速度外，还要考虑商品的性质、数量、运输距离、客户的具体要求、风险程度等多方面因素。比如，鲜货商品要求争取时间，贵重物品体积小但需要保险系数高，在这种情况下，采取航空运输最为适宜；对中转环节多的货物可利用集装箱以加速中转并避免其损坏；样品和宣传品可利用航空邮寄；大宗货物可租赁整条船舶。当然，如果单纯是为客户提供服务，一切应按照客户的要求来安排。

三、国际货物运输的组织

（一）国际货物运输的当事人

1. 承运人

承运人（carrier）是指本人或者委托他人以本人名义与托运人订立货物运输合同的人。承运人可以是拥有船舶等运输工具的运输工具所有人，可以是用各种方式租用运输工具的承租人，也可以是从事货运代理的运输组织者。例如，中国远洋运输公司、中国铁路总局、公路局、航空公司、邮政局等，都是国际、国内运输中的承运人。

2. 托运人

托运人（shipper）包括：本人或者委托他人以本人名义或者委托他人为本人与承运人订立货物运输合同的人；本人或者委托他人以本人名义或者委托他人为本人将货物交给与货物运输合同有关承运人的人。前者所指的托运人是与承运人订立货物运输合同的人，后者所指的托运人是将货物交给承运人的发货人。在国际贸易进出口活动中，托运人一般是指出口企业。

3. 收货人

收货人（consignee）是指有权提取货物的人。提单收货人栏内所填写的人就是有权提取货物的人。由于提单的主要功能之一是物权凭证，必须凭提单交付货物。如果提单收货人栏内填写了具体记名的人，货物只能凭单交付给记名人；如果收货人栏内填写"来人"或"空白"，则货物可凭单交付给任何提单持有人；如果收货人栏内填写"凭指示"或"凭某人指示"，则必须由托运人或某人背书后的被背书人持单提货。因此，收货人也可以说是合法的提单持有人。

4. 船舶代理人

船舶代理（shipping agent）是指船舶代理机构或代理人接受船舶所有人（船公司）、船舶经营人、承租人或货主的委托，在授权范围内代表委托人（被代理人）办理与在港船舶有关的业务、提供有关的服务或完成与在港船舶有关的其他经济法律行为的代理行为。而接受委托人的授权，代表委托人办理在港船舶有关业务和服务，并进行与在港船舶有关的其他经济法律行为的法人和公民，则是船舶代理人。

5. 货运代理人

货物运输代理（freight forwarder），简称货代，是指货运代理机构或个人接受货主或承运人的委托，在授权范围内代表货主办理进出口货物的报关、交接、仓储、调拨、检验、包装、租船订舱等项业务，或代表承运人承揽货载的服务行为。从事这些业务，并在提供这类服务后收取佣金的机构或个人就是货运代理人。

6. 海运经纪人

海运经纪人（sea transportation agent）是在海运业务中以中间人的身份专门为双方当事人提供或制造订约机会的人。在远洋运输中，有关货物的订舱和揽载、托运和承运、船舶的租赁和买卖等项业务，虽然常由交易双方直接洽谈，但由海运经纪人作为媒介代办洽谈的做法已成为传统的习惯，尤其是在船舶的租赁和买卖业务的洽谈中都离不开海运经纪人的参与。

7．装卸、理货人

装卸、理货业是一些接受货主或船舶经营人的委托，在港口分别为开航前或到达目的港后的船舶进行货物装卸、清点、交接、确定货物损坏程度和损坏原因，并进行公证、计算散装货物重量等项作业的行业。装卸业是办理将货物装上船和从船上将货物卸下的行业。经营这种行业的经营人也被称为装卸人（load and unload people）。理货业是在装货或卸货时，对货物的件数进行清点，并对货物的交接做出证明的行业。理货业的从业人员通常被称为理货人（tally people）。

（二）国际货物运输的对象

国际货物运输的对象是运输部门承运的各种进出口货物。按不同的属性，进出口货物可以分为不同的类型。

1．按货物物理属性的不同分类

按货物物理属性的不同，可将货物分为普通货物和特殊货物两类。

（1）普通货物。普通货物包括清洁货物、液体货物和污染性货物三种。清洁货物是指清洁、干燥的纺织品及各种日用消费品等，这类货物不含水分或含有极少水分，对周围货物没有负面影响，无须提供特殊的运输服务。液体货物是指呈液态的流质或半流质货物，以桶装形式运输。污染性货物是指具有油污、水湿、扬尘、散发异味等特性的货物，容易对其他货物造成污染，对运输包装的要求较高。

（2）特殊货物。特殊货物是指需要特殊包装的货物，主要有危险品、冷冻冷藏货物、贵重货物、活动物、超限货物等。危险品是指具有易燃、易爆、毒害、腐蚀和放射性等特点的货物。冷冻冷藏货物是指易腐烂变质或化学性质随温度变化而变化较大的货物。贵重货物是指价值较高的贵金属、货币、字画、古玩等。活动物是指具有生命形态和特征的禽类、鱼类、家畜等。超限货物是指单件超长、超高、超重的货物。

2．按货物外部包装形态的不同分类

按货物外部包装形态的不同，可将货物分为包装货物、裸装货物和散装货物三类。

（1）包装货物。包装货物是指用各种容器、材料盛装、包扎的货物。

（2）裸装货物。裸装货物是指不加以包装的成件货物，如钢材、汽车、机器设备等。

（3）散装货物。散装货物是指在运输途中不加任何包装的货物，如矿砂、水泥等。

3．按货物重量体积比分类

按货物重量体积比的不同，可将货物分为重货和轻泡货物两类。

（1）重货。重货是指重量体积比大的货物。

（2）轻泡货物。轻泡货物是指重量体积比小的货物。

在不同运输方式下，划分重货和轻泡货物的标准不同，通常航运界将重量为 1 吨而体积超过 1 立方米的货物认为是轻泡货物，而航空界则将重量为 1 千克而体积超过 6000 立方厘米的货物认为是轻泡货物。

第二节 国际海洋运输

一、海洋运输的概念及其特点

海洋运输（ocean transport）是国际贸易中最主要的运输方式，我国绝大多数进出口货物都是通过海洋运输方式运送的。与其他运输方式相比，海洋运输有其自身的优点和缺点。海洋运输的优点主要表现在以下几个方面。

（1）运量大。海运船舶的运载能力远远大于铁路和公路运输车辆的运载能力，世界大型油船通常为 50 万吨级。

（2）运费低。按照规模经济的观点，海洋运输由于运量大、航程远，分摊于每吨货物的运输成本就少，因此运价相对低廉。

（3）对货物的适应性强。现在许多海运船舶是专门根据货物需要设计的，如多用途船舶、专用化船舶，它们可适应不同货物运输的需要。

海洋运输也存在缺点，主要是：易受自然条件和气候等因素影响，风险较大；普通商船的航运速度相对较慢，因而对不能经受长时间运输、易受气候条件影响以及急需的货物，一般不宜采用海洋运输方式。

二、海洋运输的方式

商船是海洋运输的基本工具，按船公司对船舶经营方式的不同，海洋运输可分为班轮运输和租船运输两种方式。

（一）班轮运输

班轮（liner）运输又称作定期船运输，是指船舶按固定的航线、港口以及事先公布的船期表航行以从事客货运输业务并按事先公布的费率收取运费。班轮运输比较适合于一般杂货和小批量货物的运输。班轮运输手续简便，对货方来说操作方便，而且能提供较好的运输质量，因此，使用班轮运输有利于国际贸易的发展。

与租船运输相比，班轮运输具有以下几个特点。

（1）"四定"，即固定航线、固定港口、固定船期和相对固定的运费率。在班轮运输中，船舶行驶的航线和停靠的港口都是固定的，船舶按船期表航行，船舶开航和到港时间都较为固定，船公司按预先公布的班轮运价表收取运费，运费率也相对固定。

（2）"管装管卸"，即货物由承运人负责配载装卸，船方管装管卸。由于班轮运费中包含装卸费，因此班轮运输时的港口装卸费由船方负担，承运人和托运人双方不计算滞期费和速遣费。

（3）承运人和托运人双方的权利、义务和责任豁免以签发的提单条款为依据。

（4）班轮承运货物比较灵活，不论数量多少，只要有舱位都接受装运，因此，少量货物或件杂货通常都采用班轮运输。

（二）租船运输

租船运输（charter transport），又称作不定期船运输（tramp shipping），是指租船人向船东租赁船舶用于运输货物的一种运输方式。租船（charter）有租赁整船和租赁部分舱位两种方式。在实际业务中以租赁整船为主。在租船运输中，船东出租的是船舶的使用权，故租船业务是一种无形贸易。

与班轮运输相比，租船运输具有如下特点：属不定期船（tramp），无固定的航线、挂靠港和船期，一切由租船双方在装运前协商确定；运价不固定，随租船市场行情的变化而变化；租船运输中的港口使用费、装卸费及船期延误等费用的划分由双方议定；租船运输主要适用于大宗货物的运输，如粮食、矿砂、石油、木材等；租船人和出租人双方之间的权利、义务和责任以签订的租船合同为准。

在租船业务中，租船的程序和手续与国际贸易成交程序基本一致，也要经过"询盘—报盘—还盘—接受—签约"几个环节，经双方反复洽商，最后达成交易，签订租船合同（charter party）。

当前在国际租船业务中，广泛使用的租船方式主要有两种，即定程租船和定期租船。此外，还有光船租船、包运租船和航次期租船等方式。

1．定程租船

定程租船（voyage charter/trip charter），又称作程租船、程租或航次租船，是一种以航程为基础的租船方式。定程租船分为单航次租船、来回航次租船、连续航次租船。

定程租船的主要特点是由船东负责船舶的管理营运工作，并负担船舶航行中的一切营运费用；由托运人或承租人负责完成货物的组织，支付按货物装运数量计算的运费及相关的费用；关于装卸费用由谁承担以及货物装卸时间、滞期费和速遣费的计算标准等问题由双方在租船合同中订明。

在定程租船方式下，对装卸费的收取办法有下列不同规定。

（1）船方不负担装卸费（free in and out, FIO），即船方不负责货物的装卸费用。为进一步明确船舱内货物装载以及散装货平舱的责任和费用划分，就需规定使用 FIOST（free in and out stowed trimmed），即船方不负责货物的装卸、理舱和平舱。

（2）船方负担装卸费（gross terms/liner terms），即船方负责装卸费用。

（3）船方只负担装货费，而不负担卸货费（free out, FO），即船方负责装货费用，但不负责卸货费用。

（4）船方只负担卸货费，而不负担装货费（free in, FI），即船方负责卸货费用，但不负责装货费用。

2．定期租船

定期租船（time charter），又称作期租船或期租，是指由船舶所有人将特定的船舶，按照租船合同的约定，在约定的期限内租给承租人使用的一种租船方式。这种租船方式以约定的使用期限为船舶租期，而不以完成航次的数量来计算。定期租船的租赁期限由船舶所有人和承租人根据实际需要约定，短则几个月，长则几年、十几年，甚至到船舶报废为止。在租期内，承租人利用租赁的船舶既可以进行不定期船运输，也可以进行班轮运输，还可以在租期内将船舶转租，以取得运费收入或租金差额。

定期租船实质上是一种租赁船舶财产用于货物运输的租船形式，其主要特点有：船东负责配备船员，并负担其工资和伙食；租船人负责船舶的调度和营运工作，并负担船舶营运中的可变费用，船舶营运的固定费用由船东负担；船舶租赁按整船出租，租金按船舶的载重吨、租期及商定的租金率计收。

3．光船租船

光船租船（bareboat charter or demise charter），又称作船壳租船，是指由船舶所有人将船舶出租给承租人使用，船东不提供船员，由租船人自行配备船员，并负责船舶的经营管理和航行的各项事宜。光船租船也是定期的。

这种租船方式实质上是一种财产租赁方式，船东不担负承揽货物的责任。在租期内，船东只提供一艘空船给承租人使用，船舶的船员配备、营运管理及一切固定或变动的营运费用均由承租人负担。船东在租期内除收取租金外，对船舶和其经营不再承担任何责任和费用。

4．包运租船

包运租船（contract of affreightment）是指船东向承租人提供一定吨位的运力，在确定的港口之间，按事先约定的时间、航次周期和每航次较为均等的运量，完成运输合同规定的全部货运量的租船方式。

这种租船方式是在连续单航次租船营运方式的基础上发展而来的，与连续单航次租船相比，包运租船一方面不要求一艘固定的船舶完成运输，另一方面也不要求船舶一个接一个航次完成运输，而是规定一个较长的时间，只要满足包运合同对航次的要求，在这个时间内，船东可以灵活地安排运输，两个航次之间的间歇时间，船东可以自由安排一些其他的运输工作。

5．航次期租船

航次期租船（trip charter on time basis），也称为期租航次租船，它是一种以完成一个航次运输为目的的租船方式，但租金按完成航次所使用的天数和约定的日租金率计算。这种租船方式不计滞期、速遣费用，船方不负责货物运输的经营管理。在装货港和卸货港的条件较差，或者航线的航行条件较差，难以掌握一个航次所需时间的情况下，这种租船方式对船舶所有人比较有利，因为采用这种租船方式可以使船舶所有人避免遭受出现难以预测的情况而使航次时间延长所造成的船期损失。

三、班轮运费的计算

（一）班轮运费的构成

班轮运费是班轮公司运输货物而向货主收取的费用。班轮运费包括基本运费和附加费用两部分。基本运费是指货物从装运港到卸货港所应收取的基本运费，它是构成全程运费的主要部分；附加费用是指对一些需要特殊处理的货物，或者由于突然事件的发生或客观情况变化等原因而需另外加收的费用。

1．基本运费

在班轮运输航线上，船舶定期或经常挂靠的港口称为基本港，根据基本港的情况，为在航线上基本港口间的运输而制定的运价，被称为基本运价或基本运费率（basic rate）。它是计算班轮运输基本运费的基础。

班轮运价表（liner's freight tariff），也称费率本或运价本，是船公司承运货物时据以向托运人收取运费的费率表的汇总，它由条款和规定、商品分类、费率三部分组成。各班轮公司或班轮公会都有自己的运价表，但都是按照各种商品的不同积载系数、不同性质和价值，结合不同的航线和航程加以确定。

根据制定主体的不同，班轮运价表可分为班轮公会运价表、班轮公司运价表、双边运价表、协议运价表；根据费率形式的不同，班轮运价表可分为等级费率运价表和单项费率运价表。

等级费率运价表由货物等级表和航线费率表两部分组成。等级费率运价表是先按航线将货物分为若干等级，不同等级有相应的计算标准；然后对每一个等级的货物制定一个费率，根据货物等级表和航线费率表，就可查出基本费率。大多数运价表都将货物划分为20级，同样航程下1级商品的运价最低，商品级数越高，运价越高。

单项费率运价表是指将每项商品及其基本费率都逐个列出，每个商品都有各自的费率。这种运价表计费较合理，也便于查找。

2．附加费用

基本运费是根据运输费用的平均水平制定的，相对比较稳定，而在实际运输过程中，由于船舶、货物、港口以及其他方面的原因，会使承运人在运输中增加额外的开支或损失，为了补偿这些额外开支或损失，船方通常会另外加收一部分费用作为弥补，这些追加的费用就是附加费用。附加费用也是运费总额的一部分。

（二）班轮基本运费的计算标准

班轮基本运费（basic freight）是班轮运费的主体，根据基本费率和计费吨算出。班轮基本运费的计算标准一般有以下几种。

（1）按货物的毛重计收运费，在运价表中以"W"字母表示，一般以公吨为计费单位，也有按长吨或短吨计费的，称为重量吨（weight ton）。

（2）按货物的体积计收运费，在运价表中以"M"表示，一般以1立方米为计费单位，也有按40立方英尺计费的，称为尺码吨（measurement ton）。

尺码吨与重量吨统称为运费吨（freight ton, FT）。

（3）按商品的价格计收运费，又称从价运费，在运价表中以"A.V."或"Ad Valorem"表示，一般按FOB货价的一定百分比收费。

（4）在货物的毛重或体积两者中选择高的一种来计收运费，在运价表中以"W/M"表示，即凡一吨货物的体积超过1立方米或40立方英尺者按尺码吨计收运费，不足1立方米或40立方英尺者按重量吨计收运费。

（5）在货物的重量、体积或价值中选择较高的一种计收运费，在运价表中以"W/M or A.V."表示。

（6）按货物重量或体积中较高者计收运费，再加上从价运费，运价表中以"W/M plus Ad. Val."表示。

（7）按货物的件数计收运费，如汽车按辆（unit）、活牲畜按头（head）。

（8）临时议定（open rate）。对大宗低值货物，由货主与船公司双方采用临时议定的方法来计收运费。该方法适用于粮食、豆类、煤炭、矿砂等运量较大、单位货价较低、装卸速度较快的农副产品。

在实际业务中，普通商品以"W""M""W/M"方式计收运费的较多，而贵重商品多以"Ad.Val."方式计收运费。

此外，在同一包装、同一票货物和同一提单内出现混装情况时，班轮公司的收费原则是就高不就低，以下为具体的收取方法。

（1）不同商品混装在同一包装内，全票货物一般按其中收费较高者计收运费。

（2）同一票货物，如包装不同，其计费标准和等级也不同，如托运人未按不同包装分别列明毛重和体积，则全票货物均按收费较高者计收运费。

（3）同一提单内有两种以上的货物，如托运人未分别列明不同货物的毛重和体积，则全票货物均按收费较高者计收运费。

（三）班轮附加费用的种类

班轮附加费用（surcharge/additional）是班轮公司在基本运费之外加收的费用，通常是班轮公司为抵补运输中额外增加的开支或在遭受一定损失时收取的费用。班轮运费的附加费用包括以下几种。

（1）超长附加费（long-length additional）。单件货物长度超过规定长度，船方因此而加收的费用。

（2）超重附加费（heavy-lift additional）。单件货物重量超过一定限度，船方因此而加收的费用。

各班轮公司对超长或超重货物的规定不一样。中国远洋运输（集团）总公司规定每件货物达到5吨或9米以上时，加收超重或超长附加费。超重货一般以吨计收运费，超长货一般按运费吨计收运费。无论是超重、超长或超大件货物，托运时都须注明。如船舶需转船，每转船一次，加收一次附加费。

（3）选择卸货港附加费（optional fees/optional additional）。选择卸货港附加费是指装货时尚不能确定卸货港，要求在预先提出的两个或两个以上港口中选择一港卸货，船方因此而加收的费用。所选港口限定为该航次规定的挂靠港，并按所选港中收费最高者计算其各种附加费。货主必须在船舶抵达第一选卸货港前（一般规定为24h或48h）向船方宣布最后确定的卸货港。

（4）变更卸货港附加费（alteration charge）。货主要求改变货物原来规定的卸货港，在有关当局（如海关）准许的情况下，船方同意继续运输货物时因此加收的费用。

（5）燃油附加费（bunker surcharge, BS；bunker adjustment factor, BAF）。因燃油价格上涨，船方因此而加收的费用。燃油附加费既可以加收固定的数额，也可以按基本运价的一定百分比加收。

（6）转船附加费（transhipment surcharge）。凡运往非基本港的货物，需转船运往目的港，船方因此而加收的费用。转船附加费包括转船费（包括换装费、仓储费）和二程运费。但有的船公司不收取此项附加费，而是分别收取转船费和二程运费，这样船公司收取一、二程运费再加转船费，即通常所谓的"三道价"。

（7）直航附加费（direct additional）。运往非基本港的货物达到一定的数量，船方安排直航该港而不转船时所加收的费用。直航附加费一般比转船附加费低。

（8）绕航附加费（deviation surcharge）。因战争、运河关闭、航道阻塞等原因造成正常航道受阻，必须临时绕航才能将货物送达目的港，船方因此而加收的费用。

（9）港口附加费（port additional or port surcharge）。船舶需要进入港口条件较差、装卸效率较低或港口船舶费用较高的港口时，船方因此而加收的费用。

（10）港口拥挤附加费（port congestion surcharge）。由于港口拥挤，致使船舶停泊时间增加，船方因此而加收的费用。该项附加费随港口条件改善或恶化而变化。

（11）货币贬值附加费（devaluation surcharge/currency adjustment factor, CAF）。在货币贬值时，船方为保持其实际收入不致减少，按基本运价的一定百分数加收的费用。

班轮运费中的附加费用由于名目繁多，在班轮运费中又占有很大的比重，因此，在具体业务中要多加注意，防止漏计或错计。

附加费用的计算方法有两种：一是按基本运费的一定百分比计收；二是按每运费吨若干金额计收。

（四）班轮运费的计算方法及步骤

班轮运费除由双方临时议定之外，其计算应按以下方法及步骤。

（1）检查货物的名称、重量、尺码、装卸港口等，看货物是否超长、超重，是否需要转船等。

（2）根据货物的英文名称，按英文字母顺序在货物分级表中查出该货物所属的等级和计费标准。

（3）根据货物的等级，从航线费率表中查出相应的基本费率。

（4）查出所经航线和港口的有关附加费用及计算方法。

（5）根据运费的构成计算出货物的运费总额。

若是从价运费，则直接以规定的百分比乘以 FOB 总值即可。

班轮运费的计算公式为

$$F = F_b + \sum_i^n S_i = F_b'(1 + S_i') \times Q$$

式中：F——运费总额；

F_b——基本运费；

F_b'——基本运费率；

S_i——某项附加费；

S_i'——某项附加费率；

Q——货物数量（总运费吨数）。

第三节　其他运输方式

一、国际铁路运输

铁路运输（rail transport）是仅次于海运的一种主要的运输方式，其优点是运行速度较快，载运量较大，运输途中风险较小，一般能终年保持正常运输，具有较高的连续性。铁路运输在国际贸易运输中占有重要地位，特别是内陆国家间的贸易，铁路运输的作用尤为显著。

国际铁路运输分为两种情况：一种是国际铁路货物联运，另一种是国内铁路运输。

（一）国际铁路货物联运

国际铁路货物联运是指两个或两个以上国家按照协定，利用各自的铁路联合起来完成一票货物的运输方式。它使用一份统一的国际联运票据，由一国铁路向另一国铁路移交货物时，无须发货人、收货人出面，铁路当局对全程运输负连带责任。

国际铁路货物联运中常用的国际条约有两个：《关于铁路货物运输的国际公约》（以下简称《国际货约》）和《国际铁路货物联合运输协定》（以下简称《国际货协》）。《国际货约》是在 1890 年制定的伯尔尼公约的基础上发展而来的，1961 年由奥地利、法国、比利时、德国等国家在瑞士伯尔尼签订，于 1970 年 2 月 7 日修订，修订后的《国际货约》于 1975 年 1 月 1 日生效。《国际货协》是关于国际铁路货物联运的多边条约，由苏联、波兰等 8 国于 1951 年在华沙订立。该协定现行的是 1971 年 4 月由铁路合作组织核准的《国际货协》文本，并于 1974 年 7 月 1 日生效。

国际货物铁路联运适用于原《国际货约》参加国之间的运输，也适用于《国际货协》参加国与《国际货约》参加国之间的货物运输。在我国，凡可办理铁路货运的车站均可办理国际铁路货物联运。

（二）国内铁路运输

国内铁路运输是指进出口货物在一国范围内的铁路运输。出口货物由铁路运输到装运港口或进口货物卸船后由铁路运至内地，均属国内铁路运输。我国内地往香港、澳门地区的铁路货物运输就属于国内铁路运输。

我国内地往香港地区铁路货物运输的做法是：对港铁路运输由内地段铁路运输和港段铁路运输两段构成，由中国对外贸易运输公司各地分支机构及香港中国旅行社联合组织进行。从发货地运至深圳北站后，由深圳分公司接货，由其负责向海关申报，海关放行过轨后，由香港中国旅行社负责办理港段铁路运输托运工作，将货物运至九龙目的站，交给收货人。

我国内地往澳门地区铁路货物运输的做法是：货物自发货地运往广州站，广东省外运公司接货，由其办理水路中转，将货物运往澳门，货到澳门后由南光集团运输部负责接货并交付收货人。

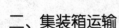

二、集装箱运输

（一）集装箱运输的含义

集装箱运输（container transport）是指以集装箱为基本运输单位，采用海、陆、空等运输方式将货物运往目的地的一种现代化运输方式。与传统的货物运输方式相比，集装箱运输可以取得提高装卸效率、加快货运速度、提高货运质量、节省包装费及运杂费、降低运输成本等经济效果，而且以集装箱作为运输单位，还有利于组织多种运输方式，进行大量、快速、廉价、安全的联合运输。正因为如此，集装箱运输目前在世界海上杂货运输中已占有支配地位，并且已形成一个世界性的集装箱运输体系。

集装箱（container）是一种能反复使用的运输辅助设备，为统一规格，国际标准化组织（ISO）为其制定了 13 种规格。目前在国际航运上应用最广的是 IA 型（8ft×8ft×40ft）、IAA 型（8ft×8.6ft×40ft）和 IC 型（8ft×8ft×20ft），习惯上称为 20 英尺和 40 英尺集装箱。为了便于运费计算，国际上都以 20 英尺集装箱作为标准计算单位，用 TEU（twenty-foot equivalent unit）表示。在计算不同型号的集装箱运费时，按集装箱的长度一律换算成 20 英尺单位（TEU）后再进行计算。

目前，在各国的集装箱运输中，广泛使用的是干杂货集装箱（dry cargo container）。该集装箱适用于装载各种干杂货，是最常用的标准集装箱。此外，国际货物运输中还存在冷藏集装箱、散货集装箱、开顶集装箱、框架集装箱、罐式集装箱等类型，以适应某些特定货物的运输需要。

（二）集装箱运输的组织

随着集装箱运输的发展和完善，产生了许多与之相适应的运输机构，主要包括以下四种。

（1）实际承运人。实际承运人主要是经营集装箱运输业务的各类船公司、联营公司以及公路、航空运输公司等。

（2）无船承运人。无船承运人是实际承运人和托运人之间的桥梁，主要是经营集装箱货运的揽货、装箱、拆箱、内陆运输以及经营中转站或内陆站业务，但不掌握运载工具的专业机构。

（3）集装箱租赁公司。这是随集装箱运输的发展而兴起的一种机构，专门经营集装箱的出租业务。

（4）全程联运保赔协会。全程联运保赔协会是一种由船公司或其他集装箱运输机构组成的互保组织，对集装箱运输中可能遭受的一切责任、损害、费用等进行全面统一的保险。这是一种新的保险组织。

（三）集装箱货物的装箱方式

1. 整箱货

整箱货（full container load, FCL）是指当货方有足够的货源装载一个或数个集装箱时，在自己的仓库或工厂里自行将货物装满整箱后，直接运往集装箱堆场（container yard, CY）交由承运人托运的一种方式。

2. 拼箱货

拼箱货（less than container load, LCL）是指当货主托运的货物数量不足装满整箱时，由承运人在集装箱货运站（container freight station, CFS）根据货物性质和目的地分类整理，把不同货主的运往同一目的地的货物拼装在一个集装箱内，货到目的地（港）后再由承运人拆箱后分拨给各收货人。

（四）集装箱货物的交接方式

从目前国际上的常见做法看，集装箱货物的交接方式主要有以下四种。

（1）整箱交、整箱接（FCL/FCL），是指发货人以整箱交货，收货人以整箱接货。该方式最能发挥集装箱运输的优越性，效果最好。

（2）整箱交、拆箱接（FCL/LCL），是指交货人以整箱交货，各收货人凭单拆箱接货。

（3）拼箱交、拆箱接（LCL/LCL），是指发货人拼箱交货，各收货人凭单拆箱接货，承运人负责货物的装箱和拆箱。

（4）拼箱交、整箱接（LCL/FCL），是指各货主以不足整箱的小票货物交承运人，承运人分类整理后，将同一收货人的货物集中拼成整箱运往目的地，收货人整箱接货。

（五）集装箱的交接方式

集装箱的交接方式一般分为下列几种。

（1）门到门（door to door），是指从发货人工厂或仓库至收货人工厂或仓库。该方式的特征是：整个运输过程完全是集装箱运输，该方式最适用于整箱交、整箱接。

（2）门到场站（door to CY/CFS），是指从发货人工厂或仓库至目的地的集装箱堆场或集装箱货运站。该方式的特征是：由门到场站为集装箱运输，由场站到门为货物运输，适用于整箱交、拆箱接。

（3）场站到门（CY/CFS to door），是指从装运地的集装箱堆场或货运站至收货人工厂或仓库。该方式的特征是：由门到场站为货物运输，由场站到门为集装箱运输，适用于拼箱交、整箱接。

（4）场站到场站（CY to CY/CFS；CFS to CY/CFS），是指从装运地的集装箱堆场或货运站至目的地的集装箱堆场或货运站。该方式的特征是：中间段为集装箱运输，两端为货物运输，适用于拼箱交、拆箱接。

三、国际航空运输

航空运输（air transport）作为一种现代化的运输方式，具有速度快、准确便捷且不受地面限制等优点。但航空运输运量有限，运费一般较高，通常是按重量或体积计算，以其中收费较高者为准。但空运比海运计算运费的起点低，同时，空运能节省包装费和保险费。一些体积小、价值高、量小且急需的商品（如计算机、电子产品和药品等），特别是易腐、鲜活和季节性强的商品适用于航空运输。

航空货物运输的主要方式有班机运输、包机运输、集中托运、航空快运和陆空陆联运等。

1．班机运输

班机运输（scheduled airliner transport）是指在固定航线上，按固定时间、固定始发站、目的站和途经站进行货物运输的方式。班机运输一般为客货混载，因而舱位有限。

2．包机运输

包机运输（chartered carrier transport）是指租机人租用整架飞机或若干租机人合租一架飞机运送货物的方式。包机运输分为整架包机和部分包机两种形式。整架包机适用于大宗货物的运送，如能争取来回程都有货载，则可降低费用，否则，单程载货的运费非常高；部分包机适用于重量在 1 吨以上但不足整机的多个客户货物的运输。包机运输的运费相对于班机运输要低一些。

3．集中托运

集中托运（consolidation transport）是指航空代理公司把若干批单独发运的货物，按照到达的同一目的地组成一整批货物向航空公司办理托运，用一份总运单将货物运送到同一目的站，由预定的代理人负责收货、报关、分拆后交给实际收货人的一种运输方式。集中托运运价较为实惠，可以节省运费。

4．航空快运

航空快运（air express）是指由专门经营快递业务的公司与航空公司合作，派专人以最快的速度在发货人、机场、收货人之间传递货物的方式，该方式比较适用于急需的药品、贵重物品、合同资料及各种票据单证的传递。

5．陆空陆联运

陆空陆联运（combined transport）由包括空运在内的两种以上运输方式组成，包括陆空联运（train-air，简称 TA）和陆空陆联运（train-air-truck，简称 TAT）等方式。

我国空运出口货物时多用 TA 方式，即用汽车或火车将货物运至航空口岸，然后再空运。

四、国际多式联运

国际多式联运（international multimodal transport）是在集装箱运输的基础上发展起来的一种高效、现代化的联合运输方式。它通常以集装箱为媒介，把各种单一的运输方式有机地结合起来，构成一种国际性的连贯运输。《联合国国际货物多式联运公约》对其定义如下：国际多式联运是指按照多式联运合同，以至少两种不同的运输方式，由多式联运经营人将货物从一国境内接管货物的地点运到另一国境内指定交付货物的地点。国际多式联运主要有海陆联运、海空联运、陆空联运等。

国际多式联运只需通过一次托运、一次计费、一张单证、一次保险就可完成货物的全程运输，也就是说，它把全程不同方式的运输作为一个单一运输过程来安排。

以下为构成国际多式联运业务的基本条件。

（1）必须有一个多式运输合同。

（2）必须使用一份包括全程的多式运输单据。

（3）必须至少有两种不同运输方式的连贯运输。

（4）必须是国际的货物运输。

（5）必须有一个多式运输经营人对全程运输负责。

（6）必须采用全程单一的运费率。

国际多式联运是一种高级运输形式，与传统的运输方式相比，表现出手续简单、货运速度快、结算方便等优越性，同时还能提高货运质量，有效地实现门到门的运输，因而在国际上被越来越广泛地采用，有良好的发展前景。

五、大陆桥运输

大陆桥运输（land bridge transport）是指使用横贯大陆的铁路或公路运输系统作为中间桥梁，把大陆两端的海洋运输连接起来的连贯运输方式，即在海洋运输的全过程中，插入一段横贯大陆的陆上运输。从形式上看，大陆桥运输是海—陆—海的连贯运输，一般以集装箱为媒介，因此它具有集装箱运输的优点，能保证货物在运输途中的安全运送。同时，大陆桥运输不论经过几个国家，也不论变换几种运输工具，都由总承运人负责安排和承担运输责任，因此，它也具有国际多式联运的所有优点。

目前世界上主要的大陆桥运输线有横贯北美大陆的"美国大陆桥"，连接太平洋和大西洋两岸的"加拿大大陆桥"，横贯苏联、中东、欧洲的"西伯利亚大陆桥"（又称第一条欧亚大陆桥），横贯中国大陆、欧洲的第二条欧亚大陆桥等。其中，第二条欧亚大陆桥于1992年正式开通，它东起我国的连云港市，西至荷兰的鹿特丹，全长10 800千米，主要途经我国中西部地区，很好地促进了沿途省份的经济发展。

六、其他运输方式

在国际货物运输方式中，除了以上几种主要的运输方式外，其他运输方式包括公路运输、内河运输、邮政运输、管道运输等。

1. 公路运输

公路运输（road transport）也是陆上运输的一种基本运输方式。公路运输机动、灵活、方便，是港口、车站、机场集散进出口货物的重要手段，尤其在目前"门到门"的运输业务中，公路运输发挥着不可替代的作用。

由于我国幅员辽阔，在陆地上与许多国家相邻，因此在我国边疆地区与邻国的进出口贸易中，公路运输占有重要地位。

2. 内河运输

内河运输（inland waterway transport）属于水上运输方式，具有成本低、运量大等优点，是连接内陆腹地与沿海地区的纽带，在现代化运输中起着重要的辅助作用。

3. 邮政运输

邮政运输（post transport）是通过邮局来运送货物的一种方式，该运输方式具有国际多式联运和"门到门"的性质。进出口贸易采用该运输方式时，卖方只需按条件将商品包裹交付邮局，付清邮费并取得收据（parcel port receipt）就算完成交货义务。邮政运输对包裹的重量、体积有一定的限制，因此该方式只适用于小件货物的运送。

4. 管道运输

管道运输（pipeline transport）比较特殊，它是在管道内借助高压气泵和压力将货物输往目的地的一种运输方式，主要适用于运送液体和气体货物。在欧美国家以及俄罗斯、中东、北非地区的原油输送上，管道运输发挥了积极的作用。我国管道运输起步较晚，目前很多油田，如大庆油田、胜利油田、大港油田等都有管道直通海港。

第四节　运输单据

一、运输单据的种类

运输单据是承运方收到承运货物的收据，又是承运方与托运方之间的运输契约，如以可转让形式出具，它还具有物权凭证的效用，经过合法背书，可以不止一次地转让，其受让人即为货权所有人，正因为如此，使它成为国际贸易中买卖双方最关注，也是最重要的一种单据。运输单据种类繁多，名目不一，UCP600 按运输方式把它概括为七大类，如表 4-1 所示。

表 4-1　运输单据的种类和名称

运 输 方 式	单 据 名 称
海运	海运提单（marine/ocean B/L）
	不可转让海运提单（non-negotiable sea way bill）
	租船合约提单（charter party B/L）
多式联运	多式运输单据（multimodal transport document）
空运	空运单据（air transport document）
公路、铁路、内河运输	公路、铁路、内河运输单据（road/rail/waterway transport documents）
专递或邮寄	快递或邮局收据（courier / post receipt）

二、海运提单

（一）海运提单的定义及作用

海运提单（ocean bill of lading），简称提单（bill of lading, B/L），是用以证明海上货物运输合同项下货物已经由承运人接收或装船，以及承运人保证凭以交付货物的单据。它是由承运人签发的具有法律效力的单据。海运提单具有如下的性质和作用。

（1）提单是承运人签发的货物收据（receipt of goods），证明承运人已按提单所列内容收到货物。

（2）提单是代表货物所有权的凭证（document of title）。提单作为物权凭证，其持有者可凭以向承运人提货，亦可通过背书将其转让，以实现货物所有权的转让或凭以向银行办理抵押贷款或叙做押汇。

（3）提单是海上货物运输合同的证明（evidence of the contract of carriage），是承运人和托运人处理双方在运输中的权利和义务问题的主要法律依据。

（二）海运提单的内容

目前各航运公司所制定的提单格式上虽不完全相同，但其内容大同小异，主要包括正面内容和背面条款两部分。

1．提单的正面内容

提单的正面内容具体包括以下各项：承运人名称及主营业所、托运人名称、收货人名称、通知人名称、船名、航次及船舶国籍、装运港、目的港、货物的品名、唛头、件数、重量或体积、运费及其他费用、提单号码、份数和签发日期和地点、承运人或船长（其代理人）签字等。正面内容主要由承运人和托运人填写。

2．提单的背面条款

提单的背面条款是处理承运人和托运人（或收货人、持单人）之间发生争议的依据。目前大多数提单的背面条款是基于《海牙规则》制定的，一般来说，主要包括首要条款、定义条款、承运人的责任和豁免、运费条款、转运条款、包装与唛头条款、赔偿条款、留置权条款、特殊货物条款等内容。

（三）海运提单的分类

1．按货物是否已装船，分为已装船提单和备运提单

（1）已装船提单（on board/shipped B/L）。已装船提单是指在货物装上船后，由承运人或其代理人签发的提单。这种提单必须注明船名、装船日期，并由船长或其代理人签字。另外，提单上必须有"货已装船"（on board）字样。在国际贸易实务中，买方一般要求卖方提供已装船提单。

（2）备运提单（received for shipment B/L）。备运提单是指承运人在收到托运货物等待装运时所签发的提单。在货物装船后，托运人可凭以向船公司换取已装船提单，也可经承运人在其上批注已装船字样，并注明船名、装船日期及签字后，变成已装船提单。

2．按提单收货人的抬头方式，分为记名提单、不记名提单和指示提单

（1）记名提单（straight B/L），又称"收货人抬头提单"，是指在提单收货人一栏内填写指定收货人名称的提单。这种提单只能由提单上指定的收货人提货，不可转让。

（2）不记名提单（open B/L；blank B/L；bearer B/L），又称来人抬头提单，是指提单收货人栏内不填写具体收货人名称的提单，该栏或留空白，或填写"to the bearer"。任何人持有这种提单皆可提货，由于该提单仅凭交付即可转让，风险较大，在实务中很少使用。

（3）指示提单（order B/L），是指提单收货人一栏内只填写"凭指示"（to order）或"凭某人指示"（to the order of ×××）字样的提单。这种提单经背书后可转让，在进出口业务中使用最广。背书的方法有两种：空白背书和记名背书。前者是仅有背书人（提单转让人）在提单背面签字盖章，而不注明被背书人的名称；后者是除背书人签章外，还须列明被背书人名称。

3．按提单对货物外表状况有无不良批注，分为清洁提单和不清洁提单

（1）清洁提单（clean B/L），是指货物在装船时外表状况良好，承运人未加注任何有关货物残损、包装不良或其他有碍结汇批注的提单。

（2）不清洁提单（unclean B/L），是指承运人在提单上加注有货物表面状况不良或存在缺陷等批注的提单。

在国际贸易中，卖方有义务提交清洁提单，只有清洁提单才可以转让。

4．按运输方式的不同，分为直达提单、转船提单和联运提单

（1）直达提单（direct B/L），是指货物运输途中不转船，直接从装运港运至目的港的提单。

（2）转船提单（transshipment B/L），是指在货物需中途转船才能到达目的港的情况下承运人所签发的提单。这类提单上注有"转运"或"在某港转运"字样。

（3）联运提单（through B/L），是指货物通过海陆、海空或海海的联合运输时，由第一承运人签发的、涵盖全程的、在目的地可以凭以提货的提单。各承运人只对自己运程内的货物运输负责。

5．按船舶营运方式不同，分为班轮提单和租船提单

（1）班轮提单（liner B/L），是指货物由班轮公司承运时所签发的提单。

（2）租船提单（charter B/L），是指承运人根据租船合同签发的提单。这种提单受租船合同条款的约束。

6．按提单格式的不同，分为全式提单和略式提单

（1）全式提单（long form B/L），是指不但有完整的正面内容，而且有详细的背面条款的提单。国际贸易中使用的大多为全式提单。

（2）略式提单（short form B/L），是指仅有正面内容而无背面条款的提单。

7．按提单使用效力的不同，分为正本提单和副本提单

（1）正本提单（original B/L），是指提单上有承运人正式签字盖章并注明签发日期的提单。这种提单是具有法律效力的单据，上面须标明"正本"字样。

（2）副本提单（copy B/L），是指无承运人签字盖章，仅供参考之用的提单。提单上一般标明"副本"字样。

8．其他提单

（1）过期提单（stale B/L）是指超过信用证规定的期限才交到银行的提单或者晚于货物到达目的港的提单。通常情况下，迟于单据签发日期21天才提交的提单也算过期提单。银行一般不接受过期提单。

（2）舱面提单（on deck B/L），又称作甲板提单，是指货物装在船舶甲板上时所签发的提单。由于货物在甲板上风险较大，因此买方和银行一般不接受甲板提单。

（3）倒签提单（anti-dated B/L），是指承运人应托运人要求，使提单签发日期早于实际装船日期的提单。这样做的目的是使提单符合信用证对装运日期的规定，以便顺利结汇。

（4）预借提单（advanced B/L），是指在信用证规定的装运日期和议付日期已到，而货物却未及时装船的情况下，托运人出具保函，让承运人签发已装船提单，这就属于预借提单。

（5）无船承运人所签提单（NVOCC B/L），是指由无船承运人或其代理人所签发的提单。在集装箱班轮运输中，无船承运人通常为拼箱货签发提单，因为拼箱货是在集装箱货运站内装箱和拆箱，而货运站又大多有仓库，所以有人称其为仓提单（house B/L）。

上述倒签提单和预借提单的取得均须托运人提供担保函才能获得，它们的提单日期都不是实际的装船日期。但这种行为侵犯了收货人的合法权益，应尽量减少或杜绝使用。英国、美国、法国等国家不承认保函，亚欧一些国家认为只要未损害第三者利益，便不属于违法，但应严加控制。

（四）海运单

海运单（sea way bill, SWB）是证明海上货物运输合同和货物已经由承运人接管或装船，以及承运人保证将货物交给指定收货人的一种不可转让的单证。

海运单具有两个作用：作为承运人接管货物或货物已装船的货物收据；作为承运人与托运人之间订立海上货物运输合同的证明。这两个作用与提单基本相同，但海运单不是物权凭证，故不能转让，这是其与提单最大的区别。

三、其他运输单据

（一）租船合约提单

租船合约提单（charter party B/L）是指在租船运输业务中，在货物装船后由船长或船东根据租船合同签发的提单。当该提单内容和条款与租船契约有冲突时，以租船契约为准。

（二）多式联运单据

多式联运单据（multimodal transport documents, MTD）是运输合同，是证明多式联运经营人接管货物并负责交付货物的依据。多式联运单据与联运单据的区别是：一是联运单据仅适用于海运与其他运输方式的联运，而多式联运单据除上述联运方式外，还适用于任何两种联运方式。

（三）航空运单

航空运单（air way bill/air transport document）是托运人和承运人之间为运输货物所订立运输契约的凭证，其内容对双方都有约束力。航空运单不可转让。它通常包括有出票航空公司（issue carrier）标志的航空货运单和无承运人任何标志的中性货运单两种。航空运单正本背面印刷了有关航空货物运输的条款，它们是解决航空运输中发生争议的依据。

（四）铁路运单

铁路运单（rail transport documents）是承运货物的凭证，是铁路向收货人交付货物和核收运费的依据。铁路运单副本加盖铁路戳记后，可作为发货人据以结算货款的凭证。

（五）邮包收据

邮包收据（post receipt）是收件人凭以提取邮包的凭证，是邮包发生灭失或损坏后进行索赔和理赔的依据。

第五节　装 运 条 款

一、装运时间

装运时间（time of shipment）是指卖方在启运地点装运货物的时间。

在装运合同下，装运时间是买卖合同中的主要条件，如合同当事人一方违反此项条件，另一方有权要求赔偿其损失，甚至可以撤销合同。

（一）装运时间的规定方法

1．明确规定具体装运期限

这种规定方法期限具体，含义明确，既便于落实货源和安排运输，又可避免在装运期上引起争议，因此，在国际贸易中被广泛使用。规定具体装运期限有以下两种方法。

（1）规定在某月或跨月装运，即装运时间限于某一段确定时间。

例如：Shipment during March 2021（2021年3月装运），即卖方可在2021年3月1日至3月31日期间的任何时间装运出口。

（2）规定在某月月底或某日前装运，即在合同中规定一个最迟装运日期，在该日期前装运有效。

例如：Shipment not later than June 15th（装运时间不能迟于6月15日），即卖方自合同订立之日起，最迟不能晚于6月15日装运。

2．规定在收到信用证后若干天装运

在对买方资信了解不够或防止买方可能因某些原因不按时履行合同的情况下，可采用此种方法规定装运时间，以保障卖方利益。一般情况下，远洋运输规定装运时间在卖方收到信用证后不少于1个月，近洋运输规定不少于20天。

例如：Shipment within 30 days after receipt of L/C（收到信用证后30天内装运）。

另外，为防止买方拖延或拒绝开证而造成卖方不能及时安排生产及装运进程的被动局面，合同中一般还同时订立一个限制性条款，即规定信用证的开立或送达期限。

例如：The buyers must open the relative L/C to reach the sellers not later than August 18th（买方必须不迟于8月18日将信用证开到卖方）。

3．近期装运

近期装运主要有"立即装运"（immediate shipment）、"迅速装运"（prompt shipment）、"尽快装运"（shipment as soon as possible）等。这些近期装运方式对应的术语在国际上并无统一的解释，因而为避免误解和引起纠纷，除非买卖双方对所使用近期装运术语有一致理解外，应尽量避免使用。UCP600中明确规定：不应使用诸如"迅速""立即""尽快"等词语，否则，银行将不予受理。另外，在签订合同时，应特别注意避免"双到期"，即信用证结汇有效期与装运期同时到期。一般卖方应争取结汇有效期长于装运期7～15天，以便在货物装船后有足够的时间办理结汇手续。

（二）规定装运时间时应注意的事项

（1）应当考虑货源情况和装运能力。

（2）对装运时间的规定要明确具体，并尽量避免使用"立即装运"之类的笼统规定方法。

（3）规定装运时间时，长短应当适度，不宜规定过长、过短或太死。

（4）规定装运时间时，应一并合理规定开证日期，并使二者互相衔接起来。

（5）规定装运时间时，还应考虑装运港条件和特殊情况。

二、装运港（地）和目的港（地）

装运港（地）是指出口国装货的港口（地方）。目的港（地）是指进口国最终卸货的港口（地方）。对装运港（地）和目的港（地）的规定关系买卖双方履行义务、划分风险责任、费用结算等问题，因而须在合同中做出具体规定。

（一）装运港（地）

一般情况下，装运港（地）由卖方提出，经买方同意后确定，以便于卖方安排货物装运。在实际业务中，应考虑多方面因素，根据合同使用的贸易术语和运输方式合理地选择装运港（地）。

（1）原则上应选择靠近产地、交通方便、费用较低、基础设施较完善的地点。

（2）采用 CFR、CIF 等术语交易时，应多规定几个装运港（地），便于灵活选择；采用 FOB 条件时，买方应特别注意装运港（地）的装载条件是否合适。

（3）采用集装箱多式联运，一般以有集装箱经营人收货站的地方为装运地。

在买卖合同中，通常只规定一个装运港（地），如"装运港：宁波"（port of shipment: Ningbo）。有时因实际业务需要，也可规定多个装运港（地），如"装运港：上海和宁波"（port of shipment: Shanghai and Ningbo）。此时，若采用的是由卖方负责运输的 CFR、CIF 等术语，卖方可根据实际需要任意选择一个装运港；若采用的是由买方负责运输的条件，则卖方应在装运时间之前的合理时间将选定的装运港通知买方，以便于买方办理派船接运或指定承运人等事项。

（二）目的港（地）

在进出口业务中，目的港（地）一般由买方提出，经卖方同意后确定。合同中一般只规定一个目的港，必要时也可规定两个或两个以上或做笼统规定，最终确定的目的港由买方在装运期前通知卖方。

在出口业务中，选择目的港（地）时要考虑如下因素。

（1）要注意不能以本国政府不允许进行贸易往来的国家或地区作为目的港（地）。

（2）目的港必须是船舶可以安全停泊的港口（非疫、非战争地区），争取选择装卸条件良好、班轮经常挂靠的基本港口。若货物运往无直达班轮或航次较少的港口，合同中应规定"允许转船"条款。

（3）目的港（地）的规定应明确具体。一般不宜笼统订为"某某地区主要港口"，如"非洲主要港口"（African main ports）等，以免因含义不明而使卖方被动。

（4）除非以多式联运方式运输，否则一般不接受以内陆城市为目的地的条款，如向内陆国家出口货物，应选择离目的地最近且卖方能安排船舶的港口为目的港。

（5）合理使用"选择港"。采用"选择港"时，应注意以下几个方面的问题。

① "选择港"数目一般不要超过 3 个。

② 备选港口应在同一航线上，且都是班轮挂靠的港口。

③ 合同中应明确规定买方最后确定目的港的时间。

④ 合同中应明确因选择港而增加的运费、附加费等均应由买方承担。

⑤ 运费应按选择港中最高的费率和附加费计算。

⑥ 按一般惯例，如货方未在规定时间通知船方最后选定的卸货港，船方有权在任何一备选港口卸货。

⑦ 注意所规定的目的港（地）有无重名问题。如维多利亚（Victoria）港，全世界有 12 个；的黎波里（Tripoli）港，在利比亚、黎巴嫩各有 1 个。此外，甚至同一国家的地名也有重名的。此种情况下，应在合同中明确标明目的港（地）所在的国家和所处方位，以免发生差错。

三、装卸时间、装卸率和滞期费、速遣费

在大宗商品交易中，往往采用程租船运输，需要订立租船合同，合同中涉及装卸时间、装卸率和滞期费、速遣费的条款，这些条款应与买卖合同的内容相一致。

（一）装卸时间

装卸时间（lay time）是指合同中规定的完成货物装卸所用的时间。

关于装卸时间的规定方法有很多，包括：按连续日计算；按累计 24 小时好天气工作日（应明确关于节假日的规定）计算；按港口习惯速度尽快装卸（适用于装卸条件好，装卸效率高和装卸速度正常稳定的港口，一般把节假日、坏天气除外）计算等。

当前国际上较为普遍采用的方法是按"连续 24 小时好天气工作日"计算，即在好天气的情况下，连续作业 24 小时为一个工作日，不分昼夜。对于中间因坏天气而无法作业的时间予以扣除。这种规定比较合理，双方都愿意接受，在我国贸易实务也较多采用。

关于装卸时间的起算和止算，较为普遍的规定是：如船长递交的"装/卸准备就绪通知书"（notice of reading, NOR）在 8：00—12：00 送达，则从 14：00 起算；如船长递交的"装/卸准备就绪通知书"在 14：00—18：00 送达，则从次日上午 8：00 起算。终止时间则以最后一件货物装上或卸下船为准。

（二）装卸率

装卸率是指每日装卸货物的数量，它直接影响装卸时间。合同中规定的装卸率一般应按照港口习惯的正常装卸速度来订明。

（三）滞期费、速遣费

滞期费（demurrage）是指负责装卸货物的一方，如未按约定时间和装卸率完成装卸任务，需向船方交纳延误船期的罚款。速遣费（despatch）是指负责装卸货物的一方，在约定装卸时间提前完成装卸任务，有利于加快船舶周转，而从船方取得的奖金。二者的具体数额由双方商定，一般速遣费为滞期费的一半。

对于滞期时间，按航运界惯例，遵循"一旦滞期，始终滞期"（once on demurrage, always on demurrage）的原则。对于速遣时间有两种计算方法：一是按节约的全部时间计算；二是按节约的工作时间计算。

四、分批装运与转运

（一）分批装运

分批装运又称作分期装运（shipment by instalment），是指一个合同项下的货物先后分若干期或若干次装运。

在国际贸易中，凡数量较大，或受货源、运输条件、市场销售或资金所限，有必要分期、分批装运货物者，均应在买卖合同中规定分批装运条款。如为减少提货手续，节省费用，在进口业务中要求国外出口人一次装运货物的，则应在进口合同中规定不准分批装运（partial shipment, not allowed）条款。一般来说，允许分批装运和转运对卖方来说比较主动（明确规定分期数量者除外）。

规定允许分批装运的方法主要有两种：一是只规定允许分批装运，对于分批的时间、批次和数量均不做规定；二是在规定分批装运条款时具体列明分批的期限和数量。前者对卖方比较有利，其可根据客观条件和业务需要灵活掌握，后者对卖方的约束较大。

以下为UCP600中对分批装运的有关规定。

（1）允许分批装运。

（2）表明使用同一运输工具并经由同次航程运输的数套运输单据在同一次提交时，只要显示相同的目的地，将不视为分批发运，即使运输单据上标明的发运日期不同或装卸港、接管地或发送地点不同。

（3）含有一套或数套运输单据的交单，如果表明在同一种运输方式下经由数件运输工具运输，即使运输工具在同一天出发运往同一目的地，仍将被视为分批发运。

（4）如在信用证规定的指定时间内分批装运，其中任何一批未按批分批装运，信用证对该批和以后各批货物均告失效，除非信用证另有规定。

为防止误解，如需要分批装运的出口交易，应在买卖合同中对允许分批装运（partial shipment to be allowed）做出明确规定。

（二）转运

转运（transshipment）是指货物从装运港至目的港的运输过程中，从一运输工具转移到另一运输工具上，或是由一种运输方式转为另一种运输方式的行为。

货物在中途转运，容易受损和散失，延迟到达目的地的时间，但在无直达运输工具的情况下，转运无法避免，因此，有必要在买卖合同中规定是否允许转运，有时还要规定在何地和以何方式转运的条款。

UCP600对转运的规定为：转运意指货物在信用证中规定的发运、接受监管或装载地点到最终目的地的运输过程中，从一个运输工具卸下并重新装载到另一个运输工具上（无论是否为不同运输方式）的运输。即使信用证不准转运，银行可接受表明转运或将予转运的运输单据，只要有关运输单据包括全程运输。简言之，按此规定，信用证中如规定禁止转运，仅指海运港至港非集装箱货物运输的转运。

五、装运通知

装运通知（advice of shipment）是装运条款中不可缺少的一项重要内容。不论按哪种贸易术语成交，交易双方都要承担相互通知的义务。规定装运通知的目的在于明确买卖双方的责任，促使双方互相配合，共同搞好车、船、货的衔接，有利于贸易的顺利进行。在按 CFR 或 CPT 术语成交时，装运通知具有特别重要的意义，因此卖方在货物装船后，必须向买方发出装运通知。在实际业务中，基本上采用电传的方式发送装运通知。

六、合同中的装运条款

国际货物买卖合同中的装运条款通常包括交货时间、是否允许分批装运和转运，以及分批装运和转运的方式、方法、地点等内容。

以下是常用的出口合同中的装运条款示例。

（1）Shipment during Oct./Nov./Dec. 2021,with partial shipments and transshipment allowed.

2021 年 10/11/12 月份装运，允许分批装运和转运。

（2）Shipment during Jan./Feb. 2021 in two about equal lots.

2021 年 1/2 月份分两批大约平均装运。

（3）During Mar./Apr. in two shipment, transshipment is prohibited.

3/4 月份分两次装运，禁止转运。

（4）Shipment within 45 days after receipt of L/C. The buyers must open the L/C to reach the sellers before××(date).

收到信用证后 45 天内装运，买方必须最迟于××天将 L/C 开抵卖方。

（5）Shipment before May 2021 from Shanghai via HongKong to London by container vessel. 5000M/T shipment to be effected in three equal consignment at an interval of about 20 days.

2021 年 5 月前装运，由上海经香港至伦敦，5000 公吨分三批等量装运，每批相隔 20 天。

（6）Shipment during Jan./Feb. 2021 in two equal monthly lots.

Port of loading:Shanghai/Tianjin.

Port of destination:Rotterdam/Antwerp optional, additional fee for buyer's account.

2021 年 1/2 月每月平均装运。

装运港：上海/天津

目的港：鹿特丹/安特卫普，选港附加费由买方负担。

复习思考题

1．与其他运输方式相比，海洋运输有哪些特点？

2．什么是班轮运输？班轮运输有哪些特点？班轮运输的计费标准有哪些？

3．装运时间有哪几种规定方法？规定装运时间时应注意哪些问题？

4．在进出口业务中，确定装运港（地）和目的港（地）时应注意哪些问题？

5. 集装箱运输具有哪些特点？其货物交接方式有哪几种？

6. 什么是提单？提单的性质和作用有哪些？

7. 我国某公司出口到海湾国家 A 商品 100 箱，每箱体积 40cm×30cm×20cm，毛重 30 千克。请问：该公司应付给船公司多少运费？（查《货物等级分类表》得：A 商品计算标准为 M/W，货物等级为 10 级；又查《中国—海湾地区航线等级费率表》得：10 级货基本运费为每运费吨 222 港元，另收燃料附加费 10%）

8. 广州某外贸公司向日本出口某商品，报价为每公吨（以毛作净）180 美元 FOB 广州，日方来函要求我方改报 CFR 东京，如该商品每短吨运费为 60 美元的话，请问：我方应报价多少才较为有利？

9. 上海某外贸公司与澳大利亚悉尼某贸易公司签订 CFR 合同，出口某商品 1200 箱，目的港为悉尼港，用纸箱包装，每箱毛重 27 千克，体积为 0.040 立方米，运费的计算标准为 W/M，货物等级为 10 级。请问：下列两种情况下的运费各为多少？

（1）用中国远洋运输（集团）总公司的直达船直抵悉尼港。中国远洋运输（集团）总公司的直达船 10 级货直抵悉尼港，基本运费为 150 元人民币，加币值附加费 36%，再加燃油附加费 29%，港口拥挤附加费 40%。

（2）香港中转，10 级货至悉尼港，基本运费为 520 元港币，加燃油附加费 32%，港口拥挤附加费每运费吨 40 港币。（设 HKD100=CNY81.60）

案例分析题

1. 一批货物共 100 箱，自广州运至纽约，船公司已签发"装船清洁提单"，等货到目的港后，收货人发现下列情况：① 5 箱欠交；② 10 箱包装严重破损，内部货物已散失 50%；③ 10 箱包装外表完好，箱内货物有短少。请问：上述三种情况应属于船方还是托运人的责任？为什么？

2. 大连某公司向新加坡出口一批水果，共 6000 千克。国外开来信用证规定：不许分批装运，在 9 月 30 日以前装船。我于 9 月 8 日和 9 月 10 日分别在大连和烟台各装 3000 千克用"东方"号货轮运往新加坡，提单上也注明了不同的装运港和装船日期。请问：我方的行为是否构成违约？银行能否拒付？为什么？

3. 我国某外贸公司向日本出口一批货物，货物装船时，承运人在提单上批注"承运人对货物的质量和箱内的数量不负责任""对装入纸袋内的货物因包装性质而引起的损失或损坏，承运人不负责任""货物的包装是旧桶"。请问：加注上述批注的提单是否构成不清洁提单？银行能否拒收单据？为什么？

技能拓展训练

目的： 掌握办理托运订舱的手续。

资料： 顺达进出口公司与外商签订了一份 CIF 合同，在备货过程中，已从相关部门获取了出口货物许可证，现在需要办理出运货物托运订舱手续。

要求： 请你详细说明办理出口托运订舱的手续。

第五章　国际货物运输保险

【引导案例】

共同海损与单独海损判定案例

案情描述：一艘货轮在航运中发生了火灾，该货轮上装载的货物已购买保险，经船长下令施救后，火被扑灭。事后查明该批货物损失如下：500 箱受严重水渍损失，无其他损失；500 箱既受热烤、火熏损失，又受水渍损失，但未发现火烧的痕迹；200 箱着火但已被扑灭，有严重的水渍损失；300 箱已烧毁。试分析上述四种情况下海损的性质。

案例分析：《约克—安特卫普规则》规定：为扑灭船上火灾，因水或其他原因使船舶、货物受损害，包括将着火船舶搁浅或沉没所造成的损失，均应作为共同海损受到补偿，但任何烟熏或热烤所造成的损坏不得受到补偿。因此，本案中四种情况的判断和处理如下：第一种情况下受损的 500 箱货物，由于是船长为了船、货共同的安全，用水施救而造成的直接牺牲，仅受水渍损失，既没有着火痕迹，也没有热熏损失，应视为共同海损；第二种情况下受损的 500 箱货物，由于没有任何着火痕迹，仅受到热熏和水渍损失，按保险业的习惯做法，通常对于热熏损失部分列为单独海损，而对于水渍部分则列为共同海损；第三种情况下受损的 200 箱货物，由于这 200 箱已着火且已被扑灭，因此，虽有严重水渍损失，但仍列为单独海损；第四种情况下受损的 300 箱货物已烧毁，应当列为单独海损。

【教学目标】

通过本章的学习，使学生了解国际货物运输保险的基本情况；了解伦敦保险业协会货物运输保险条款；熟悉我国货物运输保险条款；掌握国际货物运输保险实务的相关内容。

【教学重点】

海运运输货物保险的范围、险别；海运运输货物保险费的计算。

【教学难点】

不同运输方式下保险险别的选择；国际货物运输保险实务的掌握。

第一节　海洋运输货物保险承保的范围

按照中国人民保险公司（The People's Insurance Company of China，PICC）《海洋运输货物保险条款》（*Ocean Marine Cargo Clauses*），海洋运输货物保险承保的范围包括海洋运输

中的风险、损失和费用。

一、海洋运输中的风险

海洋运输中的风险分为海上风险和外来风险两类。

（一）海上风险

海上风险（perils of the sea）又称作海难，是指船舶和货物在海上航行中发生的或随附海上运输过程中发生的风险，包括自然灾害和意外事故。在保险业务中自然灾害和意外事故有特定的含义。

1. 自然灾害

自然灾害（natural calamity）是指不以人的主观意志为转移的客观自然界破坏力量造成的灾害。在海上货物运输保险业务中，自然灾害并不是指一切由于自然力量造成的灾害，按照中国人民保险公司"海洋运输货物保险条款"，它仅指恶劣气候、雷电、海啸、地震、洪水、火山爆发、浪击落海等人力不可抗拒的灾害。

（1）恶劣气候（heavy weather）是指载货船舶在海上航行时遭受不同寻常的、未能预测的、不可抗拒的气候条件，如暴风、飓风、暴雨、大浪等致使船舶、货物受损。

（2）雷电（lightning）是一种自然现象，指发生在积雨云中的放电和雷鸣。在此是指船舶、货物直接被雷电击中造成的损失，以及由此引起火灾导致的损失。

（3）海啸（tsunami）是指海底地震、火山爆发或海上风暴引起的海水巨大涨落现象，导致船舶、货物的损毁或灭失。

（4）地震（earthquake）是指地壳发生剧烈移动，使板块互撞引起地面发生震动而导致船舶、货物受损，或由此引起的火灾、爆炸、淹没等导致的损失。

（5）洪水（flood）是指山洪暴发、江河泛滥、潮水上岸及倒灌、暴雨积水成灾使被保险货物受浸泡、冲毁、冲散等损失。

（6）火山爆发（volcanic eruption）是指由于强烈的火山活动，喷发固体、液体和有毒气体造成的船货损失。

（7）浪击落海（washing over board）是指舱面货物受海浪冲击落海而造成的损失，但不包括在恶劣气候下船身晃动造成货物落海的损失。

2. 意外事故

意外事故（fortuitous accidents）是指海上运输工具遭遇外来的、偶然的、难以预料的风险造成的事故。这里所说的海上运输工具不仅指船舶，还包括与海上运输工具相连的、延伸至内陆的运输工具。同样，在海上货物运输保险业务中，意外事故并不包括海上的一切意外事故，而仅指运输货物的船舶在航行途中遭遇的以下几类事故。

（1）船舶搁浅（grounding）是指船舶在航行或锚泊中发生意外，使船体与水下障碍物（如礁石、海岸、木桩、沉船等）接触，持续一段时间失去进退自由的状态。

（2）触礁（stranding）是指船舶在航行中船身或船底触碰海底岩礁或水下障碍物造成意外事故，致使船舶、货物遭受损失。

（3）沉没（sunk）是指船舶在航行或停泊中，由于海水进入舱内失去浮力，船体全部或大部分沉入水中，处于失去继续航行能力的状态，由此造成被保险货物的损失。

（4）火灾（fire）是指自然原因和意外事故造成燃烧，使货物直接被烧毁、烧焦、烧裂，或间接被烟熏、灼热以及救火等行为所导致的损失。

（5）碰撞（collision）是指船舶在航行中与其他船舶或非船舶的物体触碰、相撞，如与流冰、漂浮物体、沉船残骸或其他固体物体以及港口、码头、河堤等建筑物的接触造成的船货损失。

（6）倾覆（capsized）是指船舶在航行中遭受自然灾害或意外事故，导致船身倾斜、翻倒，处于非正常的、非经施救或救助而不能继续航行的状态。随着船舶的倾覆，货物会被混杂、相互碰撞或掉落水中而遭受损失。

（7）爆炸（explosion）是指货物在海上运输过程中因自身性质或在外界因素作用下发生化学变化或武力引起的急剧的分解或燃烧。

（8）失踪（missing）是指船舶在海上航行中，失去联络超过一个合理期限的情况。

（二）外来风险

外来风险（extraneous risks）是指除海上风险以外的其他各种外来原因所造成的风险。外来风险分为一般外来风险和特殊外来风险。

1. 一般外来风险

一般外来风险（general extraneous risks）通常是指由于一般外来原因造成的风险。例如，被保险货物在运输途中由于偷窃，短少和提货不着，淡水雨淋，短量，混杂，玷污，渗漏，碰损、破碎、串味，受潮受热，钩损和锈损等原因造成的风险。

（1）偷窃（theft, pilferage）是指在运输途中整件或包装内的部分货物被人窃取（不包括公开的暴力抢劫行为）导致的货物损失。

（2）短少和提货不着（short delivery and non-delivery）是指货物在运输途中由于不明原因部分遗失，造成整件货物未能运抵目的地，或运抵目的地时发现货物短少，无法交付给收货人。

（3）淡水雨淋（fresh water and rain damage）是指由于遭受淡水、雨水以及冰雪融化浸淋所造成的货物损失。

（4）短量（shortage delivery）是指在运输途中或抵达目的地后发现包装内货物数量或重量发生短少，或散装货物发生实际重量短缺。

（5）混杂、玷污（intermixture and contamination）。混杂是指货物在运输过程中与其他货物混合或被混入杂质难以辨认和分开。玷污是指货物因为和其他物质接触而被污染。

（6）渗漏（leakage）是指盛放在容器中的流质、半流质、油类货物在运输途中因外来原因导致容器损坏而引起的渗出、漏出损失，或以液体形式储藏的货物因液体渗出而引起的货物腐烂变质所造成的损失。

（7）碰损、破碎（clash and breakage）是指货物在运输途中因受震动、颠簸、碰撞、挤压而导致的凹瘪、弯曲、变形，或由于搬运不慎引起货物破裂、断碎所造成的损失。

（8）串味（taint of odour）是指货物在运输途中因受其他带异味货物的影响而造成味道变

化所导致的损失。

（9）受潮受热（sweating and heating）是指在运输途中因气温突然变化或船上通风设备失灵，致使船舱内水汽凝结，货物受潮或受热而发生变质、霉烂所造成的损失。

（10）钩损（hook damage）是指袋装、箱装或捆装货物在运输过程中由于使用手钩、吊钩等装卸工具，致使包装破裂或直接钩破货物所造成的损失。

（11）锈损（rust）是指金属或金属制品等货物在运输过程中因氧化而生锈所造成的损失。

2. 特殊外来风险

特殊外来风险（particular extraneous risks）是指由于国家政策、法令、军事、政治和行政措施等特殊原因所致的风险，通常是指由于战争、罢工、交货不到、拒收等风险所导致的损失。

二、海洋运输中的损失

海洋运输中的损失简称海损，是指被保险货物在海洋运输过程中，由于海上风险所造成的损坏或灭失。按照货物遭受损失的程度不同，海损可分为全部损失和部分损失。

（一）全部损失

全部损失（total loss）简称全损，是指海洋运输过程中被保险的整批货物或不可分割的一批货物在运输途中全部灭失或视同全部灭失。全部损失分为实际全损和推定全损。

1. 实际全损

实际全损（actual total loss）是指被保险货物在运输途中完全灭失，或者受到严重损坏而完全失去原有的形体、效用，或者不能再归被保险人所拥有。构成被保险货物实际全损的情况有以下几种。

（1）被保险货物完全灭失。例如，船舶遭遇海难后沉没，货物与船同时沉入海底。

（2）被保险货物遭受严重损害，失去原有的用途和价值。例如，羊毛中被混入白糖，无法再使用。

（3）被保险人完全丧失了被保险货物。

（4）载货船舶在航行过程中失踪并达到一定合理期限。

2. 推定全损

推定全损（constructive total loss）又称作商业全损，是指被保险货物在海洋运输过程中遭遇风险后，虽未达到完全灭失的状态，但是可以预见实际全损已经不可避免；或者为避免发生实际全损所需支付的费用与继续将货物运抵目的地的费用之和超过被保险货物的价值，即恢复、修复受损货物并将其运送到原定目的地的费用将超过该货物的最终价值。构成被保险货物推定全损的情况有以下几种。

（1）被保险货物遭受严重损害，完全灭失已经不可避免，或者为避免发生实际全损所需花费的施救等费用超过被保险货物的价值。

（2）被保险货物遭受损害后，预计修理费用超过货物的价值。

（3）被保险货物遭受严重损害后，整理和继续将货物运抵目的地的费用超过残存货物到达目的地的价值。

（4）被保险货物遭受保险责任范围内的事故，使被保险人完全失去保险货物所有权，而收回这一所有权所需费用将超过被收回货物的价值。

发生推定全损后，有两种处理方法：一种是要求保险公司按照部分损失赔偿；另一种是通过"委付"手续向保险公司要求赔偿全部损失。

委付是发生保险索赔，被保险货物处于推定全损状况时，被保险人向保险公司声明愿意将被保险货物的一切权益，包括财产权以及由此产生的权利和义务都转让给保险公司，而要求保险公司按照实际全损给予赔偿。委付在各国保险法中有严格的规定，委付的成立必须符合下列条件：委付通知必须及时发出；委付时必须将被保险货物全部进行委付；委付必须是无条件的；委付必须经过保险人的承诺才能生效。

（二）部分损失

凡不属于实际全损和推定全损的损失均为部分损失。部分损失分为共同海损和单独海损。

1. 共同海损

共同海损（general average）是指载货船舶在海运途中遇到危难，船长为了维护船舶和所有货物的共同安全或使航程得以继续完成，而采取的有意并且合理的行为所造成的某些特殊损失或支出的特殊费用。构成共同海损必须具备以下几个条件。

（1）船方在采取措施时，必须确有危及船、货共同安全的危险存在。

（2）船方所采取的措施，必须是为了解除船、货共同安全的危险，船方采取措施时是有意识的。

（3）所做牺牲具有特殊性，支出的费用是额外的，即为了解除危险而产生的费用，而不是由危险直接造成的。

（4）牺牲和费用的支出最终必须是有效的，即经过采取某种措施后船舶和/或货物全部或一部分最后安全抵达航程的目的港，从而避免了船、货同归于尽。

在船舶发生共同海损后，凡属于共同海损范围内的牺牲和费用，均可通过共同海损理算，由有关获救受益方（即船方、货方和运费方）根据获救价值按比例分摊。这种分摊称为共同海损分摊。

2. 单独海损

单独海损（particular average）是指除共同海损以外的，由海上风险直接导致的船舶或货物的部分损失。这种损失只属于特定利益方，并不涉及其他货主和船方，仅由受损方单独承担。

共同海损与单独海损都属于部分损失，以下为二者的主要区别。

（1）损失的构成不同。单独海损一般指货物本身的损失，不包括费用损失。共同海损既包括货物损失，又包括因采取施救行为而产生的费用损失。

（2）造成损失的原因不同。单独海损是海上风险直接造成的船、货损失。共同海损是为了减轻船方、货方、运费方三方共同危险而人为造成的损失。

（3）损失承担的责任方不同。在损失的承担上，单独海损由受损方自行承担。共同海损应该由船方、货方、运费方三方按照各自获救财产价值的比例分别承担。

单独海损的事故往往先于共同海损的行为发生，但两者经常联系在一起。

三、海洋运输中的费用

海洋运输中的费用是保险公司承保的货物遭遇保险责任范围内的事故后，除了货物本身受到损毁导致经济损失外产生的相关费用，这类费用保险公司也予以赔偿。海洋运输中的费用主要包括施救费用和救助费用。

（一）施救费用

施救费用（sue and labor expenses）是指被保险货物在遭遇保险责任范围内的灾害事故时，被保险人或其代理人、雇佣人员和保险单受让人对保险货物所采取的各种抢救费用，或者为了防止和减少货损而采取措施所支出的合理费用。此项费用由保险公司予以赔偿。

（二）救助费用

救助费用（salvage charges）是指被保险货物遭遇保险责任范围内的灾害事故时，由保险人和被保险人以外的第三者采取救助措施并获得成功，保险人向其支付的报酬。对于此种救助行为，按照国际法的规定，获救方应向救助方支付相应的费用，该项费用也属于保险赔付范围。施救和救助都属于海上救助行为，它们往往与共同海损联系在一起，构成共同海损的费用支出。

第二节　我国海洋运输货物保险

一、我国海洋运输货物保险承保范围

按照中国人民保险公司《海洋运输货物保险条款》规定，我国海洋运输货物保险的险别包括基本险、附加险和专门险三大类。其中，基本险可以单独投保，附加险只能在投保基本险的基础上加保。

（一）基本险

海洋运输货物保险的基本险别包括平安险、水渍险和一切险。

1. 平安险

平安险（free from particular average, FPA），英文原意为"免除单独海损责任"，即"单独海损不赔"，平安险是三种险别中赔偿责任范围最小的险种。平安险的承保责任范围包括以下几个方面。

（1）被保险货物在运输途中由于恶劣气候、雷电、海啸、地震、洪水等自然灾害造成整批货物的全部损失或推定全损。

（2）由于运输工具遭受搁浅、触礁、沉没、互撞、与流冰或其他物体碰撞，以及失火、爆炸等意外事故所造成的货物全部或部分损失。

（3）在运输工具已经发生搁浅、触礁、沉没、焚毁等意外事故的情况下，货物在此前后又在海上遭受恶劣气候、雷电、海啸等自然灾害所造成的部分损失。

（4）在装卸或转船运输时由于一件或数件甚至整批货物落海所造成的全部或部分损失。

（5）被保险人对遭受承保责任范围内危险的货物采取抢救、防止或减少货损的措施而支付的合理费用，但以不超过该批被救货物的保险金额为限。

（6）运输工具遭遇海难后，在避难港由于卸货引起的损失，以及在中途港或避难港由于卸货、存仓和运送货物所产生的特殊费用。

（7）共同海损的牺牲、分摊和救助费用。

（8）运输契约中如订有"船舶互撞责任"条款，则根据该条款规定应由货方赔偿船方的损失。

2．水渍险

水渍险（with average or with particular average, WA/WPA），英文原意为"负责单独海损责任"。水渍险的赔偿责任范围除包括"平安险"保险责任外，还负责被保险货物因恶劣天气、雷电、海啸、地震、洪水等自然灾害所造成的部分损失。因此，水渍险承保的责任范围其实是在平安险全部责任范围的基础上加上海上自然灾害造成的货物部分损失。

3．一切险

一切险（all risks）的承保责任范围除包括平安险和水渍险的所有保险责任外，还包括被保险货物在运输途中由于一般外来原因造成的全部或部分损失。因此，一切险承保的责任范围是在水渍险责任范围的基础上加上一般外来风险造成的货物全部或部分损失。在此，一切险并不包括特殊外来风险造成的被保险货物的损失，如战争、罢工等原因引起的损失都不在其赔付的范围内。

（二）附加险

在海上运输过程中，货物有可能遭遇非自然灾害和意外事故而遭受损失，如被偷窃、雨淋等。因此，基本险的责任范围显然不能满足国际贸易中货物运输相关关系人的保险需求，因而保险公司在基本险别之外又制定了各种附加险。附加险是对基本险的补充和扩大，承保的责任范围主要是外来原因所造成的损失。附加险有一般附加险、特别附加险和特殊附加险三类。

1．一般附加险

一般附加险（general additional risks）承保由于一般外来风险所造成的货物全部或部分损失。一般附加险有下列十一种，包括：① 偷窃、提货不着险；② 淡水雨淋险；③ 短量险；④ 污染险；⑤ 渗漏险；⑥ 破碎险；⑦ 串味险；⑧ 受潮受热险；⑨ 钩损险；⑩ 锈损险；⑪ 包装破损险。

（1）偷窃、提货不着险（theft, pilferage and non-delivery risk）。偷窃、提货不着险是指在保险有效期内，保险公司负责赔偿被保险货物因被偷窃，以及被保险货物运抵目的地后整件未交所造成的损失。但是，被保险人对于偷窃行为所导致的货物损失，必须在提货后 10 天内申请检验，而对于整件货提货不着，被保险人必须取得有关责任方的证明文件，保险人才予以赔偿。

（2）淡水雨淋险（fresh water and/or rain damage risk）。淡水雨淋险是指货物运输途中，由于遭受淡水、雨水以及冰雪融化浸淋所造成的损失，保险公司都应负责赔偿。船上淡水舱、水管漏水以及舱汗所造成的货物损失都属于该险别的承保范围。

（3）短量险（shortage risk in weight）。短量险是指保险公司负责赔偿承保货物因外包装破裂，或散装货物发生数量损失和实际重量短缺的损失，但不包括正常运途中的自然损耗。

（4）污染险（intermixture and contamination risk）。污染险是指保险公司负责赔偿承保的货物在运输过程中因混进杂质或因与其他物质接触而被玷污，影响货物质量所造成的损失，如布匹、纸张、食物、服装等被油类或带色物质污染而引起的经济损失。

（5）渗漏险（leakage risk）。渗漏险是指保险公司负责赔偿承保的流质、半流质、油类货物在运输途中因容器损坏而引起的渗漏损失，或以液体形式储藏的货物因液体渗漏而引起的腐烂变质造成的损失。例如，以流体装存的湿肠衣，因为流体渗漏而使肠衣发生腐烂、变质等损失，均由保险公司负责赔偿。

（6）破碎险（clash and breakage risk）。破碎险是指保险公司负责赔偿承保的金属、木质货物因震动、颠簸、碰撞、挤压而造成货物本身的损失，或易碎性货物在运输途中由于野蛮或粗鲁装卸、运输工具的颠震所造成货物本身的破裂、断碎的损失。

（7）串味险（taint of odour risk）。串味险是指保险公司负责赔偿承保货物在运输途中因配载不当而受其他带异味货物的影响而引起串味的损失。

（8）受潮受热险（sweating and heating risk）。受潮受热险是指保险公司负责赔偿承保的货物因在运输途中气温突然变化或由于船上通风设备失灵致使船舱内水汽凝结、受潮或受热而发生变质所造成的损失。

（9）钩损险（hook damage risk）。钩损险是指保险公司负责赔偿承保的货物（一般是袋装、箱装或捆装货物）在运输过程中由于使用手钩、吊钩等装卸工具，致使包装破裂或直接钩破货物所造成的损失，以及对包装进行修理或调换所支出的费用。

（10）锈损险（rust risk）。锈损险是指保险公司负责赔偿承保的货物在运输过程中由于生锈而造成的损失，但生锈必须是在保险期内发生的，如货物在装船时就已生锈，保险公司不负责赔偿。此外，在海上货物保险实务中，对裸装的金属材料，保险公司一般不承保锈损险。

（11）包装破损险（breakage of packing risks）。包装破损险是指保险公司负责赔偿承保货物在运输过程中因搬运或装卸不慎造成包装破裂所引起的短少、玷污等损失，以及因继续运输安全的需要而对包装进行修补或调换所支出的费用。

2．特别附加险

特别附加险（special additional risks）是指承保的风险与各国的行政措施、政策法令、航海和贸易习惯的变化有关，它不包括在基本险中，必须在投保基本险的基础上另行加保。特殊附加险包括交货不到险、进口关税险、舱面险、拒收险、黄曲霉素险，以及我国某些出口货物运至港澳地区存仓期间的火险等特别附加险。

（1）交货不到险（failure to deliver risk）。交货不到险是指自被保险货物装上船舶时开始，不论何种原因，在 6 个月内不能运到原定目的地交货，造成交货不到，保险公司均按全部损失予以赔偿。

（2）进口关税险（import duty risk）。进口关税险是指承保货物已遭受了保险责任范围内的损失，而被保险人在进口国仍需按完好货物缴纳进口关税，保险公司负责赔偿相应货损部分缴纳的进口关税损失。

（3）舱面险（on deck risk）。舱面险是指装载于舱面的承保货物因遭受保险责任范围内的事故所造成的损失，包括被抛弃或被海浪冲击落水所致的损失，保险公司负责赔偿。

（4）拒收险（rejection risk）。拒收险是指当被保险货物出于各种原因，在进口港被进口国政府或有关当局拒绝进口或没收而产生损失时，保险公司依拒收险对此承担赔偿责任。

（5）黄曲霉素险（aflatoxin risk）。黄曲霉素险是指被保险货物（主要是花生、油菜籽、大米等）在进口港或进口地经卫生当局检验，证明其所含黄曲霉素超过进口国限制标准而被拒绝进口、没收或强制改变用途所造成的损失，保险公司负责赔偿。

（6）货物出口到香港（包括九龙）或澳门存仓火险责任扩展条款（fire risk extension clause for storage of cargo at destination HongKong (Including Kowloon) or Macao）。货物出口到香港（包括九龙）或澳门存仓火险责任扩展条款承保出口到港澳地区且已在港澳银行办理押汇的运输货物，在抵达香港或澳门卸离运输工具后，直接存放于保险单载明的过户银行指定的仓库期间发生火灾造成的损失。本险别的责任自运输险责任终止（货物被卸离运输工具后）时开始，直至银行收回抵押货款，解除对货物的权益为止，或运输责任终止时起满 30 天为止，两者以先发生者为准。

3．特殊附加险

特殊附加险（specific additional risks）承保由于特殊外来原因造成的风险和损失，包括战争险和罢工险。

（1）战争险（war risk）。战争险承保由于战争、类似战争行为直接导致的货物损失。战争险的保险责任包括：由于战争、类似战争行为和敌对行为、武装冲突或海盗行为所致的损失；由于上述原因所引起的捕获、拘留、扣留、禁制、扣押所造成的损失；各种常规武器，包括水雷、鱼雷、炸弹所致的损失；由于上述原因所引起的共同海损的牺牲、分摊和救助费用。被保险人必须投保货运基本险之后，才能经特别约定投保战争险。

（2）罢工险（strike risk）。罢工险承保由于罢工者、被迫停工工人或参加工潮暴动、民众斗争人员的行动所造成的直接损失；任何人的敌意行动所造成的直接损失；因上述行动或行为引起的共同海损的牺牲、分摊和救助费用。罢工险只承保罢工行为所致的被保险货物的直接经济损失。

（三）专门险

1．海洋运输冷藏货物保险

海洋运输冷藏货物保险分为冷藏险（risks for frozen products）和冷藏一切险（all risks for frozen products）两个险别。冷藏险除包括水渍险的承保责任外，还负责承保由于载运货物的冷藏机器（冷藏车、冷藏集装箱、冷藏船）停止工作 24 小时以上造成的货物腐烂或损失。冷藏一切险的责任范围是在冷藏险的基础上，增加承保冷藏货物在运输途中由于原来原因所致的腐烂或损失。

2．海洋运输散装桐油保险

桐油作为制作油漆的重要原料，是我国大宗出口商品之一。桐油因其自身特性，在运输过程中容易受到污染、变质而导致损失，因此，保险公司设置海洋运输散装桐油保险，承保不论任何原因所致的桐油超过保险单规定免赔率的短少、渗漏损失和不论何种原因所致的桐油受到污染、变质的损失。

二、除外责任

除外责任是指由于不可抗力原因造成的损失、被保险人的过错造成的损失以及保险条款中事先申明的保险范围以外的损失，即使在保险有效期之内，保险公司也不予赔偿的若干情况。

（一）基本险的除外责任

（1）被保险人的故意行为或过错造成的损失。

（2）发货人对货物的包装不善等责任造成的损失。

（3）保险责任开始前，被保险货物已经存在品质不良或数量、重量的短差等问题所造成的损失。

（4）被保险货物的自然损耗、本身缺陷、特性及市价跌落、运输延迟所造成的损失和产生的额外费用。

（5）海洋运输货物战争险条款和罢工险条款规定的责任范围和除外责任。

（二）其他险的除外责任

战争险的除外责任包括：由于敌对行为使用原子或热核制造的武器（如原子弹、氢弹等）造成的损失和产生的费用；对执政者、当权者或其他武装集团的扣押、拘留引起的承保航程的丧失而提出的任何索赔。

罢工险负责赔偿由此引起的直接损失，对于间接损失不负责任。例如，因为罢工使劳动力不足，遇到大雨时无法采取罩盖防雨布的措施而使货物遭淋湿受损；因为罢工，没有劳动力对冷冻机添加燃料，致使动力中断冷冻机停机，而使冷冻货物遭受化冻变质的损失等。

海洋运输冷藏货物保险的除外责任在海运货物保险的基础上稍有改变，包括被保险货物在运输途中未存放在冷藏机器中造成的损失；保险责任开始时，货物未保持良好状态（整理加工不妥、冷冻不合规定等）造成的损失，保险公司都不负责赔偿。

三、保险责任起讫

保险责任起讫又称作保险期限，是保险公司对运输货物承担保险责任的有效期间。保险公司仅对发生在保险期限内的保险事故造成的货物损失负责赔偿。

（一）基本险的保险责任起讫

按照国际惯例，中国人民保险公司《海洋运输货物保险条款》规定的海运保险中，保险责任的起讫采用"仓至仓"条款（warehouse to warehouse clause, W/W），即保险责任自被保险货物运离保险单所载明的启运港（地）的发货人仓库或储存处所开始，直至该项货物运抵

（到达）保险单所载明的目的地收货人的最后仓库或储存处所，或被保险人用作分配、分派或非正常运输的其他储存处所为止。在此，"运离"是指保险货物一经离开发货人仓库，保险责任即开始；"运抵"是指保险货物一经进入收货人仓库，保险责任即告终止。

如未抵达上述仓库或储存处所，则以被保险货物从目的港全部卸离海轮时起满 60 天为限，即不论被保险货物是否进入收货人仓库，保险责任均告终止。如在上述 60 天保险期内被保险货物需转运到非保险单所载明的目的地时，则以该项货物开始运转时终止。

（二）其他险别的保险责任起讫

海运货物战争险的责任起讫与海运货物基本险的"仓至仓"条款有所不同，是以"水上危险"（water borne）为限，即自被保险货物装上保险单所在启运港的海轮或驳船时开始，到卸离保险单所载明的目的港的海轮或驳船时为止。如果货物不卸离海轮或驳船，则从海轮到达目的港当日午夜起计算满 15 天为止，等装上后续船舶运输时，保险责任才继续有效。

四、保险索赔期限

保险索赔期限又称作保险索赔时效，是指被保险货物发生保险事故引发损失时，被保险人根据保险合同向保险公司要求保险赔偿的有效时间。保险索赔期限为 2 年，从被保险货物在全部卸离保险单所载明的目的港的海轮或驳船时起算。如果向船公司提出索赔，索赔期限规定为自货物卸船之日起 1 年内；向港口方及铁路方索赔的期限规定为其编制货运记录次日起 180 天内。

第三节　伦敦保险协会海运货物保险

一、伦敦保险协会海运货物保险的种类

在国际保险市场上，各国保险机构都制定有自己的保险条款，但最有影响力并被普遍采用的是英国伦敦保险协会于 1912 年制定的《协会货物条款》（*Institute Cargo Clause*，简称 I.C.C.）。为了适应不同时期国际贸易、航运、法律的发展和变化，该条款于 1963 年、1982 年分别进行了修订。1982 年的《协会货物条款》实施 26 年后于 2008 年再次进行了修订，新条款于 2009 年 1 月 1 日生效。2009 年的《协会货物条款》与 1982 年的版本相比变化不大。

《协会货物条款》共有以下六种险别。

（1）协会货物条款（A）（Institute Cargo Clauses A，简称 ICC (A)）。

（2）协会货物条款（B）（Institute Cargo Clauses B，简称 ICC (B)）。

（3）协会货物条款（C）（Institute Cargo Clauses C，简称 ICC (C)）。

（4）协会战争险条款（货物）（Institute War Clauses-Cargo，简称 IWCC）。

（5）协会罢工险条款（货物）（Institute Strikes Clauses-Cargo，简称 ISCC）。

（6）恶意损害险（Malicious Damage Clauses）。

除恶意损害险外，其余五种险别均按条文的性质统一划分为八个部分：① 承保范围（risks

covered），包括风险条款、共同海损、船舶互撞条款；②除外责任（exclusions）；③保险期限（duration）；④索赔（claims）；⑤保险利益（benefit of delay）；⑥减少损失（minimizing losses）；⑦防止延迟（avoidance of delay）；⑧法律惯例（law and practice）。

在《协会货物条款》的六种险别中，协会货物条款（A）相当于我国国际货物运输保险条款中的一切险，其责任范围更广，承保范围包括"除外责任"之外的一切风险。协会货物条款（B）相当于水渍险。协会货物条款（C）相当于平安险，但承保范围较小。协会货物条款（B）和协会货物条款（C）都采用列明风险的方式表明其承保范围。在六种险别中，只有恶意损害险属于附加险，不能单独投保。因此，除协会货物条款（A）、协会货物条款（B）、协会货物条款（C）三种险别可以单独投保外，协会战争险条款和协会罢工险条款在征得保险公司同意后，也可作为独立的险别进行投保。

二、伦敦保险协会海运货物保险的主要内容

（一）协会货物条款（A）的主要内容

协会货物条款（A）对承保风险的规定采用"一切风险减除外责任"的方式，即承保除"除外责任"各条款规定以外的一切风险所造成的保险标的损失。协会货物条款（A）的除外责任包括以下四类。

1．一般除外责任

一般除外责任包括货物自身包装不当、缺陷、渗漏、自然损耗或被延迟造成的损失；船方不尽责的原因造成的货物损失；使用原子或热核武器所造成的货物损失。

2．不适航、不适货除外责任

不适航、不适货除外责任主要是指被保险人在装船时已知船舶不适航、不适货，但仍然装船造成的货物损失。

3．战争除外责任

战争除外责任是指由于战争、内战和敌对行为、武装冲突或海盗行为造成的损失和产生的费用；由于上述原因引起的捕获、拘留、扣留、禁制、扣押所造成的损失和费用；各种常规武器，包括水雷、鱼雷、炸弹造成的损失和产生的费用。

4．罢工除外责任

罢工除外责任是指由于罢工者、被迫停工工人或参加工潮暴动、民众斗争的人员的行动所造成的直接损失和产生的费用；任何恐怖主义者或出于政治动机的敌意行动所造成的直接损失和产生的费用。

（二）协会货物条款（B）的主要内容

协会货物条款（B）的承保责任范围采用"列明风险"的方法，具体包括以下几个方面。
（1）火灾、爆炸。
（2）船舶或驳船触礁、搁浅、沉没或倾覆。
（3）陆上运输工具倾覆或出轨。
（4）船舶、驳船或运输工具同除水以外的任何外界物体碰撞。

（5）在避难港卸货。

（6）共同海损牺牲。

（7）抛货。

（8）地震、火山爆发、雷电。

（9）浪击落海。

（10）海水、湖水或河水进入船舶、驳船、运输工具、集装箱、大型海运箱或储存处所。

（11）货物在装卸时落海或跌落造成整件的全损。

协会货物条款（B）的除外责任是在协会货物条款（A）的除外责任基础上，对海盗行为和恶意损害险责任也不负责赔偿。

（三）协会货物条款（C）的主要内容

协会货物条款（C）的承保责任范围也采用"列明风险"的方法，包括以下几个方面。

（1）火灾、爆炸。

（2）船舶或驳船触礁、搁浅、沉没或倾覆。

（3）陆上运输工具倾覆或出轨。

（4）船舶、驳船或运输工具同除水以外的任何外界物体碰撞。

（5）在避难港卸货。

（6）共同海损牺牲。

（7）抛货。

协会货物条款（C）的除外责任与协会货物条款（B）的除外责任完全相同。

（四）协会战争险条款（货物）的主要内容

协会战争险条款（货物）的保险责任包括以下几个方面。

（1）战争、内战、革命、造反、叛乱或由此引起的内乱或任何交战方之间的敌对行为所造成的损失。

（2）由于上述原因所引起的捕获、拘留、扣留、禁制、扣押，以及这些行动的后果或任何进行这些行为的企图所造成的损失。

（3）被遗弃的各种常规战争武器，包括水雷、鱼雷、炸弹造成的损失。

（4）由于上述原因所引起的共同海损的牺牲、分摊和救助费用。

协会战争险条款（货物）的除外责任包括协会货物条款（A）列出的"一般除外责任"和"不适航、不适货除外责任"两部分。

（五）协会罢工险条款（货物）的主要内容

协会罢工险条款（货物）的保险责任包括以下几个方面。

（1）罢工者、被迫停工工人或参加工潮暴动、民众斗争的人员的行动所造成的直接损失。

（2）任何恐怖主义者或出于政治动机的敌意行动所造成的直接损失。

（3）由于上述行动或行为引起的共同海损的牺牲、分摊和救助费用。

协会罢工险条款（货物）的除外责任同样包括协会货物条款（A）列明的"一般除外责任"和"不适航、不适货除外责任"两部分。

（六）恶意损害险的主要内容

恶意损害险承保除被保险人以外的其他人（如船长、船员）的故意破坏行为造成的被保险货物的损坏和灭失，但出于政治动机造成货物的损坏和灭失除外。

三、伦敦保险协会海运货物保险的期限

《协会货物条款》的保险责任起讫也是"仓至仓"条款，战争险也是以"水上或运输工具上的危险"为限。

第四节　其他运输方式下的货物保险

一、陆上运输货物保险

陆上运输货物保险主要承保用火车、汽车等陆上运输工具进行货物运输的保险。中国人民保险公司于1981年1月1日修订的《陆上运输货物保险条款》（*Overland Transportation Cargo Insurance Clauses*）规定基本险别为陆运险和陆运一切险。此外，还有专门的陆上运输冷藏货物险和特殊的陆上运输货物战争险（火车）。

（一）陆运险和陆运一切险

1. 陆运险

陆运险（overland transportation risks）的承保责任范围包括：保险公司负责赔偿被保险货物在运输途中遭受暴风、雷电、洪水、地震、火山爆发、霜雪冰雹等自然灾害造成的全部或部分损失；由于运输工具遭受碰撞、倾覆、出轨，或在驳运过程中因驳运工具遭受搁浅、触礁、沉没、碰撞，或由于遭受隧道坍塌、崖崩或失火、爆炸等意外事故所造成的货物全部或部分损失；被保险人对遭受承保责任内危险的货物采取抢救、为防止或减少货损的措施而支付的合理费用，但以不超过该批被救货物的保险金额为限。

2. 陆运一切险

陆运一切险（overland transportation all risks）的保险责任范围除上述陆运险的责任外，还包括在运输途中，由于一般外来原因造成的货物被偷窃、短少、淡水雨淋、渗漏、短量、钩损、污染、破碎、碰损、生锈、串味、发霉、受潮、受热、玷污等全部或部分损失。

3. 陆上运输货物保险除外责任

陆上运输货物保险除外责任与海洋运输货物保险条款相同。

4. 陆上运输货物保险的责任起讫

陆运险与陆运一切险的责任起讫也采用"仓至仓"条款，即自被保险货物运离保险单所载明的启运地仓库或储存处所开始运输时生效，包括正常运输过程中的陆上和与其有关的水上驳运在内，直至该项货物运达保险单所载目的地收货人的最后仓库或储存处所，或被保险人用作分配、分派的其他储存处所为止，如未运抵上述仓库或储存处所，则至被保险货物运

抵最后卸载的车站满 60 天为止。

（二）陆上运输冷藏货物险

陆上运输冷藏货物险（overland transportation insurance (frozen products)）是陆上运输货物险中的一种专门险，它实际上是针对冷藏货物的基本险。其保险责任范围除包括陆运险所列明的自然灾害和意外事故造成的全部或部分损失外，还负责被保险货物在运输途中，由于冷藏机器或隔温设备的损坏或者车厢内储存冰块的融化所造成的解冻融化以致腐败的损失，以及被保险人对遭受承保责任内危险的货物采取抢救、防止或减少货损的措施而支付的合理费用，但以不超过该批被救货物的保险金额为限。

陆上运输冷藏货物险的责任起讫是自被保险货物运离保险单所载启运点的冷藏仓库装入运送工具开始运输时生效，包括正常运输和与其有关的水上驳运在内，直至该项货物到达保险单所载明的目的地收货人的仓库为止，但最长保险责任以被保险货物到达目的地车站后 10 天为限。

（三）陆上运输货物战争险（火车）

陆上运输货物战争险（overland transportation cargo war risks）是陆上运输货物保险的一种特殊附加险。加保了陆上运输货物战争险后，保险公司负责赔偿在火车运输途中由于战争、类似战争行为和敌对行为、武装冲突所致的损失，但由于敌对行为使用原子或热核武器所致的损失和费用，以及执政者、当权者或其他武装集团的扣押、拘留引起的承保货物的丧失和挫折所造成的损失除外。

陆上运输货物战争险（火车）的责任起讫与海运战争险相似，以货物置于运输工具时为限，即自被保险货物装上保险单所在启运地的火车时开始，到卸离保险单所载明的目的地的火车为止。

陆上运输货物保险索赔时效从被保险货物在最后目的地车站全部卸离车辆后计算，最长不超过 2 年。

二、航空运输货物保险

中国人民保险公司于 1981 年 1 月 1 日修订的《航空运输货物保险条款》（*Air Transportation Cargo Insurance Clauses*）规定航空运输货物保险的基本险别为航空运输险和航空运输一切险。此外，还有航空运输货物战争险。

（一）航空运输险和航空运输一切险

1. 航空运输险

航空运输险（air transportation risks）的承保责任范围与海洋运输货物保险条款中的"水渍险"大致相同，即保险公司负责赔偿以下损失：被保险货物在航空运输过程中，由于飞机遭受雷电、火灾、爆炸、碰撞、倾覆、坠落、失踪、战争破坏，或被保险货物在飞机遇到恶劣气候或其他危难事故时被抛弃等自然灾害和意外事故所造成的全部和部分损失；被保险人对遭受承保责任范围内危险的货物采取抢救、防止或减少货损的措施而支付的合理费用，但以不超过该批被救货物的保险金额为限。

2．航空运输一切险

航空运输一切险（air transportation all risks）的承保责任范围除包括上述航空运输险的全部责任外，保险公司还负责赔偿被保险货物由于被偷窃、短少等一般外来原因所致的全部损失和部分损失。

3．航空运输货物保险的除外责任

航空运输险和航空运输一切险的除外责任与海洋运输货物保险的除外责任基本相同，它对下列损失不负赔偿责任。

（1）被保险人的故意行为或过失所造成的损失。

（2）属于发货人责任所引起的损失。

（3）保险责任开始前，被保险货物已存在的品质不良或数量短差所造成的损失。

（4）被保险货物的自然损耗、本质缺陷、特性以及市价跌落、运输延迟所引起的损失或费用。

（5）保险公司航空运输货物战争险条款和货物运输罢工险条款规定的责任范围和除外责任。

4．航空运输货物保险的责任起讫

航空运输货物保险的责任起讫也采用"仓至仓"条款。

（二）航空运输货物战争险

航空运输货物战争险（air transportation cargo war risks）与海洋运输货物战争险的规定基本相同，不同的是如果被保险货物不卸离飞机，该保险责任起讫期限则以载货飞机到达目的地当日午夜起计算至满 15 天为止。

航空运输货物的特殊附加险除战争险外，还可加保罢工险。与海运险、陆运险相同，在投保战争险的前提下，加保罢工险不另收费，如仅加保罢工险，则按照战争险的费率收取保费。航空运输罢工险的责任范围与海洋运输罢工险的责任范围相同。

三、邮政包裹运输货物保险

中国人民保险公司于 1981 年 1 月 1 日修订的《邮政包裹保险条款》（*Parcel Post Insurance Clauses*）规定基本险别为邮包险和邮包一切险，附加险为邮包运输战争险。

1．邮包险

邮包险（parcel post risks）的承保责任范围包括：被保险货物在运输过程中，由于遭受恶劣气候、雷电、地震、火山爆发、暴风、海啸、洪水、霜雪冰雹等自然灾害造成的全部损失或部分损失；由于运输工具遭受碰撞、倾覆、出轨、搁浅、触礁、沉没、隧道坍塌、崖崩或失火、爆炸等意外事故所造成的全部损失或部分损失；被保险人对遭受承保责任范围内危险的货物采取抢救、防止或减少货损的措施而支付的合理费用，但以不超过该批被救货物的保险金额为限。

2．邮包一切险

邮包一切险（parcel post all risks）的保险责任范围除上述邮包险的各项责任外，还负责在运输途中，由于一般外来原因造成的货物被偷窃、短少、淡水雨淋、渗漏、短量、钩损、污染、破碎、碰损、生锈、串味、发霉、受潮、受热、玷污等全部损失或部分损失。

邮政包裹运输险的除外责任与海洋运输货物保险的除外责任相同。

3．邮包运输的责任起讫

邮包运输实际上属于"门到门"运输，在长途运送过程中可能遭受自然灾害、意外事故以及各种外来风险。其责任起讫是自被保险邮包离开保险单所载启运地点寄件人的处所运往邮局时开始生效，直至被保险邮包运达保险单所载明目的地邮局发出通知书给收件人的当日午夜起计算至满 15 天为止，但在此期限内，邮包一经递交至收件人处所时，保险责任即告终止。

在附加险方面，除战争险外，海洋运输货物保险中的一般附加险和特殊附加险险别和条款均可适用于陆上运输、航空运输、邮包运输货物保险。

第五节　进出口货物运输保险实务

一、选择保险险别

选择何种险别，应视被保险货物性质以及在运输途中可能遭遇的风险而定，一般考虑下列几个因素。

1．货物的性质和特点

不同类型的货物，由于其性质和特点不同，在运输途中即使遭遇同一类风险事故，造成的损失和程度亦不相同，因此应就各种风险对货物致损的影响程度选择适当的险别投保。

2．货物的用途和价值

货物的用途不同，其可承受的风险和应受保障的程度也不相同。一般而言，食品、药品、化妆品等与人类身体、生命息息相关的商品，由于其用途的特殊性，一旦发生污染或变质就会丧失全部使用价值，因此，在投保时应尽量考虑使其得到充分全面的保障。此外，货物价值的高低也影响投保险别的选择。

3．货物的包装

货物的包装方式会影响货物在运输途中的完好程度，因此，在办理投保和选择保险险别时，对货物包装在运输途中可能发生的损坏及由此造成的损失应予以考虑。

4．货物的运输方式

货物采取不同的运输方式，使用不同的运输工具，经过不同的运输路线，途中可能遭遇的风险不同，可供选择的险别也各不相同。运输季节不同，也会给货物带来不同的风险和损失。此外，由于各国港口条件不同，在运输能力、设备、安全设施、管理水平和治安状况等方面存在的差异，也会发生货物在港口存放和装卸过程中的损耗不同。

二、确定保险金额

保险金额是保险公司依据保险合同承担赔偿责任或者给付保险金的最高限额，也是保险公司计算保险费的基础。投保人在投保货物运输保险时应向保险公司申报确认保险金额。

在国际货物买卖中，如果买卖双方采用 CIF 或 CIP 贸易术语成交，买卖合同中应对保险金额做出规定。如未做出明确规定，按照国际贸易惯例，卖方应按 CIF 或 CIP 价格的总值加一成（即10%）作为保险金额。增加的一成被称为保险加成率，是买方进行这笔交易所支付的费用和预期利润。

如果买卖双方采用 FOB 或 FCA 贸易术语成交，买方根据需要提高保险加成率，在保险公司同意承保的情况下，卖方也可以接受，但因此而增加的保险费由买方承担。保险金额的计算公式为

$$保险金额 = CIF（或 CIP）价格 \times (1 + 保险加成率)$$

三、填写投保单

保险公司出具保险单是以投保人填报的投保单的内容为依据，因此，投保人必须按规定的格式逐笔填制投保单。投保单的主要内容有：投保人的名称；标记（唛头）；包装数量；货物名称；保险金额；船名或装运工具；开航日期；提单或运单号码；航程或路程；承保险别；赔付地点；投保日期。

投保人在投保时应注意以下几个事项。

（1）投保人申报的情况必须属实。

（2）投保单的内容必须与买卖合同及信用证上的有关条款相一致。

（3）在 CIF 条件下，出口货物应在运离装运地仓库进入码头准备装船前办理保险。

（4）在 CFR 或 FOB 条件下，货物在装运港装船前的保险需由买方自行安排。

（5）如果货物到达目的港后还需转运到进口国的内陆，应尽可能投保到内陆目的地。

四、缴纳保险费

保险费（insurance premium）是指投保人为取得保险保障，按合同约定向保险人支付的费用。投保人按约定方式缴纳保险费是保险合同生效的条件。我国出口货物的投保，一般需要被保险人逐笔填写投保单并缴纳保险费，投保单被保险公司接受后，保险即开始生效。因此，保险费既是保险公司经营业务的基本收入，也是被保险人获得损失赔偿权的对价。

为了方便不同货物保险费的计算，保险公司规定了不同的保险费率。保险费率（premium rate）是由保险公司根据一定时期、不同种类的货物的赔付率，按不同险别和目的地确定的收费比率。保险费率是计算保险费的依据。我国进出口货物的保险费率是保险公司在货物损失率和赔付率的基础上，参照国际保险费率水平，并根据我国对外贸易发展水平制定的。

（一）出口货物保险费的计算

出口货物保险费的计算公式为

$$保险费 = 保险金额 \times 保险费率$$

如果按CIF价格或CIP价格加成投保时，保险费的计算公式为

保险费=保险金额×保险费率

=CIF（或CIP）价格×(1+保险加成率)×保险费率

如果按CFR条件成交，加一成投保，保险费的计算公式为

因为

CFR价格=CIF价格-I=CIF价格-CIF价格×(1+10%)×保险费率

=CIF价格×(1-110%×保险费率)

反之，则

$$CIF价格 = \frac{CFR价格}{(1-投保加成×保险费率)}$$

因此

$$保险费 = \frac{CFR价格×投保加成×保险费率}{1-投保加成×保险费率}$$

（二）进口货物保险费的计算

我国的进口货物保险费率有特约费率和进口货物保险费率两种。特约费率是一种优惠的费率，主要用于投保人和保险公司签订的预约保险合同项下的进口货物。进口货物保险费率分为一般货物费率和指明货物加费费率两项。一般货物费率表按不同运输方式，分险别和地区制定，但不分商品，适用于除指明货物加费费率以外的其他一切货物。指明货物加费费率表是对一些指定的货物投保一切险时使用。

进口货物在向中国人民保险公司进行投保时，均按 CIF 价格作为保险金额而不必加成，其中的运费率和保险费率采用平均值计算。

（1）按 FOB 价格进口货物时，保险金额和保险费的计算公式为

$$保险金额 = FOB价格×\frac{1+平均运费率}{1-平均保险费率}$$

保险费=保险金额×平均保险费率

（2）按 CFR 价格进口货物时，保险金额和保险费的计算公式为

$$保险金额 = \frac{CFR价格}{1-平均保险费率}$$

保险费=保险金额×平均保险费率

五、领取保险单据

保险单据是保险公司与投保人之间订立保险合同的证明文件，它反映了保险人与投保人之间的权利和义务关系，也是保险公司对投保人出具的承保证明。当发生保险责任范围内的损失时，它又是保险索赔和理赔的主要依据。常用的保险单据有保险单、保险凭证、联合凭证、预约保险单和批单。

1. 保险单

保险单（insurance policy），俗称大保单，是保险公司出具的用于承保一个指定航程内某

一批货物的运输保险的证明文件。它是保险契约的书面凭证，对双方当事人均有约束力。

保险公司以投保人的投保单上填报的内容为标准出具保险单，作为其接受保险的正式凭证。保险单是出口人向银行议付货款所必备的单证之一，也是被保险人索赔和保险公司理赔的主要依据之一。

保险单有正面条款和背面条款，正面条款的内容主要有：被保险人名称；标记（唛头）；包装数量；货物名称（填写具体品名，一般不要笼统地写纺织品、百货、杂货等）；保险费率；保险金额；投保险别；船名、航线；赔款地点；投保日期；保险单签发日期；保险业务的名称。

保险单背面条款包括三种基本险别的责任范围、除外责任、责任起讫、被保险人义务、索赔期限等文字性内容。

2．保险凭证

保险凭证（certificate of insurance），俗称小保单，是一种简化的保险单。保险凭证除背面无投保人与保险公司权利与义务条款外，其余内容与保险单相同，与保险单具有同等效力。

3．联合凭证

联合凭证（combined certificate）是指将商业发票和保险单结合在一起，比保险凭证更简化的保险单据。保险公司将承保的险别、保险金额和保险编号加注在投保人的商业发票上，并加盖印戳，其他项目均以发票上列明的内容为主。

4．预约保险单

预约保险单（open policy），又称作预约保险合同，是大型专业外贸公司和保险公司签订的就某些商品进口自动承保的总保险合同，适用于我国自国外进口大宗货物的业务。专业外贸公司经常有相同类型的货物需要陆续分批装运时，为了防止漏保或来不及投保等情况的发生，便和保险公司签订长期的预约保险合同。凡属预约保险单项下的进口货物，一经启运，外贸公司必须及时填写《国际运输预约保险启运通知书》，将该批商品的装运情况（包括货物名称、数量、包装、件数、保险金额、船名和航次、航程起讫地点、装运和开航日期等）通知保险公司，保险公司即自动按照预约保险单所订立的条件承保。

5．批单

保险单签发后，投保人发现保险项目有错误或遗漏，需要修改、补充或变更保险单的内容时，根据规定，应向保险公司提出书面申请。若保险公司接受申请，应立即出具另一种凭证，注明更改或补充的内容，这种凭证称为批单（endorsement）。批单须粘贴在保险单上并加盖骑缝章，作为保险单不可分割的组成部分。申请批单必须在被保险人不知有任何事故损失发生的情况下，在货物到达目的地之前或损失发生以前提出。

六、保险索赔

保险索赔（claim）是指进出口货物在保险责任有效期内发生属于保险责任范围内的损失时，被保险人按照保险单的规定向保险公司提出赔偿要求。索赔应当在保险有效期内提出并办理，否则保险公司可以不予受理。在索赔过程中，被保险人应做好下列几项工作。

1. 损失通知

当被保险人获悉或发现被保险货物遭受损失时，应马上通知保险人，以便保险人检验损失，提出施救意见，确定保险责任，查核发货人或承运人责任。延迟通知，会耽误保险人进行有关工作，引起异议，影响索赔。

2. 采取合理的施救、整理措施

被保险货物受损后，被保险人应该对受损货物采取措施，防止损失扩大。特别是对剩余的受损货物，被保险人仍须协助保险人开展转售、修理和改变用途等工作。因为相对于保险人而言，被保险人对于货物的性能、用途更加熟悉，因此，原则上残货应由被保险人处理。

3. 备妥索赔单证

被保险人向保险公司提出索赔时，应备妥保险单或保险凭证正本、运输契约、商业发票、装箱单、磅码单、货物受损检验报告、海事报告摘录或海事声明书、货损货差证明，列明索赔金额和计算依据，以及有关费用和对应项目的清单。

4. 向承运人等有关方面提出索赔

被保险人或其代理人在提货时发现货物明显受损或整件短少，除向保险公司报损外，还应立即向承运人、受托人以及海关、港务局等索取货损货差证明。当这些损失涉及承运人、受托人或其他有关方面（如码头、装卸公司）时，应立即以书面形式向承运人或有责任方提出请求赔偿的书面文件并保留追偿权利，必要时还要申请延长索赔时效。

5. 代位追偿

代位追偿（subrogation）是指在保险业务中，为了防止被保险人双重获益，保险人在履行全损赔偿或部分赔偿后，在其赔付金额内，要求被保险人转让其对造成损失的第三方进行全损赔偿或相应部分赔偿的权利。这种权利称为代位追偿权或代位权。在实际业务中，保险人需首先向被保险人进行赔付，才能取得代位追偿权。

七、合同中的保险条款

在国际货物买卖合同中，为了明确交易双方在货运保险方面的责任，根据不同的贸易术语，通常都订有不同的保险条款，其内容有投保人、保险金额、保险险别以及适用的保险条款等。国际货物买卖合同中常见的保险条款有以下几种。

1. 以 FOB、CFR 或 FCA、CPT 贸易术语成交合同的保险条款

以 FOB、CFR 或 FCA、CPT 贸易术语成交的合同，一般由买方办理保险，其保险条款可以简单表述。例如：

Insurance：to be covered by the buyer.

保险由买方负责。

2. 以 CIF 或 CIP 贸易术语成交合同的保险条款

以 CIF 或 CIP 贸易术语成交的合同，由卖方办理保险，而实际风险的承担者为买方，因此应在合同中明确规定投保人、保险金额、投保险别、是否投保附加险，以及适用的保险条款等。例如：

Insurance：to be covered by the seller for 110% of total invoice value against…（×× risk）

Including risk of clashing and breakage as per the relevant ocean marine cargo clauses of the People's Insurance Company of China dated 1/1 1981.

保险：由买方按发票金额的110%投保××险，加保破损险、破碎险。以中国人民保险公司1981年1月1日的有关海洋运输货物保险条款为准。

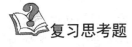

复习思考题

1．什么是推定全损？构成推定全损的条件是什么？

2．什么是实际全损？构成实际全损的条件是什么？

3．在实际业务中，如何界定共同海损与单独海损？

4．我国海运货物保险中三种基本险的责任范围有什么不同？

5．某出口公司规定货物按发票金额110%投保，如发票金额是1500美元，投保金额是多少？如果某货物投保一切险和战争险，一切险的保险费率为0.8%，战争险的保险费率为0.04%。请问：该公司需支付多少保险费？

6．我国某公司出口商品给泰国，单价是每公吨110美元CFR曼谷，现客户要求我方改报CIF价。请问：在不影响我方外汇净收入的前提下，CIF价应报多少？（按发票金额的110%投保，保险费率为0.5%）

7．我国某公司对外售出商品一批，CIF发票金额为28 500英镑，按合同规定：凡以CIF条件达成的交易，其投保金额按CIF价格发票金额的110%计算，保险险别为一切险和战争险，两者费率合计为0.7%，现客户要求改报为CFR价。请问：我方的CFR报价应该是多少？

8．我国某公司从德国进口一批汽车及零配件，对方报FOB货价为2 000 000美元，该批货物的平均运费率为FOB货价的6%，投保水渍险和战争险的平均保险费率为0.25%。请问：该批货物的投保金额和保险费各是多少？

9．我国某公司以CFR价格从国外进口汽车，货值为1 250 000美元，投保一切险和战争险的平均保险费率为0.25%。请问：该批货物的投保金额和保险费各是多少？

案例分析题

1．某载货船舶在航行途中突然触礁，致使部分货物遭到损失，并使船舶个别部位的船板产生裂缝，急需补漏。为了船、货的共同安全，船长决定临时靠岸修船，为此，将部分货物卸到岸上并存仓，卸货过程中部分货物受损。事后统计这次事件造成的损失有：① 部分货物因船触礁而损失；② 卸货费用、存仓费用以及货物损失。请问：上述各项损失属于什么海损？

2．一批货物已经按发票总值的110%投保了平安险。货轮在航行途中于5月3日遇暴风雨袭击，该批货物部分受到水浸，损失额为1000元人民币；该轮在继续航行中又于5月8日触礁，货物再次发生部分损失，损失额为100元人民币。请问：在这种情况下，保险公司应赔偿多少？为什么？

3．我国某外贸公司与法国进口商签订一份皮手套出口合同，价格条件为CIF马赛，9月底交货，向中国人民保险公司投保一切险。生产厂家在手套加工完成后，用牛皮纸包好装入双层瓦楞纸箱，再装入20尺集装箱。货物到达马赛后，检验结果表明：全部货物湿、霉、玷污、变色，损失价值达6万美元。根据分析，该批货物的出口地和进口地气候正常，运输途中也无异常。请问：① 保险公司对该批损失是否赔偿？为什么？② 进口商对受损货物是否会支付货款？为什么？③ 你认为出口商应如何处理此事？

4．有一份FOB合同，买方已向保险公司投保"仓至仓"条款的一切险。货物从卖方仓库运往装运码头途中，发生承保范围内的风险损失，事后卖方以保险单含有"仓至仓"条款为由，要求保险公司赔偿，但遭到拒绝。后来卖方又请买方以买方的名义凭保险单向保险公司索赔，同样遭到拒绝。请问：为什么保险公司会拒赔？

 技能拓展训练

目的： 掌握办理出口货物运输保险的程序并缮制所需单据。

资料： 顺达进出口公司与外商签订了一份 CIF 合同，货物运输合同已经签订，现在需要办理出口货物运输保险的投保手续。

要求： 请详细说明办理出口货物运输保险的程序。

第六章　进出口商品的价格

【引导案例】

CIF 价与 FOB 价的换算

案情描述：我方对外报价为：每公吨 1000 美元 CIF 新加坡，而外商还盘为：每公吨 902 美元 FOB 上海。经查，该货物由上海运至新加坡每公吨的运费为 88 美元，保险费率合计为 0.95%，投保加成为 110%。请问：单纯从价格角度上讲，我方可否接受该项还盘？

案例分析：将我方报价 CIF 新加坡换算成 FOB 上海价格，其结果是：

FOB 上海价=CIF 价×(1-投保加成×保险费率)-运费

FOB 上海价=1000×(1-110%×0.95%)-88=1000-1000×110%×0.95%-88=901.55（美元）

外商报价为 FOB 上海 902 美元，与我方计算结果两者相差无几，可以接受外商还盘。

【教学目标】

通过本章学习，使学生了解进出口商品价格制定的基本原则以及选用计价货币的原则；掌握进出口报价的核算方法，佣金、折扣的计算方法；掌握进出口合同中价格条款的制定方法。

【教学重点】

进出口商品报价、还价核算；主要贸易术语之间价格的换算；佣金和折扣的计算；出口成本核算指标。

【教学难点】

进出口商品报价、还价核算；佣金和折扣的计算。

第一节　进出口商品价格的制定

在国际货物贸易中，商品的价格直接关系买卖双方的经济利益。因此，如何确定进出口商品价格，规定进出口合同中的价格条款，是交易双方最为关心的重要问题之一。价格条款也是进出口合同中的核心条款。同时，合同中的价格条款与其他条款有着密切的联系，价格条款的内容会对其他条款的约定产生一定的影响。

在实际业务中，正确掌握进出口商品价格的构成，合理使用各种定价办法，选用有利的计价货币，适当运用与价格有关的佣金和折扣策略，并制定好进出口合同中的价格条款，对贯彻国家对外贸易政策，实现企业的经营意图，达成进出口业务目标和提高对外贸易经济效益，具有十分重要的意义。

一、进出口商品的定价原则

（一）按照国际市场价格水平作价

国际市场价格通常是指某类（种）商品国际集散地（中心）的市场价格，或者商品进出口地区的交易价格。由于国际市场价格是以商品的国际价值为基础，受国际市场供求关系的影响而上下波动，因此，在确定成交价格时，必须注意国际市场商品供求关系的变化和价格涨落的趋势。国际市场价格也是各国进出口商都能普遍接受的价格，是交易双方确定进出口商品价格的客观依据。我国对外成交商品的价格，一般都参照国际市场价格水平来确定。

（二）结合国别和地区政策

一国对外贸易政策和该国的政治、经济、外交政策联系紧密。为了使对外贸易政策配合本国的政治、经济、外交政策，各国进出口商在参照国际市场价格水平定价的同时，也应该适当考虑相应国别、地区的政策，从而采取不同的定价策略。

（三）体现购销意图

进出口商品的价格应体现经营者的购销意图和经营策略，如运用不同的地区差价、新老顾客差价、季节差价和各种营销组合方式。

二、影响进出口商品价格的因素

（一）商品的质量和档次

商品品质的优劣、包装的好坏、款式的新旧、品牌的知名度都会影响商品的价格。在国际市场上，一般都依据商品按质论价的原则，即优质优价、劣质劣价，充分体现商品质量的差异化。

（二）运输距离的远近

国际货物买卖一般都要经过长途运输。同样的商品，如果运输距离远，意味着需要支付更多的运费，面临更高的风险，从而增加了商品的成本，进而影响商品销售价格。

（三）交货地点和交货条件

在国际货物贸易中，由于交货地点和交货条件不同，买卖双方承担的责任、费用和风险也有所不同，在确定商品价格时，必须考虑这些因素。例如，同一运输距离内成交的同一种商品，按照 CIF 条件成交和按照 DAP 条件成交，其价格应当不同。

（四）国际市场需求的变化

国际市场需求的变化也影响进出口商品的价格。国际市场需求增加，则商品价格上涨；国际市场需求减少，则商品价格下跌。

（五）出口商的经营目标和策略

出口商的经营目标和策略体现在提供怎样的折扣和优惠，包括商业折扣、现金折扣、数量折扣、季节性折扣、广告促销、利益平衡等，以及不同细分市场的价格是否有差异。

（六）支付方式和汇率的变动

支付方式是否有利和汇率变动风险的大小都影响着商品的价格。例如，在其他交易条件相同的情况下，同一种商品采用买方预付货款或者货到付款，由于卖方承担的风险不同，则商品的价格不同。

另外，进口国消费者的偏好、季节性需求的变化、交货期的远近、东道国政府贸易保护的程度以及市场销售习惯等因素，对进出口商品价格也有不同程度的影响。

三、进出口商品的定价方法

（一）固定价格

固定价格是指在交易磋商过程中和合同达成后，买卖双方将价格确定下来，任何一方不得擅自改动。这是国际上常见的做法。例如，"USD 100 per M/T CIF New York"（CIF 纽约每公吨 100 美元）。上述单价如无特殊约定，应理解为固定作价，即订约后买卖双方按此价格结算货款，任何一方不得变更约定价格。

在有些进出口合同中，出于谨慎，对固定价格会做出明确规定。例如：

No price adjustment shall be allowed after conclusion of this contract.

合同成立后，价格不得改变。

（二）非固定价格

1. 待定价格

待定价格是指商品实际价格待定，买卖双方只在合同中约定未来确定价格的依据和方法。待定价格有以下两种做法：一是规定定价时间和定价方法，如"装船月份前 30 天，参照当地及国际市场价格水平，协商确定正式价格""按提单日期的国际市场价格计算"；二是只规定定价时间，如"由双方在××年××月××日协商确定最终价格"。这种只规定作价时间，未规定作价方式的定价方法，缺乏明确的定价标准，容易给合同履行带来较大的不稳定性，一般只应用于双方有长期交往、已形成比较固定的交易习惯的合同。

2. 暂定价格

暂定价格是指交易双方先在合同中订立一个初步价格，作为开立信用证和初次付款的依据，待双方确定最后价格之后再进行清算，多退少补。例如，单价暂定 CIF 神户，每公吨 2000 英镑，定价方法：以××交易所 3 个月期货，按装船月份当月平均价格加 8 英镑计算，买方按本合同规定的暂定价格开立信用证。

3. 部分固定价格，部分非固定价格

一般在大宗的、分期、分批交货的进出口合同中，采用部分固定价格，部分非固定价格，即交货期近的商品价格在订约时固定下来，剩余商品在交货前一定期限内确定价格。

（三）滑动价格

滑动价格是指某些商品从合同签订到实际执行完毕需要较长时间，在此期间，原材料、劳动力、管理费用的价格有可能上涨，为了避免由一方单独承担原材料、工资等变动的风险，交易双方先在合同中规定一个基础价格（basic price），在交货时或交货前一定时间，按原材料价格和工资的变动指数做相应调整，以确定实际应支付的价格。

使用滑动价格时，买卖双方应在合同中制定价格调整条款（price adjustment clause）。例如：

The above basic price will be adjusted according to the following formula based on the wage and price indexes published by the ×××（organization）as of ×××（month）20××．

以上基础价格按下列调整公式，根据×××（机构）公布的 20××年××月的工资指数和物价指数予以调整。

价格调整计算公式为

$$P = P_0 \times \left(A + B \times \frac{M}{M_0} + C \times \frac{W}{W_0} \right)$$

式中：P 表示商品交货时的最终价格；P_0 表示签订合同时约定的基础价格；M 表示交货时的有关原材料价格指数；M_0 表示签订合同时的有关原材料价格指数；W 表示交货时的有关工资指数；W_0 表示签订合同时的有关工资指数；A 表示管理费在价格中所占的比重；B 表示原材料在价格中所占的比重；C 表示工资在价格中所占的比重；A、B、C 之和为 100%。

第二节　计价货币与支付货币

一、计价货币与支付货币的选择

在国际货物买卖合同中，价格都用一定数量的特定货币表示，因此，买卖双方协商价格时，还要约定使用何种货币计价和支付。在我国，除对方所在国与我国政府签订有贸易协定或支付协定规定了计价货币和支付货币外，买卖双方还可选择卖方国家货币、买方国家货币或第三国货币作为计价货币和支付货币，但所选择的必须是能够自由兑换的货币。

计价货币（money of account）是指合同中规定用来计算价格的货币。支付货币（money of payment）是指合同中规定用来支付货款、结算费用的货币。如果合同中商品价格只用双方当事人约定的一种货币（如美元）来表示，没有规定用其他货币支付，则美元既是计价货币，又是支付货币。如果在合同中除计价货币（如美元）外，交易双方又规定了用其他货币（如英镑）支付，则其他货币（如英镑）就是支付货币。在这种情况下，有必要在合同中规定两种货币的兑换比率，即汇率。按照国际上的一般做法，通常以付款当日计价货币和支付货币的汇率作为兑换比率。

二、货币风险的防范

进出口业务中选择使用何种货币计价、支付和结算，关系着买卖双方的切身利益。货币选择得当，就会减少和避免汇率波动的风险；反之，就会遭受汇兑损失。为防范货币风险，在选择货币时通常有以下几种做法。

（一）根据汇率的变动调整价格

如果为了达成交易而不得不采用对我方不利的货币，应在合同中规定，根据所使用的货币币值变动幅度来确定价格的调整幅度，相应提高出口报价或压低进口报价，以抵消货币币值变动对交易双方的影响。

（二）出口选硬币，进口选软币

从理论上讲，出口贸易中的计价货币和支付货币争取使用硬币（hard currency），即币值稳定或具有一定上浮趋势的货币；进口贸易中的计价货币和支付货币力争使用软币（soft currency），即币值不够稳定且具有下浮趋势的货币。这样可降低出口商交易的风险。

（三）订立外汇保值条款

买卖双方为了防范货币风险，可以根据汇率浮动情况在进出口合同中制定外汇保值条款。外汇保值条款主要有以下两种。

1. "软""硬"货币搭配法

在进出口贸易中，如果由一方单独承担汇率波动的风险一般是难以实现的。如果采取"软""硬"货币适当搭配的办法，使汇率风险由交易双方合理分担则比较妥当。

2. 多种货币组合法

多种货币组合法，亦称"一揽子"货币计价法，是指在进出口合同中使用两种以上的货币来计价以消除汇率波动的风险。当公司出口或进口货物时，假如其中一种货币发生升值或贬值，而其他货币的币值不变，则该货币价格的变动不会给公司带来很大的损失，或者说风险因分散而减轻；若计价货币中几种货币升值，另外几种货币贬值，则升值货币带来的收益可以抵消贬值货币所带来的损失，从而减轻外汇风险的程度或抵消外汇风险。

"软""硬"货币搭配法和多种货币组合法适用于政府采购和大型设备的进出口，这些交易往往合同金额较大，设备的生产和履约时间长。

第三节 佣金与折扣

在进出口合同的价格条款中，有时会涉及佣金和折扣，因此，价格条款中所规定的价格分为包含佣金或折扣的含佣价格和不包含这类因素的净价（net price）。

一、佣金

（一）佣金的含义

佣金（commission）是中间商介绍生意或代卖代买而向卖方或买方收取的酬金。佣金直接关系着商品价格的高低，货价中是否包括佣金和佣金占货价比例的大小，都影响着商品的价格。显然，商品的含佣价要比净价高。

凡在进出口合同中表明佣金的，称为"明佣"；不在进出口合同中表明佣金，而由中间商或代理商与买方或卖方另行约定的，称为"暗佣"。正确运用佣金，有利于调动中间商或代理商的积极性和扩大交易。

（二）佣金的规定方法

1. 用百分比表示

佣金用百分比表示是指用佣金率来表示，包括用文字说明和用字母表示两种形式。

（1）用文字说明。例如：

每公吨 500 美元 CIF 纽约，包括 2%的佣金。

USD500 Per M/T CIF New York including 2% commission.

（2）用字母表示。在贸易术语中加注佣金的英文缩写字母"C"和佣金的百分比来表示。例如：

每公吨 200 美元 CIF 旧金山，包括 2%的佣金。

USD200 Per M/T CIFC2% San Francisco.

2. 用绝对数表示

佣金用绝对数表示是指用每单位数量支付多少佣金来表示。例如：

每公吨支付佣金 25 美元。

USD25.00 Comnission Per M/T.

（三）佣金的计算与支付方法

在国际贸易中，有不同的计算佣金的方法，有些合同按照成交金额的百分比计算，有些合同按每一单位商品数量收取若干佣金计算。在按照成交金额计算时，一般按照商业发票总金额作为计算佣金的基数。佣金的具体计算公式为

$$佣金额=含佣价\times佣金率$$
$$含佣价=净价+佣金额$$
$$净价=含佣价-佣金额$$
$$净价=含佣价\times(1-佣金率)$$
$$含佣价=\frac{净价}{1-佣金率}$$

佣金的支付方法有两种：一种是由中间代理商直接从应付货款中扣除佣金；另一种是在出口商收到全部货款后，再按照事先约定的期限和佣金率，另行支付给中间商或代理商。

二、折扣

（一）折扣的含义

折扣（discount）是卖方在原价基础上给予买方一定百分比的减让，即在价格上给予适当的优惠，通常用折扣率来表示。货价中是否包括折扣和折扣率的大小，都影响着商品的价格。国际货物贸易中使用的折扣种类很多，除一般折扣外，还有数量折扣、季节折扣、特别

折扣等。凡买卖双方在合同价格条款中明确规定折扣的，称为"明扣"；不在合同中表明折扣字样，而由交易双方另行约定的，称为"暗扣"。运用折扣的效果与佣金一样，也是为了调动买方的积极性和扩大交易。

（二）折扣的表示方法

1．用百分比表示

折扣用百分比表示是指用折扣率来表示，包括用文字说明和用字母表示两种形式。

（1）用文字说明。例如：

每公吨 300 美元 FOB 上海，减 2%的折扣。

USD300 per M/T FOB Shanghai，Less 2% discount.

（2）用字母表示。在贸易术语中加注折扣的英文缩写字母"D"和折扣的百分比来表示。例如：

每公吨 200 美元 CIFD2%旧金山。

USD200 Per M/T CIFD2% San Francisco.

2．用绝对数表示

折扣用绝对数表示是指用每单位数量折扣多少金额来表示。例如：

每公吨折扣 5 美元。

USD5.00 Discount Per M/T.

（三）折扣的计算与支付方法

折扣通常以成交额或商业发票金额为计算基础，如按发票金额乘以约定的折扣率，即得到应减除的折扣金额。其计算公式为

单位货物折扣额=原价（或含折扣价）×折扣率

卖方实际净收入=原价-单位货物折扣额

折扣一般由买方在支付货款时预先予以扣除。有时不直接从货价中扣除，而是按照双方达成的协议，由卖方另行支付给买方，这种做法通常在付"暗扣"或"回扣"时采用。

第四节　出口商品价格的核算方法

一、出口商品价格的构成

出口商品价格的构成包括三个部分：出口商品成本、出口费用和预期利润。

（一）出口商品成本

出口商品成本（cost）包括生产成本、加工成本和购货成本。生产成本是指生产商生产某一产品所需的投入。加工成本是指加工商对成品或半成品进行加工所需的成本。购货成本是贸易商向生产商或供货商购进商品的价格，亦称进货成本，可以是含增值税的价格，也可以是不含增值税的价格。如果是含税价，在实际计算时应从中扣除出口退税额。对有进出口经营权的生产商来说，生产成本就是出口商品成本，而对自身不生产商品的出口商来说，生产

成本主要是指购货成本（含增值税）。因此，对出口商来讲，成本是出口商品价格构成中的重要组成部分。

（二）出口费用

出口费用（expenses/charges）是出口商品价格构成中最复杂的部分，按照其与出口业务的关系分为直接费用和间接费用。直接费用是指出口商品项下直接发生的相关费用，如商品的仓储费、包装费等；间接费用是指虽然与出口商品无关，但每一笔出口业务项下应该分摊的出口商的费用，如通信费、交通费、经营管理费等。按照出口业务中费用发生（支付）地点，出口费用分为国内费用和国外费用。

（三）预期利润

预期利润（expected profit）是指出口商出口每批商品想要获得的利润额或达到的利润率。利润是出口价格的三要素之一，价格中所包含的利润的大小往往由行业、市场、商品、需求以及企业的价格策略等一系列因素来决定。

二、主要贸易术语的价格构成和换算

（一）主要贸易术语的价格构成

在不同的贸易术语下，进出口商承担的风险、责任和费用不同，价格构成也不同。对出口商而言，同样的商品以 CIF 价格成交比以 FOB 价格成交是否更有利，应视具体情况而定。事实上，不管以哪一种贸易术语成交，出口商的商品销售外汇净收入不变，但承担的风险、责任和费用有所不同。

1. 以 FOB、CFR、CIF 三种贸易术语成交的出口商品价格构成

以 FOB、CFR 和 CIF 三种贸易术语成交的出口商品价格构成分别为

FOB 价格＝购货成本（含增值税）－出口退税额＋国内费用＋预期利润

＝实际成本（不含增值税）＋国内费用＋预期利润

CFR 价格＝实际成本（不含增值税）＋国内费用＋出口运费＋预期利润

CIF 价格＝实际成本（不含增值税）＋国内费用＋出口运费＋出口保险费＋预期利润

若以 CIF 术语成交，出口商要支付出口运费和保险费，扣除这两项费用后，就是出口商以 FOB 价格计算的出口销售外汇净收入。

2. 以 FCA、CPT、CIP 贸易术语成交的出口商品价格构成

以 FCA、CPT、CIP 贸易术语成交的出口商品价格构成分别为

FCA 价格＝购货成本（含增值税）－出口退税额＋国内费用＋预期利润

＝实际成本（不含增值税）＋国内费用＋预期利润

CPT 价格＝实际成本（不含增值税）＋国内费用＋出口运费＋预期利润

CIP 价格＝实际成本（不含增值税）＋国内费用＋出口运费＋出口保险费＋预期利润

（二）主要贸易术语之间的价格换算

在进出口交易磋商中，经常会发生交易一方（一般是出口商）报出以某种贸易术语表示

的商品价格，另一方（一般是进口商）要求改报以其他贸易术语表示的商品价格的情况，这时就涉及同一商品不同价格之间的换算问题。现对最常用的 FOB、CFR 和 CIF 价格之间的换算，以及 FCA、CPT、CIP 价格之间的换算做简单介绍。

1. FOB、CFR 和 CIF 之间的价格换算

（1）FOB 价和 CFR 价之间的换算。

$$\text{CFR 价}=\text{FOB 价}+F\text{（出口运费）}$$

$$\text{FOB 价}=\text{CFR 价}-F\text{（出口运费）}$$

（2）FOB 价和 CIF 价之间的换算。

$$\text{CIF 价}=\text{FOB 价}+F\text{（出口运费）}+I\text{（出口保险费）}$$

$$\text{FOB 价}=\text{CIF 价}-F\text{（出口运费）}-I\text{（出口保险费）}$$

在已知投保加成率和保险费率的情况下，FOB 价与 CIF 价之间的换算公式为

$$\text{CIF价}=\frac{\text{FOB价}+F\text{（出口运费）}}{1-\text{投保加成}\times\text{保险费率}}$$

$$\text{FOB 价}=\text{CIF 价}\times(1-\text{投保加成}\times\text{保险费率})-F\text{（出口运费）}$$

（3）CFR 价与 CIF 价之间的换算。

$$\text{CIF 价}=\text{CFR 价}+I\text{（出口保险费）}$$

$$\text{CFR 价}=\text{CIF 价}-I\text{（出口保险费）}$$

在已知投保加成率和保险费率的情况下，CFR 价与 CIF 价之间的换算公式为

$$\text{CIF价}=\frac{\text{CFR价}}{1-\text{投保加成}\times\text{保险费率}}$$

$$\text{CFR价}=\text{CIF价}\times(1-\text{投保加成}\times\text{保险费率})$$

2. FCA、CPT 和 CIP 之间的价格换算

（1）FCA 价和 CPT 价之间的换算。

$$\text{CPT 价}=\text{FCA 价}+F\text{（出口运费）}$$

$$\text{FCA 价}=\text{CPT 价}-F\text{（出口运费）}$$

（2）FCA 价和 CIP 价之间的换算。

$$\text{CIP 价}=\text{FCA 价}+F\text{（出口运费）}+I\text{（出口保险费）}$$

$$\text{FCA 价}=\text{CIP 价}-F\text{（出口运费）}-I\text{（出口保险费）}$$

在已知投保加成率和保险费率的情况下，FCA 价与 CIP 价之间的换算公式为

$$\text{CIP价}=\frac{\text{FCA价}+F\text{（出口运费）}}{1-\text{投保加成}\times\text{保险费率}}$$

$$\text{FCA 价}=\text{CIP 价}\times(1-\text{投保加成}\times\text{保险费率})-F\text{（出口运费）}$$

（3）CPT 价与 CIP 价之间的换算。

$$\text{CIP 价}=\text{CPT 价}+I\text{（出口保险费）}$$

则　　　　　　　$$\text{CPT 价}=\text{CIP 价}-I\text{（出口保险费）}$$

在已知保险加成率和保险费率的情况下，CPT 价与 CIP 价之间的换算公式为

$$\text{CPT价}=\text{CIP价}\times(1-\text{投保加成}\times\text{保险费率})$$

$$\text{CIP价}=\frac{\text{CPT价}}{1-\text{投保加成}\times\text{保险费率}}$$

三、出口商品价格的核算

出口商品价格的核算主要是出口报价、还价、成交价格的核算，其中，出口报价是重点，还价、成交价格的核算都是在出口报价基础上进行的。出口报价通常按照如下步骤进行：首先，明确出口价格构成；其次，确定出口成本、费用和利润的计算依据；最后，将各部分数据合理汇总并折算成外币。

出口商品价格核算方法有顺算法和逆算法之分。顺算法是指出口商品的国内人民币成本、费用和利润叠加后除以外汇牌价（买入价），以产生正确的外币报价；而逆算法则是在出口报价产生之后，假设进口商还价为收入减去所有成本和费用、支出等于预期利润的原理来确认外商还价是否可以接受。

在进行出口还价核算时，出口商通常首先要考虑的问题是，根据进口商的还价自己是否还有利润？利润额是多少？计算利润额时可以用单一商品的利润额或是一个品种、一个集装箱或整个订单的利润额作为基数，即单价法或总价法。在具体业务实践中，总价法比较直观且比较精确。除计算利润额以外，有时出口商还要进行利润率的核算，核算利润率的目的是为了将经过还价后的利润率和出口商预期（报价时）的利润率进行比较。

出口成交价格核算是在出口报价核算和出口还价核算后，针对进口商的压价，出口商针对销售利润对销售价格所做的最后决定。

（一）出口报价核算

1. 成本核算

成本核算时要分清购货成本、实际成本和出口总成本。购货成本是指贸易商向生产商或供货商购进商品的价格，亦称进货成本，可以是含增值税的价格，也可以是不含增值税的价格。实际成本是购货成本（含增值税）减去出口退税额。出口总成本是指购货成本加上出口过程中发生的所有国内费用。

（1）购货成本核算。购货成本中包括17%的增值税，而增值税的征收及退还的计算依据货物本身的价格，因此

$$购货成本（含增值税）=不含税货价+增值税额$$
$$=不含税货价×(1+增值税率)$$
$$不含税货价=\frac{购货成本（含增值税）}{1+增值税率}$$

（2）实际成本核算。我国实行出口退税制度，采取对出口商品中的增值税全额退还或按一定比例退还的做法，因此，核算实际成本时应在购货成本（含税价）中减去出口退税额。

$$实际采购成本=购货成本-出口退税额$$
$$出口退税额=不含税货价×出口退税率$$
$$不含税货价=\frac{购货成本（含税货价）}{1+增值税率}×出口退税率$$

2．费用核算

（1）国内费用核算。国内费用主要包括以下几项费用。

① 包装费（packing charges）。通常包括在进货成本中，如有特殊要求，则需另加。

② 报关、仓储费（warehousing charges）。货物出口报关的费用、提前采购或另外存仓的费用。

③ 国内运输费（inland transport charges）。装运前的内陆运输费用，如公路、内河运输费，路桥费，装卸费等。

④ 认证费（certification charges）。办理出口许可证、配额证、原产地证及其他证明所支付的费用。

⑤ 港区港杂费（port charges）。货物装运前在港区码头支付的费用。

⑥ 商检费（inspection charges）。出口商品检验机构检验、检疫货物的费用。

⑦ 捐税（duties and taxes）。国家对出口商品征收、代收或退还的有关税费，如出口关税、增值税等。

⑧ 垫款利息（interest）。出口商买进卖出商品期间垫付资金时支付的利息。

⑨ 业务费（operating charges）。出口商在经营过程中发生的有关费用，也称经营管理费，如通信费、交通费、经营管理费等。

⑩ 银行费用（banking charges）。出口商委托银行向外商收取货款、进行资信调查等支出的费用，包括通知费、寄单费、电汇费、改证费等。

$$银行费用=报价总金额×银行费率$$

（2）国外费用核算。国外费用主要包括以下几项费用。

① 出口运费（freight charges）。出口商支付的海运费用、陆运费用、空运费用以及多式联运费用。其计算方法参见本书第四章"国际货物运输"中运费计算的相关内容。

② 保险费（insurance premium）。出口商购买货运保险或信用保险支付的费用。其计算方法参见本书第五章"国际货物运输保险"中保险费计算的相关内容。

③ 佣金（commission）。出口商向中间商支付的报酬。其计算方法参见本章第三节中佣金计算的相关内容。

3．预期利润

预期利润是根据一定的预期利润率计算的，其计算公式为

$$预期利润=报价×预期利润率$$

以上三项内容确定之后，对其进行汇总后除以外汇牌价（买入价）即可得到出口报价。其计算公式为

$$出口报价（外汇）=\frac{所有国内外支出+预期利润额}{外汇牌价（买入价）}$$

（二）出口还价核算

出口报价是由购货成本、各项费用以及销售利润等正向相加而成，而出口还价的核算则采用逆算法，即假设进口商还价为销售收入减去所有成本和费用、支出，来分析剩余利润的多少，从而决定能否接受对方还价。出口还价的具体计算公式为

$$销售利润=销售收入（折合成人民币的外商还价）-各种费用-实际成本$$
$$实际成本=销售收入-销售利润-各项费用$$
$$某项费用=销售收入-销售利润-其他费用-实际成本$$

测算出来的销售利润可以作为能否接受对方还价的依据；实际成本可以作为是否要求供货部门调价的依据；某项费用可以作为经营者对其进行增减的依据。

（三）出口盈亏核算

在实际业务中，通常用以下三个公式来测算出口商品的盈亏。

1. 出口换汇成本

出口换汇成本是某种商品的出口总成本（人民币）与出口所得的外汇净收入（外币）之比，表示出口某种商品用多少人民币能换回 1 单位外币，即出口净收入 1 单位外币所耗费的人民币数额。若出口换汇成本高于银行外汇牌价，出口为亏损；反之，则说明出口有盈利。其计算公式为

$$出口换汇成本 = \frac{出口总成本（人民币）}{出口销售外汇净收入（外币）}$$

出口总成本是指实际成本加上出口前的一切费用和出口捐税。出口销售外汇净收入是指出口商品按 FOB 价出售所得外汇收入。

2. 出口盈亏率

出口盈亏率是出口盈亏额与出口总成本的比率。出口盈亏额是出口所得的人民币净收入与出口总成本的差额，若人民币净收入大于出口总成本为盈利，反之为亏损。其计算公式为

$$出口盈亏额=(出口销售外汇净收入×外汇买入价)-出口总成本$$
$$=出口销售人民币净收入-出口总成本$$

$$出口盈亏率 = \frac{出口盈亏额}{出口总成本}×100\%$$

3. 出口创汇率

出口创汇率又称作外汇增值率，是指加工成品出口外汇净收入减去进口原料外汇总成本，算出成品出口外汇增值的数额，再将其与进口原料外汇总成本相比，计算出百分率。它用于衡量加工贸易中原料进口外汇支出与成品出口外汇收入比较后外汇的增值情况。其计算公式为

$$出口创汇率 = \frac{加工成品出口外汇净收入-进口原料外汇总成本}{进口原料外汇总成本}×100\%$$

第五节 合同中的价格条款

一、价格条款的主要内容

（一）商品价格的表述

进出口商品的价格通常是指单位商品的价格，简称单价（unit price），包括货币名称、单

价金额、计量单位和贸易术语四项内容。例如：

USD	1000	per doz	CIF London
货币名称	单价金额	计量单位	贸易术语

（二）价格条款的内容

在国际货物买卖中，进出口商通常采用固定作价的方法，因此，合同中的价格条款一般包括两项基本内容：商品单价（unit price）和总值（total amount）。总值是指商品单价同成交数量的乘积，即货物总金额。表示总值使用的货币和单价使用的货币应一致。价格条款有时还包括定价方式、计价货币、支付货币和价格保值条款等。对佣金和折扣应视交易的具体情况，合理地运用和规定。

二、价格条款实例

1．进出口合同中普通的价格条款

例如：

USD2130 per M/T FOB Dalian.

每公吨 2130 美元 FOB 大连。

2．进出口合同中包含佣金的价格条款

例如：

USD2130 per M/T FOB Dalian including 5% commission. The commission shall be payable only after seller has received the full amount of all payment due to seller.

每公吨 2130 美元 FOB 大连（含 5%佣金），佣金以卖方收到全部货款为条件。

3．价格中包含价格调整条款

例如：

USD213 000 per set FOB Shanghai. Seller reserves the right to adjust the contracted price, if prior to delivery, there is any variation in the cost of labor or raw material or component parts.

每套设备 213 000 美元 FOB 上海。如果在交货前劳动力、原材料成本或其组成部分发生任何变化，卖方有权调整合同价格。

4．价格中包含汇率变动条款

例如：

USD266 per M/T CFR Karachi. Exchange risks, if any, for buyer's account.

每公吨 266 美元 CFR Karachi。如有任何汇率风险，应由买方承担。

复习思考题

1．在进出口贸易中，有哪几种定价方法？

2．在进出口贸易中，选择计价货币和支付货币时应考虑哪些因素？

3．FOB、CFR 和 CIF 价格如何互相换算？

4．某公司出口某商品对外报价为 FOB 汕头每打 20 美元，外商回电要求改报 CIF 伦敦英镑价。汕头至伦敦的运费为每打 3 美元，按 CIF 价加一成投保一切险，保险费率为 1%。请问：该公司应如何报 CIF 价？（人民币对英镑的汇率为 9.06∶1）

5. 某公司出口商品 1000 箱，对外报价为每箱 30 美元 FOBC3%广州，外商要求将价格改报为每箱 CIFC 5%汉堡。已知该批商品的运费是每箱 1 美元，保险费是 FOB 价的 0.8%。请问：① 要维持出口销售外汇净收入不变，CIFC 5%应报多少？② 若卖方国内进货成本为每箱 180元人民币，每箱的商品流通费为进货成本的 3%，出口退税为 30 元人民币/箱，则该批商品的出口销售换汇成本和盈亏率各是多少？

6. 某批商品的报价为每打 60 美元 CIF 香港，若该批商品的运费是 CIF 价的 2%，保险费是 CIF 价的 1%，外商要求将价格改报为 FOBC 3%。请问：① FOBC 3%应报多少？② 若卖方国内进货价为每打 380 元人民币，出口的费用和税金合计为 15 元人民币/打，则该批商品的出口销售换汇成本和盈亏率各是多少？

 案例分析题

1. 我国某公司从某国进口一批货物，合同规定用信用证结算。我方如期开立信用证，但在信用证将要到期时，进口商应出口商的要求修改信用证，出口商限定 7 天内修改，而进口商要求 10 天内修改，最后出口商同意修改期限为 10 天，但提出必须先出运 80%的货物，其余20%需提高价格。请问：① 合同成立后，出口价格可随市场行情升降吗？② 如果仅销售 80%仍有利可图，20%的余量可以取消吗？③ 为防止出口商变相涨价，在合同或者信用证中应该如何加以限制？

2. 上海某进出口公司出口棉布到美国，正好美国中间商主动来函与我方公司联系，表示愿意帮助其推销棉布，并要求按每笔交易成交额的 5%提取佣金。不久，我方公司与美国某公司达成 CIF 旧金山包含 5%佣金的合同，合同总金额为 50 000 美元，装运期为订约后 2 个月从上海港装运。合同签订后，美国中间商即来电要求我方公司立即支付 2500 美元佣金。我方公司复电：佣金需待货物装运并收到全部货款后才能支付，双方发生争议。请问：这起争议发生的原因是什么？应如何避免争议的发生？

 技能拓展训练

目的：掌握出口报价核算的方法。

资料：我国某进出口公司欲向巴基斯坦客户出口某种工艺品 100 纸箱，该产品国内购进价为每件 25 元人民币（含税价），每 50 件装一纸箱，包装费用每箱 100 元，国内运杂费共1200 元，商检报关费 400 元，各种港口费用 400 元，公司分摊的相关管理费用 800 元。经核实，该批货物出口需国外运费 700 美元，如由我方办理保险，按 CIF 成交价加一成投保一切险，保险费率为 0.5%。另外，该商品的出口退税率为 12%，假设该公司的预期利润为 10%。

要求：试报该产品 FOBC3%Karachi 及 CIFC3%Karachi 价格（美元对人民币的汇率为1∶6.5）。

第七章　国际货款的收付

【引导案例】

信用证单证不符致银行拒付案例

案情描述：国外一家贸易公司与我国某进出口公司订立合同，购买小麦 500 吨。合同规定，2020 年 1 月 20 日前开出信用证，2 月 5 日前装船。1 月 28 日买方开来信用证，有效期至 2 月 10 日。由于卖方按期装船发生困难，故电请买方将装船期延至 2 月 17 日，并将信用证有效期延长至 2 月 20 日，买方回电表示同意，但未通知开证行。2 月 17 日货物装船后，卖方到银行议付时，遭到拒绝。请问：银行是否有权拒绝付款？为什么？

案例分析：银行有权拒绝付款。理由是：UCP600 规定，信用证虽是根据买卖合同开出的，但一经开出就成为独立于买卖合同的法律关系。银行只受信用证条款约束，而不受买卖双方之间合同的约束。虽然合同条款改变，但信用证条款未改变，银行只能按原信用证条款办事。此案例中买卖双方达成修改信用证的协议并未通知银行并得到银行同意，因此，银行可以拒付。

【教学目标】

通过本章的学习，使学生了解国际货物贸易中货款收付的基本知识；理解国际货款收付中不同支付工具、方式及其特点；掌握国际货物买卖合同中支付条款的规定方法。

【教学重点】

汇付、托收、信用证的基本业务流程；各种支付方式的结合使用。

【教学难点】

信用证的业务流程；审核和修改信用证；信用证项下单据的缮制。

第一节　票　据

一、票据的概念和特点

（一）票据的概念

票据有广义和狭义之分。广义的票据一般是指商业上的权利凭证，如海运提单、存款单、股票、证券等。狭义的票据是指以支付一定金钱为目的的、可以流通转让的证券，即票据是出票人签发的约定由自己或另一人无条件地支付确定金额的、可流通转让的书面支付凭证。国际贸易中货款的收付和结算中使用的票据通常是指狭义的票据。

根据《中华人民共和国票据法》（以下简称《票据法》）的规定，狭义的票据专门指汇票、本票和支票三种，其中最常用的是汇票。

（二）票据的特点

1. 无因性

票据的无因性指票据的权利与义务在票据签发后即生成，持票人拿到票据后，就已经取得票据所赋予的全部权力。

2. 要式性

票据的要式性指票据是具有一定权力的凭证，体现在付款请求权、追索权。各国的票据法对票据的形式和内容都有标准化和规范化的规定。

3. 流通性

票据是可以流通转让的证券。除了票据本身的限制外，票据可以凭背书和交付而转让，并在票据市场上流通。

二、汇票

（一）汇票的定义

英国《票据法》规定，汇票（bill of exchange/draft）是由一人签发给另一人的无条件书面命令，要求受票人见票时或于未来某一规定的或可以确定的时间，将一定金额的款项支付给某一特定的人、其指定的人或持票人。

我国《票据法》规定，汇票是出票人签发的，委托付款人在见票时或者在指定日期无条件支付确定的金额给收款人或持票人的票据。

（二）汇票的内容

我国《票据法》规定，汇票必须载明下列事项，即要式齐全。

1. 表明"汇票"的字样

"汇票"字样如"bill of exchange""exchange""draft"等字样。这样做的目的是为了方便使用者辨认，防止伪造汇票，以及与本票和支票等其他支付工具相区别。

2. 表明无条件支付的命令

汇票是出票人指定付款人支付款项给收款人的无条件支付命令，它既不是一项请求，也不能附带任何条件，只能用无条件支付命令的文句表示，而且无条件支付是一次性的，不能分期支付。

3. 确定的金额

汇票有确定的金额，用文字大写和数字小写表示。汇票上的金额书写有严格的规定：汇票大写金额必须与其小写金额一致，否则汇票无效；如果用信用证支付，汇票金额一般不得超过信用证规定的总金额，除非信用证金额有"大约"等字样，可按10%的增减幅度调整金额；

汇票金额大小写不允许涂改，如有涂改必须加盖校对章；汇票金额应与商业发票金额完全一致。

4. 付款人名称

付款人（payer），即汇票的受票人（drawee），是接受支付命令付款的人。在进出口业务中，如果是信用证支付，一般以开证行或其指定银行为付款人，而如果信用证未规定付款人名称，汇票付款人应填开证行名称；如果是用托收方式支付，则付款人为进口商。

5. 收款人名称

汇票收款人（payee），也称作汇票受款人或汇票抬头人，是汇票的主债权人，在进出口业务中通常是出口商自己或其指定的银行。汇票的收款人（抬头人）有以下三种写法。

（1）限制性抬头（restrictive order），如"仅付给××公司"（pay to ×× Co. only），或"付给××公司，不准转让"（pay to ×× Co. not transferable），这种抬头的汇票不可转让流通，只限指定公司收取货款。

（2）指示性抬头（demonstrative order），如"付给××公司或其指定人"（pay to ××Co. or order 或者 pay to the order of ×× Co.）。这是目前出口业务中使用最广泛的汇票类型，汇票的格式上也印妥"pay to the order"字样，这种抬头的汇票经过背书可以转让给第三者。

（3）持票人或来人抬头（payable to bearer），如"付给来人"（pay bearer）或"付给××或来人"（pay ×× or bearer）。这种抬头的汇票交付即可转让，无须经过背书手续。这种抬头的汇票由于安全性低，在出口业务中很少使用。

托收方式下汇票的收款人（受款人）一般是卖方或者卖方委托的银行，即以托收行为受款人，即托收方式下的汇票受款人一般使用限制性抬头。信用证方式下汇票收款人（受款人）一般使用指示性抬头，即凭指示或凭议付行指示，抬头为"pay to order"或者"pay to the order of ×××（Bank）"。

6. 出票日期

出票日期（date of issue）是汇票上记载的出票人（drawer）签发汇票的日期。通过出票日期可以确定出票人在签发汇票时有无行为能力，而且可以据此确定远期汇票的提示日、承兑日和到期付款日等。

信用证方式下一般以议付日期作为汇票的最迟出票日期。按规定，汇票的出票日期不得超过信用证规定的有效期，也不得超过信用证规定的交单期限。

7. 出票地点

出票地点（place of issue）是开立汇票的国家和地区。汇票上显示出票地点的作用在于决定出票行为所依据的法律。我国《票据法》规定，如果汇票上未记载出票地点，则以出票人的营业场所、住所或者经常居住地为出票地。信用证方式下的汇票出票地点一栏一般填写议付行和出票人所在地。

8. 出票人签章

按照各国票据法的规定，汇票须经出票人签字盖章（signature of drawer）后才能生效。如果汇票的出票人是公司等法人，则由其授权人签名，即信用证的受益人（出口商）必须在其出具的汇票上签字盖章才能生效，以示出票人对该汇票承担责任，而且出票人的签章必须与其出具的商业发票等其他单据的签章一致。

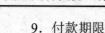

9．付款期限

付款期限（tenor）又称作付款到期日，是付款人履行付款义务的日期。汇票的付款期限主要有两种：即期付款与远期付款。如果汇票上未记载付款日期，视为见票即付（at…sight）；如果汇票上记载未来的特定日期或一定期限付款，视为远期付款。如果信用证条款并未明确汇票的付款期限，则可视为即期付款。

另外，每张汇票都要求有编号（No.）和写明出票条款（drawn clause）。

（三）汇票的种类

国际货款收付中使用的汇票，从不同的角度可以分为以下几种。

1．银行汇票和商业汇票

按出票人不同，汇票可分为银行汇票和商业汇票。

（1）银行汇票（banker's draft）是由银行开立的汇票。银行汇票的出票人和付款人都是银行，这是银行汇票和商业汇票的主要区别之一。银行汇票一般为光票，不随附货运单据。

（2）商业汇票（commercial draft）是由工商企业或个人开立的汇票。付款人可以是工商企业或个人，也可以是银行。商业汇票大多随附有货运单据，属于跟单汇票。

2．即期汇票和远期汇票

按付款时间不同，汇票可分为即期汇票和远期汇票。

（1）即期汇票（sight draft/demand draft）又称"见票即付"汇票，是持票人向付款人提示，付款人见票时立即付款的汇票。银行汇票多为即期汇票。

（2）远期汇票（time draft/usance draft）是付款人在未来某一规定的日期或一定期限付款的汇票。远期汇票的付款时间主要有以下四种规定方法。

① 指定日付款（fixed date）。指定日付款指汇票上订明在某年某月某日付款，如"payment on 5th Oct, 2017"。

② 出票后若干天付款（at…days after date）。出票后若干天付款指汇票上载明自出票之日起，在一定期限内付款，根据所规定的期限，表示为"at ×× days after date of draft "。

③ 见票后若干天付款（at…days after sight）。见票后若干天付款指汇票上载明自付款人承兑之日起，经过一定时期付款，根据所规定的期限，表示为"at ×× days after sight"。这种远期汇票在实际业务中最常见。

④ 提单签发日后若干天付款（at…days after date of bill of lading），指汇票上载明自提单签发之日起，经过一定时期付款。若要求以提单签发日后第30天到期付款，则表示为"at 30 days after date of bill of lading"。

3．商业承兑汇票和银行承兑汇票

按承兑人不同，汇票可分为商业承兑汇票和银行承兑汇票。

（1）商业承兑汇票（commercial acceptance draft）是由企业或个人作为付款人并经其承兑的远期汇票。企业或个人承兑后即承担汇票到期付款的法律责任，因而属于商业信用。信用证中使用的远期汇票即属于此种汇票。

（2）银行承兑汇票（banker's acceptance draft）是银行作为付款人并经其承兑的远期汇票。银行承兑后即承担汇票到期付款的法律责任，因而属于银行信用。

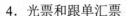

4．光票和跟单汇票

按流转时有无随附单据，汇票可分为光票和跟单汇票。

（1）光票（clean draft）又称净票或白票，是不随附货运单据的汇票。视使用场合不同，光票的出票人既可以是工商企业或个人，也可以是银行。

（2）跟单汇票（documentary draft）是随附货运单据的汇票，如汇票后随附海运提单、商业发票、装箱单、保险单等。在国际贸易中，大多使用跟单汇票。

一份汇票通常同时具备几种属性。例如，一份商业汇票可以是即期的跟单汇票，一份远期的商业跟单汇票，同时又是银行承兑汇票。

（四）汇票的使用

汇票的使用，又称汇票票据行为，是以行为人在汇票上进行必备事项的记载、完成签章（名）并交付为要件，以发生或转移票据权利、负担票据债务为目的的法律行为。汇票票据行为一般包括出票、提示、承兑、付款等。汇票如需转让，通常需经过背书行为。当汇票遭到拒付时，还涉及提交拒绝付款证明书和行使追索权等行为。

1．出票

出票（issue），即开立汇票，是指出票人签发汇票并将其交给收款人的行为。出票由三个步骤组成：一是由出票人写成汇票，或在事先印就的格式中填写空白部分的内容；二是在汇票上签字、盖章；三是由出票人将填制好的汇票交付给受票人。汇票出票后出票人与受票人的债权债务关系即告成立，汇票开始生效。

商业汇票通常签发一式两份，其中一份写明"正本"（original）或"第一份汇票"（first of exchange），另一份则写明"副本"（copy）或"第二份汇票"（second of exchange）。两份汇票具有同等法律效力，但其中一份承兑或付款后，另一份即作废。为了防止重复承兑和付款，一般汇票上均写明"付一不付二"或"付二不付一"。银行汇票通常只签发一份。

2．提示

提示（presentation）又称见票（sight），是指持票人或收款人向承兑人或付款人出示汇票要求承兑或付款的行为。提示分为承兑提示和付款提示。

（1）承兑提示（presentation for acceptance）。承兑提示是指远期汇票的持票人向付款人出示汇票，要求付款人承诺到期付款的行为。

（2）付款提示（presentation for payment）。付款提示是指即期汇票或到期的远期汇票的持票人向付款人或承兑人要求付款的行为。

承兑提示和付款提示均应在法定期限内进行。我国《票据法》规定，见票即付和见票后定期付款的汇票自出票日后1个月内提示；定日付款或出票日后定期付款的汇票应在汇票到期日前向付款人提示承兑；已经承兑的远期汇票应在自到期日起10日内提示付款。

3．承兑

承兑（acceptance）是指远期汇票付款人在持票人提示汇票时，明确表示同意按出票人的指示在远期汇票到期日承担到期付款责任的行为。我国《票据法》规定，汇票付款人应当自收到提示承兑之日起3日内承兑或拒绝承兑；付款人承兑汇票时不能附有条件，否则视为拒绝承兑。办理承兑时应由付款人在汇票正面写上"承兑"字样，注明承兑的日期，并由付款人签名，交还收款人或其他持票人。付款人对汇票做出承兑，即成为承兑人。汇票一经承兑，

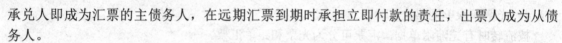

承兑人即成为汇票的主债务人，在远期汇票到期时承担立即付款的责任，出票人成为从债务人。

4. 付款

付款（payment）是指即期汇票的付款人和远期汇票的承兑人接到付款提示时，履行付款义务的行为。对即期汇票，当持票人提示汇票时，付款人应立即付款；而对远期汇票，付款人经过承兑后，在汇票到期日付款。付款后，汇票上的一切债权、债务即告终止。

5. 背书

背书（endorsement）是指持票人（背书人）在汇票背面签上自己的名字或再加上受让人（被背书人）的名字，并把汇票交给受让人的行为。

背书是转让票据权利的一种法定手续。经过背书，汇票的权利由背书人（endorser）转让给被背书人（endorsee），即受让人，被背书人获得票据所有权。对于受让人来说，所有在他之前的背书人以及原出票人都是他的"前手"；而对于出让人来说，所有在他出让以后的受让人都是他的"后手"，前手对后手负有担保汇票必然会被承兑或付款的责任。通常情况下，经过背书的汇票可以在国际金融市场上和国际结算中流通和转让。

常见的背书方法主要有以下三种。

（1）限制性背书（restrictive endorsement）。限制性背书即不可转让背书，是指汇票背面不仅有背书人的签章，还写明具体受让人。例如，仅付××公司（pay to ×× Co.only）或付给××银行，不得转让（pay to ×× Bank, not transferable）。这种汇票经背书后不得再转让。

（2）空白背书（blank endorsement）。空白背书也称不记名背书，是指汇票背面只有背书人名称、签章，不写明受让人名称。此类背书只凭受让人交付即可转让。

（3）记名背书（special endorsement）。记名背书是指汇票背面既有背书人名称和签章，又有受让人（被背书人）名称和签章。这种背书的受让人可继续背书将汇票转让，转让时可以是空白背书，也可以是记名背书。例如，付给××公司或其指定人（pay to ×× Co. or order 或者 pay to the order of ×× Co.）。

6. 拒付与追索

拒付（dishonour）又称退票，是指持票人提示汇票要求承兑或付款时遭到付款人拒绝承兑或付款的行为。因此，拒付包括拒绝付款和拒绝承兑。此外，付款人拒不见票、死亡或宣告破产，以致付款事实上已不可能实现时，也称拒付。

追索权（right of recourse）是指汇票遭到拒付时，持票人对其前手（出票人、背书人）有请求其偿还汇票金额及费用的权利。按照国际通行规则，持票人进行追索时，应将拒付事实书面通知其前手，并提供被拒绝承兑或被拒绝付款的证明书或退票理由书。如拒付的汇票已经承兑，出票人可凭以向法院起诉，要求承兑人付款。因此，汇票的出票人、背书人、承兑人和保证人对持票人承担连带责任。

有时汇票的出票人或背书人为了避免承担被追索的责任，会在出票时或背书时加注"不受追索"（without recourse）字样。凡加注"不受追索"字样的汇票，在票据市场上难以流通。

三、本票

（一）本票的定义

我国《票据法》规定，本票（promissory note）是出票人签发的，承诺自己在见票时无条件支付确定的金额给收款人或持票人的票据。

英国《票据法》规定，本票是一人向另一人签发的，保证见票时、定期或在可以确定的将来的时间，对某人、其指定的人或持票人支付一定金额的无条件书面承诺。

（二）本票的内容

各国票据法对本票内容的规定不同，我国《票据法》规定，本票必须载明下列事项。

（1）表明"本票"的字样。

（2）无条件支付的承诺。

（3）确定的金额。

（4）收款人名称。

（5）出票日期。

（6）出票人签章。

除了以上必须记载的内容外，本票还记载有其他重要事项，如付款地点、出票地点和付款期限等。

（三）本票的种类

1. 银行本票和商业本票

按出票人不同，本票可分为银行本票和商业本票。

银行本票是指由银行签发的本票。在我国，本票仅限于由银行或其他金融机构签发。但在国际上，许多国家的票据法规定除银行签发本票外，也允许工商企业签发本票。

商业本票又称一般本票，是由公司、商号或个人签发的本票。

2. 即期本票和远期本票

按付款时间不同，本票可分为即期本票和远期本票

即期本票是见票即付本票。

远期本票是承诺在未来某一规定的或可以确定的日期支付票款的本票。

商业本票既可以是即期本票，也可以是远期本票。我国《票据法》规定，银行本票均为见票即付的即期票据。

四、支票

（一）支票的定义

我国《票据法》规定，支票（cheque/check）是出票人签发的，委托办理支票存款业务的银行或者其他金融机构在见票时无条件支付确定的金额给收款人或者持票人的票据。

英国《票据法》规定，支票是以银行为付款人的即期汇票。它是银行存款人（出票人）

对银行（付款人）签发的授权银行对某人或其指定的人或持票人即期支付一定金额的无条件书面命令。

支票的基本当事人和汇票一样，包括出票人、付款人和收款人。出票人是在银行开设存款账户并且与银行订有支票协议的支票签发人。付款人是出票人的开户银行。

我国《票据法》规定，出票人必须按照签发的支票金额承担保证向该持票人付款的责任。出票人在付款人处的存款足以支付支票金额时，付款人应当足额付款，同时规定，出票人签发的支票金额不得超过其在付款人处的存款金额，超过时签发的支票称为空头支票，法律禁止签发空头支票。

（二）支票的内容

根据我国《票据法》的规定，支票必须记载的内容包括以下几项。

（1）表明"支票"的字样。

（2）无条件支付的委托。

（3）确定的金额。

（4）付款人名称。

（5）出票日期。

（6）出票人签章。

缺少上述任何一项，支票无效。支票上未记载收款人名称的，经出票人授权，可以补记。

（三）支票的种类

1．记名支票和不记名支票

按抬头不同，支票可分为记名支票和不记名支票。

记名支票（check payable to order）是指在支票的收款人一栏写明收款人的姓名。

不记名支票（check payable to bearer），也称空白支票，是指支票上不记载收款人姓名，只写"付持票人"（pay bearer）。

2．银行支票和商业支票

按签发人不同，支票可分为银行支票和商业支票。

银行支票（banker's check）是指由银行签发并由银行付款的支票。

商业支票（trade's check）是指由工商企业或个人签发的支票，其付款人是银行。

3．现金支票和转账支票

按能否支付现金，支票可分为现金支票和转账支票。

我国《票据法》规定，在支票上印有"现金"字样的为现金支票，现金支票只能用于支取现金。在支票上印有"转账"字样的为转账支票，转账支票只能用于通过银行或其他金融机构转账结算。

4．划线支票和保付支票

按支票本身的特征，支票可分为划线支票和保付支票。

划线支票（crossed check）是指在普通支票正面左上角画两道平行线的支票。划线支票只能委托银行代收款转账，不能支取现金。

保付支票（certified check）是指由付款银行在支票上加盖"保付"戳记并签字的支票。支票一经保付，付款银行就负有绝对付款的义务。

第二节 汇 付

一、汇付的含义

（一）汇付的含义

汇付（remittance）又称汇款，是指付款人通过银行或其他途径主动将款项汇交收款人的支付方式。在进出口业务中，买卖双方如果采用汇付方式支付货款，一般是由买方（进口商）按照进出口合同约定的时间和条件，将货款通过银行汇交给卖方（出口商）。

（二）汇付的当事人

在汇付支付方式中通常有四个当事人，即汇款人、汇出行、汇入行和收款人。

（1）汇款人（remitter），即汇出款项的人。在进出口业务中，通常为进口商或其他经贸往来中的债务人。

（2）汇出行（remitting bank），即受汇款人的委托汇出款项的银行。在进出口业务中，通常为进口商所在国（地）银行。

（3）汇入行（paying bank），即受汇出行委托解付汇款的银行。在进出口业务中，一般为汇出行在国外的代理行或分支行，通常为出口商所在国（地）银行。

（4）收款人（payee），即收取款项的人。在进出口业务中，通常为出口商或其他经贸往来中的债权人。

二、汇付的种类

根据汇出行向汇入行发出汇款委托的方式不同，可将汇付分为电汇、信汇和票汇。

（一）电汇

电汇（telegraphic transfer，简称 T/T）是汇出行应汇款人的申请，拍发加密押的电报或以 SWIFT 方式给其在另一国的分行或代理行（汇入行），指示解付一定金额给收款人的汇款方式。

密押（test key）是 20 世纪 90 年代前银行间收发电报的密电码。20 世纪 90 年代后，SWIFT 系统传递的信息由计算机系统自动加密和核对。解付是汇票到期后，受理银行根据票据的内容给票据持有人付款的一种行为。汇出行给汇入行的电报或邮件须加注密押，以便汇入行核对金额，确保委托付款的真实性。电汇收付的业务流程如图 7-1 所示。

（二）信汇

信汇（mail transfer，简称 M/T）是汇出行应汇款人的申请，将信汇委托书邮寄给汇入行，授权解付一定金额给收款人的汇款方式。它的业务流程与电汇相同，只是用邮政信件方式寄发委托通知，目前业务中较少使用。

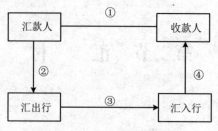

图 7-1　电汇收付的业务流程

说明：

① 汇款人与收款人确定采用电汇方式。

② 汇款人将应汇出款项及手续费等交给汇出行。

③ 汇出行用电报（邮件或传真）加密押后通知汇入行付款。

④ 汇入行将汇入金额支付给收款人（或计入收款人账户）。

信汇委托书不必加注密押，汇入行在核对汇出行信汇委托书上的签章确认无误后才能解付。信汇的特点是收费低廉，相应地，付款速度慢，资金在途时间长。

（三）票汇

票汇（remittance by banker's demand draft，简称 D/D）是汇出行应汇款人的申请，代汇款人开立以其国外分行或代理行为解付行的银行即期汇票（banker's demand draft）交予汇款人，汇款人将汇票自行寄给收款人，收款人凭以向指定银行取款的汇款方式。票汇收付的业务流程如图 7-2 所示。

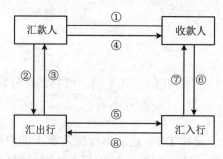

图 7-2　票汇收付的业务流程

说明：

① 汇款人与收款人确定采用票汇方式。

② 汇款人将应汇出款项及手续费等交给汇出行。

③ 汇出行按汇出金额将银行汇票交给汇款人。

④ 汇款人将银行汇票寄给收款人。

⑤ 汇出行在开出银行汇票的同时，向汇入行邮寄一份票汇通知书，供汇入行核对。

⑥ 收款人收到银行汇票后向汇入行提示付款。

⑦ 汇入行核验收款人身份后付款。

⑧ 汇入行向汇出行邮寄付讫借记通知并进行转账。

三、汇付的使用

在国际贸易中，货款支付要考虑两个问题：一是货款如何从进口方转移到出口方；二是付款与交货如何安排。汇付方式只解决了货款如何从进口方转移到出口方的问题，没有解决付款与交货如何安排的问题。进出口方必须就"付款与交货如何安排"的问题进行磋商，确定是先交货，还是先付款。在实际业务中，进、出口方在汇付方式下安排付款与交货的方法主要有以下几种。

（一）预付货款

预付货款（payment in advance）是指卖方要求买方先将货款的全部或一部分通过银行采用汇付方式汇交卖方，卖方收到货款后，根据买卖双方事先签订的合同，在一定时间内或立即将货物发运并寄交货运单据至买方的支付方式。

这种方式对出口方有利，对进口方不利。如果进口方不得不采用该方式时，就要尽量减少其收货风险。一般做法是进口商通过银行与出口商达成解付款项条件（即解付条件）的协议，内容包括收款人取款时要出具银行保函，担保在收款后如期履行交货义务，否则，退还已收货款并加付利息；出口商保证提供全套货运单据等。

（二）随单付款

随单付款（cash with order, CWO）是指买方在向卖方发出货物后，立即汇付货款给卖方，或把银行汇票随订单一起寄给卖方。在特殊产品加工或小额买卖时，买方会使用随单付款，畅销、稀缺商品也会使用这种方式。

（三）凭单付汇

凭单付汇（cash against documents, CAD）是指进口方通过银行将款项汇给出口方所在地银行，并指示该行凭出口方提供的某些商业单据或某种装运证明把货款付给出口方。

在这种方式下，进口方凭单付汇，是有条件的汇款，可以防止出口方支取货款后不交货或不按合同的有关规定交货。出口方只要及时按合同交货，就可以立即凭货运单据和其他单据向汇入行支取全部货款。

（四）货到付款

货到付款（cash on delivery, COD）是指在订立合同后，出口商先发货，货到目的地后，进口商须将全部货款交付出口商或其代理人，方可取得货物。货到付款方式对进口商比较有利，对出口商不利。出口商不仅要占用资金，而且要承担货物已发运而货款不能收回或不能按时收回的风险。

（五）赊销

赊销（open account, OA）是指出口商将货物发送给进口商，在没有得到付款或付款承诺的情况下，就将货物运输单据交给进口商，让进口商先行提取货物销售，然后再结算货款。

在 OA 方式下，对买方比较有利，而卖方风险非常大，因此在实务中很少使用。

第三节　托　　收

一、托收的含义

托收（collection）是出口商（债权人）出具汇票委托银行向进口商（债务人）收取货款的一种支付方式。其具体做法是出口商（卖方）先行发货，然后开立以进口商（买方）为付款人的汇票，或随附有关单据（如海运提单、保险单、商业发票等），委托出口地银行通过其在进口地的分行或代理行向进口商收取货款的一种结算方式。在托收业务中涉及的当事人通常有以下几个。

（1）委托人（principal）。委托人是委托银行办理托收业务的人，即托收业务中汇票的出票人，通常为买卖合同中的卖方（出口商）。

（2）托收行（remitting bank）。托收行是接受委托人的委托办理托收业务的银行，即委托人的代理人，通常是出口地银行。

（3）代收行（collection bank）。代收行是接受托收银行的委托向付款人收款的银行，即托收行在国外的代理行或分支行，通常是进口地银行。

（4）付款人（drawee，payer）。付款人是根据托收指示付款的人，即汇票的受票人，通常是买卖合同中的买方（进口商）。

（5）提示行（presenting bank）。提示行是向付款人提示汇票或单据的银行，一般情况下由代收行自己兼任。

（6）需要时的代理（principal's representative in case of need）。在托收业务中，如果发生拒付，委托人可指定付款地的代理人代为料理货物存仓、转售、运回等事宜，这个代理人就是需要时的代理。

二、托收的种类

根据所使用汇票是否附带商业单据，托收可分为光票托收和跟单托收。

（一）光票托收

光票托收（clean collection）是委托人只签发汇票，不随附商业单据的托收，即委托人提交汇票和托收委托书给银行，委托银行代为收款。在光票托收中，出口商通过银行向进口商收款时，只将托收委托书和汇票交给托收银行，再转交给代收行，由代收行向进口商提示，而其他单据则由出口商直接寄给进口商。目前，光票托收在国际贸易货款的收付中较少使用，一般用于货款尾款、佣金、费用等小额款项的收取。

（二）跟单托收

跟单托收（documentary collection）是委托人签发的汇票后附有商业单据或不附有汇票的

商业单据的托收。在跟单托收中，出口商签发汇票连同商业单据（海运提单、保险单、商业发票、装箱单等）一起交给银行委托其向进口商代收货款。

按照向付款人（进口商）交单条件的不同，跟单托收分为付款交单和承兑交单两种。

1. 付款交单

付款交单（documents against payment，简称 D/P）是出口商的交单以进口商的付款为条件，即出口商发货后，取得商业单据并签发汇票委托银行办理托收，指示银行只有在进口商付清货款后，才能把所有单据交给进口商。

在付款交单情况下，按照付款时间的不同，又分为即期付款交单和远期付款交单。

（1）即期付款交单（documents against payment at sight，简称 D/P at sight）。即期付款交单是指出口商发货后，签发即期汇票连同商业单据通过银行向进口商提示，进口商见票时立即付款，然后向银行取得商业单据。

即期付款交单的业务流程如图 7-3 所示。

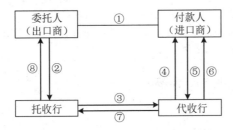

图 7-3　即期付款交单的业务流程

说明：

① 进出口双方在合同中规定用即期付款交单方式收付货款。

② 出口商按合同规定装运货物后，填写托收申请书，开立即期汇票连同货运单据交托收行，委托代收货款。

③ 托收行根据托收申请书缮制托收委托书，连同汇票、货运单据寄交进口地代收行委托代收货款。

④ 代收行按照托收委托书的指示向进口商提示汇票与单据。

⑤ 进口商付清货款。

⑥ 代收行将单据交给进口商。

⑦ 代收行办理转账并通知托收行款已收妥。

⑧ 托收行将货款交给出口商。

（2）远期付款交单（documents against payment after sight，简称 D/P after sight）。远期付款交单是指出口商发货后，签发远期汇票连同商业单据通过银行向进口商提示，进口商审核单据无误后在汇票上承兑，于汇票到期日付清货款后才能取得商业单据。

2. 承兑交单

承兑交单（documents against acceptance，简称 D/A）是出口商的交单以进口商的承兑为条件，即出口商发货后，签发远期汇票连同商业单据通过银行向进口商提示，进口商审核单据无误并在汇票上承兑后，代收银行即将商业单据交给进口商，在汇票到期日进口商才履行付清货款义务。承兑交单只适用于远期汇票的托收。承兑交单的业务流程如图 7-4 所示。

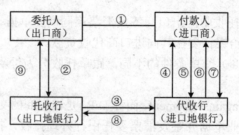

图 7-4　承兑交单的业务流程

说明：

① 进出口双方当事人在合同中规定采用承兑交单方式收付货款。

② 出口商按合同规定装运货物后，填写托收申请书，开立远期汇票连同货运单据交托收行，委托代收货款。

③ 托收行根据托收申请书缮制托收委托书，连同远期汇票、货运单据寄交进口地代收行，委托代收行收取货款。

④ 代收行按照托收委托书的指示向进口商提示远期汇票和单据。

⑤ 进口商在汇票上做出承兑后，取得全套货运单据，并将已承兑的汇票交还给代收行。

⑥ 代收行在汇票到期日再做付款提示。

⑦ 进口商付清货款。

⑧ 代收行办理转账并通知托收行款已收妥。

⑨ 托收行将货款交给出口商。

三、使用托收应当注意的事项

（一）调查进口商的资信情况、经营能力和经营作风

首先，在交易磋商前和成交前要通过媒体、同行和专业渠道调查进口商的资信情况、经营能力和经营作风。其次，根据不同进口商的具体情况，结合不同的信用等级，并采用不同的托收方式。具体业务中首选即期付款交单，然后是远期付款交单，对承兑交单严格把握。妥善掌握每笔托收业务的具体成交金额，一般不宜超过进口商的信用额度。

（二）了解进口国的有关贸易法规和商业惯例

对于贸易管理和外汇管制较严格的国家和地区，不宜使用托收方式，以免承担货到目的地后由于不准进口造成货物滞留，或未申请到外汇而无法付款的风险和损失。出口商应了解进口国的商业惯例，以避免无法安全收汇。例如，有些国家的银行按照当地的法律和习惯把远期付款交单按承兑交单处理，从而令出口商增加收汇的风险并产生争议和纠纷。

（三）争取按照有利于出口商的贸易术语成交

例如，出口时争取按 CIF 或 CIP 术语成交，由出口商办理货物运输保险或投保出口信用险。如果用 FOB、CFR 或 CPT 术语成交，可投保"卖方利益险"。

（四）明确买卖双方的责任

在进出口合同中订立价格、支付、装运、保险、争议和索赔等条款时做到严谨细致，明

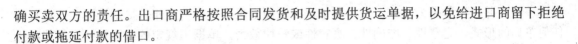

确买卖双方的责任。出口商严格按照合同发货和及时提供货运单据，以免给进口商留下拒绝付款或拖延付款的借口。

（五）制定防范托收风险的措施

出口商应建立、健全经营和财务方面的出口管理制度，做到托收风险的事前、事中、事后防范和控制，以避免或减少可能发生的损失。例如，制定托收前对进口商的资信调查制度，寻找进口国可靠的代理商；业务进行中信息的及时反馈，货款的定期检查和催收；拒付前后的补救和应对措施等。

第四节　信　用　证

一、信用证概述

（一）信用证的含义

根据《跟单信用证统一惯例》（*Uniform Customs and Practice for Documentary Credits*，国际商会第600号出版物，简称UCP600）第二条定义：信用证意指一项约定，无论其如何命名或描述，该约定不可撤销并因此构成开证行对于相符提示予以兑付的确定承诺。其中，兑付意指：对于即期付款信用证即期付款；对于延期付款信用证发出延期付款承诺并到期付款；对于承兑信用证承兑由受益人出具的汇票并到期付款。

简言之，信用证（letter of credit，简称 L/C）是开证行根据申请人的请求，向受益人开立的有一定条件的、在一定金额和期限内凭规定单据承诺付款的书面保证文件。

（二）信用证的性质和特点

1．开证行承担第一付款责任

《跟单信用证统一惯例》规定，开证行自其开立信用证时起，为其承付承担不可撤销的责任。因此，信用证一旦开立，开证行负第一付款责任，即使进口商事后失去偿付能力，只要出口商提交的单据符合信用证条款的规定，开证行必须承担付款责任。

2．信用证是一项独立于合同的文件

《跟单信用证统一惯例》规定，信用证按其性质是一项与凭此开立信用证的销售合同或其他合同不相连的业务。即使信用证中援引这类合同，银行也与之毫无关系，并不受其约束。该条款还进一步指出，银行对承付、议付或履行信用证下任何其他义务的承诺，不受申请人与开证行之间或与受益人之间的关系而产生的索赔或抗辩的约束。因此，信用证一旦开立，即成为独立于合同的另一种契约，银行义务、卖方义务、买方义务在信用证条款中都做出了明确规定，银行只按信用证规定行事。

3．信用证是一项纯单据业务

在信用证方式下，银行实行凭单据付款的原则。《跟单信用证统一惯例》第五条明确规定，银行处理的是单据，而不是单据所涉及的货物、服务或其他行为。第十四条"审核单据的标准"中a项规定，按照指定行事的被指定银行、保兑行（如有）以及开证行必须对提示的单据进行审核，并仅以单据为基础，以决定单据在表面上看来是否构成相符提示。因此，银行对任何单据的形式、完整性、准确性、真实性或法律效力，单据上规定的或附加的一般或特殊的条件概不负责。只要受益人提交符合信用证条款的单据，开证行就应承担付款责任，进口商也应接受单据并向开证行付款赎单。如果进口商发现货物不符合买卖合同的规定，可凭单据向有关责任方提出损害赔偿要求，但与银行无关。

二、信用证的当事人

信用证的基本当事人有四个：开证申请人、开证行、受益人、通知行。此外，还有议付行、付款行、偿付行、保兑行、转让行等。

1. 开证申请人

开证申请人（applicant）又称作开证人（opener），是申请开立信用证的人，一般是进口商（买方），是信用证交易的发起人。

2. 开证行

开证行（opening bank/issuing bank）是指开立信用证的银行，一般是进口地的银行。开证行在开立信用证后，承担第一付款责任。

3. 受益人

受益人（beneficiary）是信用证的收件人（addressee）和信用证的使用者，一般为出口商（卖方）。受益人在发货后按信用证的要求，签发汇票随附单据，通过议付行向付款行索取货款。

4. 通知行

通知行（advising bank/notifying bank）是指受开证行委托，将信用证转递给受益人的银行，一般是出口地银行。通知行通常是开证行在国外的代理行或分行，仅承担将信用证通知给受益人（收件人）和鉴别信用证表面真实性的义务。

5. 议付行

议付行（negotiating bank）又称作押汇银行、购票银行或贴现银行，是根据开证行的授权买入或贴现受益人提交的符合信用证规定的票据的银行。议付行作为善意持票人对汇票出票人（受益人）具有追索权。议付可分为限制议付和自由议付。

6. 付款行

付款行（paying bank/drawee bank）又称作受票银行，一般情况下由开证行兼任。付款行有时是开证行的付款代理，代开证行验收单据，付款后，无权向受益人追索。当使用第三国货币支付时，可委托代付行代为付款。

7. 偿付行

偿付行（reimbursing bank）是信用证的清算银行（clearing bank），也是开证行的偿付代理，有其存款账户。它不承担审核单证的义务，只是代替开证行对代付行或议付行的索偿（垫款）予以支付的第三国银行。偿付行如果发现单证不符，可以追回付款。

8. 保兑行

保兑行（confirming bank）是指应开证行请求在信用证上加具保兑的银行，通常由通知行兼任，它具有与开证行相同的付款或议付的责任和地位。

9．转让行

转让行（transferring bank）是应受益人的委托，将信用证转让给其受让人（即第二受益人）的银行。它一般由通知行、议付行、付款行或保兑行担任。

三、信用证的开立形式和内容

（一）信用证的开立形式

信用证的开立形式有信开和电开两种。

1．信开

信开是指开证行采用印就的信函格式开立信用证，开证后将信用证航空邮寄给通知行。目前，这种形式已很少使用。

2．电开

电开是指开证行使用电报、电传、传真、SWIFT等各种电讯手段，将信用证条款传递给通知行。电开又可分为以下几种方式。

（1）简电。开证行只告知通知行已经开证，将信用证主要内容，如信用证号码、受益人的名称和地址、开证行名称、信用证金额、货物名称、数量、价格、装运期及信用证有效期等预先告知通知行，详细条款另行邮寄通知行。由于用简电开证内容简单，不能作为交单承付或议付的依据。

（2）全电。开证行以电讯方式开证，把信用证条款全部传达给通知行。全电开立的是完整的信用证，在法律上是有效的，是交单承付或议付的依据。

（3）SWIFT信用证。SWIFT是"全球银行金融电讯协会"（Society for Worldwide Interbank Financial Telecommunication）的简称，于1973年在比利时的布鲁塞尔成立。该组织设有自动化的国际金融电讯网络，成员银行可以通过该电讯网络办理开立信用证以及外汇买卖、证券交易、托收等业务。凡参加SWIFT组织的银行，均可使用SWIFT网络办理信用证业务。

凡是按照国际商会制定的电讯信用证格式，利用SWIFT系统设计并传递信息的信用证，即通过SWIFT开立或通知的信用证统称为SWIFT信用证，也称为"全银电协信用证"。采用SWIFT开证，必须遵守SWIFT使用手册的规定，每个信用证条款都必须使用SWIFT手册规定的代号（tag），否则将会被系统自动拒绝。

SWIFT信用证具有标准化、固定化、统一格式和自动加核密押的特性，且传递速度快捷，安全可靠，成本和费用较低。因此，该信用证形式已被很多国家和地区的银行广泛使用。目前，我国银行也大多开立SWIFT信用证。

（二）信用证的内容

虽然信用证没有统一的格式，但其基本内容是相同的，包括买卖合同的主要条款、对单据的要求和银行的付款保证文句。这些内容构成信用证的基本条款、文字和有关事项的说明。

1．对信用证本身的说明

对信用证本身的说明包括信用证的种类、性质和编号、信用证号码、当事人、开证日期、信用证金额、有效期和到期地点、交单期限等。

2. 关于汇票的说明

信用证项下汇票条款应说明汇票的种类、出票人、受票人、付款人、汇票金额、付款期限、出票条款以及出票日期等内容。

3. 对装运货物的说明

在信用证中，有关货物条款应列明货物的名称、货号和规格、数量、包装、单价等内容，且这些内容应与买卖合同的规定一致。

4. 对单据的说明

在信用证中一般列明要求卖方提交的货运单据、种类、格式和份数，通常包括货物单据（商业发票、装箱单、重量单、原产地证书、商品检验检疫证书等）、运输单据（海运提单、联合运输提单、简式运输单据等）、保险单据（保险单）以及其他特殊单据等。

5. 关于运输事项的说明

关于运输事项的说明应写明装货港或启运地、卸货港或目的地、装运期限、可否分批装运、可否转船以及CIF或CIP条件下货物的投保金额和险别等内容。

6. 其他条款

其他条款包括一些特殊条款，一般视具体交易的需要而定。例如，要求通知行加保兑；限制由某银行议付；限装某种船舶或不许装某种船舶；不准在某港口停靠或不准行驶某条航线；具备某条件后信用证方始生效；开证行对议付行的指示条款；背批议付金额条款；索汇方法和寄单方法等条款。

7. 开证行责任条款、开证行签字和密押等

开证行责任条款包括开证行的保证付款文句；信用证适用的国际惯例；开证行签字和密押审核等。

四、信用证的业务流程

从信用证支付方式的一般程序来讲，信用证的使用须经过以下十一个环节。

（1）买卖双方在合同中订明货款用信用证支付。

（2）开证申请人（进口商）申请开立信用证，向银行递交开证申请书，并交纳开证保证金。

（3）开证行通过电开或信开的方式开立信用证给通知行。

（4）通知行通知并转交信用证给受益人（出口商），核对密押，并要求受益人审核信用证。

（5）出口商审核信用证发现内容有误，要求开证申请人修改信用证。

（6）开证申请人向开证行提交信用证修改申请书。

（7）开证行修改信用证并转递信用证修改通知书给通知行。通知行将信用证修改通知书转交给受益人。

（8）受益人（出口商）确认改证后发货，开立汇票，缮制单据，向议付行办理议付。

（9）议付行向付款行索偿货款（凭单据、汇票和索偿证明），付款行给议付行偿付（或拒付）。偿付（reimbursement）是指开证行或被指定银行凭单据向议付行付款的行为。

（10）开证行偿付后，通知买方付款、赎单、提货。

（11）议付行向出口商结汇。

下面是跟单信用证的业务流程，如图7-5所示。

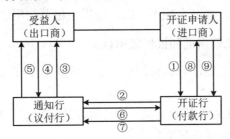

图 7-5　跟单信用证的业务流程

说明：

① 开证申请人按合同规定向开证行提出开证申请，并交纳若干押金和开证手续费。

② 开证行接受开证申请，开出信用证寄交通知行。

③ 通知行接到信用证经审查并证实真实后，将信用证转交给受益人。

④ 受益人审核信用证无误后，即可按规定的条件装运。货物出运后，受益人缮制信用证要求的各种单据并开具汇票，在信用证有效期内向议付行交单议付。

⑤ 议付行审核信用证与单据相符后，按汇票金额扣除若干利息或手续费，将垫款付给受益人。

⑥ 议付行将单据寄交开证行或其指定的付款行要求偿付。

⑦ 开证行或其指定的付款行在审单无误后，向议付行付款。

⑧ 开证行通知开证申请人付款赎单。

⑨ 开证申请人审单无误后，将全部货款及有关费用一并向开证行付清，赎回单据。

五、信用证的种类

（一）跟单信用证与光票信用证

按照信用证项下的汇票是否随附货运单据，信用证分为跟单信用证与光票信用证。

1. 跟单信用证

跟单信用证（documentary credit）是指开证行凭跟单汇票或仅凭单据付款的信用证，或付款行凭信用证规定的单据支付款项。在国际贸易中使用的信用证大多是跟单信用证。

2. 光票信用证

光票信用证（clean credit）是指开证行仅凭不附单据的汇票付款的信用证。当用信用证预付货款时，一般使用光票信用证。

（二）保兑信用证和不保兑信用证

按照信用证上是否有另一家银行进行保兑，信用证分为保兑信用证和不保兑信用证。

1. 保兑信用证

保兑信用证（confirmed L/C）是指开证行开出的信用证由另一家银行保证对符合信用证条款规定的单据履行承诺付款义务。对信用证加以保兑的银行称为保兑行，一般由通知行担任。UCP600 规定，信用证一经保兑，即构成保兑行在开证行承诺以外的一项确定的承诺，保兑行对受益人承担必须议付或付款的责任，在议付或付款后，对受益人或其他前手银行无追索权。

2．不保兑信用证

不保兑信用证（unconfirmed L/C）是指开证行开出的信用证没有经另一家银行保兑。一般情况下，当开证行资信较好、成交金额不大时，使用不保兑信用证。

（三）付款信用证、承兑信用证和议付信用证

按照兑付方式的不同，信用证分为付款信用证、承兑信用证和议付信用证。

1．付款信用证

付款信用证（payment L/C）是指定某一银行付款的信用证。按付款期限的不同，付款信用证又分为即期付款信用证和延期付款信用证。

（1）即期付款信用证（sight payment L/C）。即期付款信用证是规定受益人开立即期汇票随附单据，或不需要汇票，仅凭单据向指定银行提示，银行见票即付的信用证。

（2）延期付款信用证（deferred payment L/C）。延期付款信用证又称作迟期付款信用证、无承兑远期信用证，是指仅凭受益人提交的单据，经审核单证相符，确定银行承担延期付款责任起，延长一段时间直至付款到期日付款的信用证。

2．承兑信用证

承兑信用证（acceptance L/C）是指定某一银行承兑的信用证，即受益人向信用证规定的付款行提示远期汇票和单据时，银行先在远期汇票上承兑，于汇票到期日再付款的信用证。

3．议付信用证

议付信用证（negotiation L/C）是指开证行允许受益人向某一银行或任何银行交单议付的信用证。《跟单信用证统一惯例》规定，议付是由议付行对汇票或单据付出对价，只审核单据而不付出对价，不能构成议付。通常在单据符合信用证规定的条件下，议付行扣除利息和手续费后将票款付给受益人。议付行议付后，如果因单据不符等原因不能向开证行收回款项时，有权向受益人行使追索权。这是议付信用证和付款信用证的根本区别。

（四）即期信用证和远期信用证

根据付款时间的不同，信用证可分为即期信用证和远期信用证。

1．即期信用证

即期信用证（sight L/C）是指开证行或付款行收到符合信用证规定的跟单汇票和装运单据后立即付款的信用证。对出口商来讲，凭这种信用证可以迅速收汇，加快资金周转。

在即期信用证中，有时加列电汇索偿条款。电汇索偿条款（T/T reimbursement clause）是指开证行允许受益人将单据提交议付行后，议付行用电报或SWIFT方式通知开证行或指定付款行，说明各种单据与信用证规定相符，要求开证行或指定付款行立即用电汇方式将货款拨交议付行，单据随后再由议付行寄给开证行或指定付款行。如果付款后发现收到的单据与信用证不符，开证行或指定付款行对议付行有行使追索的权利。使用带有电汇索偿条款的信用证，出口商可以加速收回货款，进口商则要提前付出资金。

2．远期信用证

远期信用证（usance L/C）是指开证行或付款行收到符合信用证规定的单据后，不立即付款，而是在信用证到期时再履行付款义务的信用证。承兑信用证、延期付款信用证和远期议

付信用证都是远期信用证。使用远期信用证时，其远期利息或远期汇票贴现利息和费用一般均由受益人承担。

在实际业务中还有一种"假远期信用证"，指信用证中规定受益人开立远期汇票，由付款行负责贴现，一切利息和手续费由开证申请人负担。使用该信用证，出口商可以通过贴现即期收款，进口商待远期汇票到期时才付款给付款行，实际上是银行对进口商的资金融通，因此，也称之为"买方远期信用证"。

（五）可转让信用证和不可转让信用证

按照受益人收到信用证后可否转让给其他人使用，信用证分为可转让信用证和不可转让信用证。

1. 可转让信用证

可转让信用证（transferable L/C）是指信用证规定受益人（第一受益人）可以将使用信用证的权利全部或部分转让给其他人（第二受益人）的信用证。可转让信用证只能转让一次，但允许第二受益人将信用证重新转回给第一受益人。

2. 不可转让信用证

不可转让信用证（non-transferable L/C）是指受益人不能将使用信用证的权利转让给他人的信用证。凡信用证中未注明"可转让"字样，应视作不可转让。不可转让信用证只限受益人使用。

（六）循环信用证

循环信用证（revolving L/C）是指信用证被全部或部分使用后，其金额又恢复到原金额，可再次使用直至规定的次数或规定的总金额用完为止的信用证。循环信用证一般用于买卖双方签订一个长期的分批、分期交货合同项下大宗、单一货物的进出口。使用循环信用证，对进口商来讲，可以节省逐笔开证的手续和费用，减少进口押金，有利于资金周转。对出口商来讲，可以减少逐笔催证和审证的手续和费用，获得及时收回每一笔直至全部货款的保障。循环信用证的循环方式通常有以下两种。

1. 按时间循环信用证

按时间循环信用证是指受益人在一定的时间内可多次支取信用证规定的金额，直至总金额用完为止。

2. 按金额循环信用证

按金额循环信用证是指在信用证按金额议付后，仍恢复到原金额再次使用，直至用完规定的总金额为止。恢复原金额的具体做法有以下三种。

（1）自动循环，即受益人在规定时间内装运货物并交单议付一定金额后，无须等待开证行的通知，信用证可自动恢复到原金额再次使用。

（2）非自动循环，即受益人每次装运货物并交单议付后，必须接到开证行通知，信用证才能恢复到原金额再次使用。

（3）半自动循环，即受益人每次装运货物并交单议付后，在若干天内如果开证行未发出中止循环的通知，信用证即自动恢复至原金额再次使用。

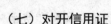

（七）对开信用证

对开信用证（reciprocal L/C）是两张信用证的开证申请人互以对方为受益人开立的信用证，即第一张信用证的受益人（出口商）和开证申请人（进口商）是第二张信用证（回头证）的开证申请人和受益人，第一张信用证的通知行通常是第二张信用证的开证行。两证金额可以相等，也可以不相等；两证可以同时生效，也可以先后生效。

对开信用证主要用于易货贸易、补偿贸易、来料加工和来件装配业务中，为了防止交易双方中一方凭第一张信用证进口或出口后，另一方不履行出口或进口的义务，于是采用这种互相联系、互为条件的开证办法，把进口和出口连接起来进行贸易结算，用来约束彼此。

（八）背对背信用证

背对背信用证（back to back L/C）又称作转开信用证，是指受益人要求原证的通知行或其他银行以原证为基础，另开一张内容相似的新信用证。背对背信用证通常用于以下情况：中间商转售他人货物，从中获利；两国没有直接贸易，需要通过第三国商人转口；原信用证是不可转让的；原信用证的受益人不能提供合同规定的全部货物；等等。

背对背信用证的内容除开证申请人、受益人、总金额、单价、装运期限、有效期限等条款有变动外，其他条款一般与原证相同。

（九）预支信用证

预支信用证（anticipatory L/C）是指开证行授权通知行，允许受益人在货物装运交单前预支货款的信用证，分为全部预支和部分预支两种。如果向议付行预支，开证行保证偿还议付行的垫款并负担利息。

预支信用证是进口商通过银行开立给出口商的一种以出口贸易融资为目的的信用证，其特点是开证申请人付款在先，受益人交单在后。在这种信用证中，允许预支货款的条款常用红字打出，所以也称为红条款信用证（red clause L/C）。

（十）备用信用证

备用信用证（standby L/C）又称作担保信用证或保证信用证，是开证行根据开证申请人的请求向受益人开立的承担某项义务的凭证。备用信用证是在有些国家禁止银行开立保函的情况下，为保证开证申请人违约时受益人取得补偿的一种信用证开证方式。

第五节　银行保函与国际保付代理

一、银行保函

（一）银行保函的定义

保函又称作保证书，是指银行、保险公司、担保公司或担保人应申请人的请求，向受益人开立的一种书面信用担保凭证，保证在申请人未能按双方协议履行其责任或义务时，由担

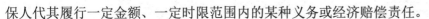

保人代其履行一定金额、一定时限范围内的某种义务或经济赔偿责任。

银行保函（banker's letter of guarantee，简称L/G）是银行应申请人的请求向受益人开立的，担保申请人正常履行合同规定的某项义务，并承诺若申请人未履行义务而给受益人造成经济损失，由银行向受益人进行经济赔偿的书面保证文件。

（二）银行保函的当事人

（1）委托人——保函的申请人，一般是合同或担保的债务人。

（2）担保人——保函的开立人，一般是银行。

（3）受益人——通过保函取得赔偿的人，不同的业务，受益人不同。

（4）通知行——替担保人转交保函的银行。

（5）保兑行——在保函上加具保证兑付承诺的银行。

（三）银行保函的内容

1. 基本栏目

银行保函的基本栏目包括：保函的编号，开立日期，各当事人的名称、地址，有关交易或项目的名称，有关合同或标书的编号和订约或签发日期等。

2. 责任条款

责任条款是开立保函的银行或其他金融机构在保函中承诺的担保责任条款，它构成银行保函的主体。

3. 保证金额

保证金额是银行保函上担保的金额，也是银行承担担保金额或经济赔偿责任的金额。

4. 有效期

银行保函的有效期是指保函从开立到失效的日期。

5. 索偿方式

索偿方式是指保函持有人向开立保函的银行出示保函，要求银行承担某项担保义务或返还保函金额的形式，分为见索即付保函和有条件保函。见索即付保函（first demand guarantee）又称作无条件保函，是指在保函有效期内，担保人凭保函持有人提交的符合保函条件的要求书（通常是书面形式）及保函规定的任何其他单据支付某一规定的或某一最大限额的付款承诺。有条件保函（conditional guarantee）是指保证人向受益人付款是有条件的，只有在符合保函规定的条件下，担保人才予以付款。由此可见，有条件保函的担保人承担的是第二性的、附属性的付款条款。

（四）银行保函的种类

1. 投标保函

投标保函（tender guarantee）是指银行应投标人的申请向招标人（受益人）开立的，保证投标人在投标有效期内不得撤回其投标书，并在中标后与业主签订货物采购或承包合同的书面担保文件。投标保函的担保金额一般为项目金额的2%～5%，一般在投标前开立，用在以招标、投标方式成交的物资采购和工程建造等项目中。

2．履约保函

履约保函（performance guarantee）是指银行应中标人的请求开给招标人（受益人）的，保证中标人严格按照买卖合同或承包合同要求的工期、质量、数量履行合约的书面担保文件。履约保函使用在货物进出口业务中时，可分为进口履约保函和出口履约保函。前者是银行对进口商必须付款所做的保证，后者是银行对出口商必须交货所做的保证。

3．预付款保函

预付款保函（repayment guarantee）是指银行应出口商请求开立给进口商的，保证出口商按合同规定偿还进口商已支付的全部预付款项的书面担保文件。

一般在大型设备的买卖合同中规定，在签约后进口商向出口商支付一定比例（按合同总金额的百分比）的预付款，但需要出口商委托银行出具预付款保函。预付款保函的担保金额一般与进口商所付的预付款金额相等。如果由于出口商中途毁约、中止供货等原因，使进口商不能在规定的期限内收到货物或收回全部预付款，则进口商有权凭预付款保函向银行索取其担保金额作为补偿。

二、国际保付代理

（一）国际保付代理的定义

国际保付代理（factoring）即国际保理，简称保理。它是在托收、赊账（open account）等情况下，保理商（factor）向出口商提供的一项包括对买方资信调查、百分之百的风险担保、催收应收账款、财务管理以及融通资金等综合性财务服务。

（二）国际保付代理的适用

出口商交货后把应收账款的发票和装运单据转让给保理商，即可取得应收取的大部分货款，日后一旦发生进口商不付款或逾期付款，则由保理商承担付款责任。在国际保理业务中，保理商承担第一付款责任。

若保理商对上述预付款没有追索权，对余款也要担保付款，称之为无追索权保理，反之则为有追索权保理。常见的还有融资保理和到期保理（到期保理指出口商将其应收款转让给保理商后，保理商在发票到期日从债务人手中收回货款，扣除服务费后，把剩余款项付给出口商）。

（三）国际保付代理的流程

国际保付代理业务有两种运作方式，即单保理和双保理。前者仅涉及一方保理商，后者涉及进出口双方保理商。国际保理业务一般采用双保理方式。双保理涉及四方当事人，即出口商、进口商、出口保理商以及进口保理商。以下为国际保付代理的具体操作步骤。

（1）出口商寻找有合作前途的进口商。

（2）出口商向出口保理商提出保理的需求，并要求为进口商核准信用额度。

（3）出口保理商要求进口保理商对进口商进行信用评估。

（4）如果进口商信用良好，进口保理商将为其核准信用额度。

（5）进口商和出口商签订合同，出口商供货后，将附有转让条款的发票寄给出口保理商。出口保理商通知进口保理商有关发票详情。

（6）如出口商有融资需求，出口保理商付给出口商不超过发票金额80%的融资款。

（7）出口保理商于发票到期日前若干天开始向进口保理商催收。

（8）进口商于发票到期日向进口保理商付款。

（9）如果进口商在发票到期日90天后仍未付款，进口保理商做担保付款，并转账给出口保理商。

（10）出口保理商扣除融资本息（如有）及费用，将余额付给出口商。

第六节　合同中的支付条款

一、各种支付方式的结合使用

（一）信用证与汇付相结合

信用证与汇付相结合是指在国际结算中大部分货款采用信用证支付，余额使用汇款方式支付。这种结合通常有以下两种情况。

1. 先汇付后信用证

先汇付后信用证是指进出口合同中规定，合同生效后或以此为条件，进口商以汇付的方式向出口商支付合同金额一定比例的定金或预付款，便于出口商组织生产；其余货款在货物出运前由进口商开立信用证给出口商。货物出运后，出口商凭信用证和单据向开证行索取货款。

2. 先信用证后汇付

先信用证后汇付是指进出口合同中规定，合同生效后，进口商开立占合同金额大部分比例的信用证给卖方，货物出运后，出口商凭信用证和单据向银行收回货款。余款在货物到达目的地，经进口商检验确定品质、重量、数量合格后，再以汇付的方式支付给出口商。

采用信用证与汇付相结合的方式支付货款时，应在进出口合同中明确规定使用何种信用证、何种汇付方式，以及采用信用证与汇付支付时各自占合同金额的比例等，以防出现争议。

（二）信用证与托收相结合

信用证与托收相结合是指进出口合同中规定部分货款用信用证支付，余款用托收方式结算。其具体做法是，信用证中规定出口商（受益人）开立两张汇票，属于信用证项下的货款凭光票付款，而全套货运单据则随附在托收汇票项下，按照即期或远期付款交单办理托收。

（三）跟单托收与预付定金相结合

进口商用汇付方式预付部分货款或一定比率的定金后，卖方发运货物，并从货款中扣除已收款项，将余额开立汇票并随附单据委托银行办理托收。如果进口商不付款，出口商可将货物运回，并从已收款中扣除运费等损失费用。

（四）备用信用证与跟单托收结合

出口商采用托收方式收款，同时要求进口商开立以出口商为受益人的备用信用证作为付款担保。一旦进口商拒付货款，出口商可凭进口商开立的备用信用证向开证行要求偿付。

（五）承兑交单与即期付款交单结合

在加工装配业务中，有时来料加工、来件加工与成品分别作价，这时加工方进口料件采用承兑交单付款；成品出口采用即期付款交单收款。

（六）远期信用证和即期信用证结合

在加工贸易中，加工方进口料件，采用远期信用证付款；成品出口，采用即期信用证收款，即使用"对开信用证"支付货款。

（七）预支信用证与即期付款信用证结合

在加工贸易中，加工方进口料件，采用即期付款信用证支付；出口成品采用预支信用证收款。这样不仅可以由委托方向加工方融通资金，还可以简化结算手续。

（八）汇付、托收、信用证三者结合

在大型成套设备、机械设备和运输工具的交易中，因为生产周期长、成交金额大，一般采用按照生产周期、进度和交货进度分期、分批交货和付款的方法，即用分期付款和延期付款的方式进行货款的结算，可以将汇付、托收、信用证三种支付方式结合使用。

1．分期付款

分期付款（progression payment）是指买卖双方在进出口合同中规定，在商品投产前，由买方采用汇付方式先交部分货款作为定金给卖方。付出定金之前，买方往往要求卖方提供银行保函以保证其按时交货，否则将退回定金。其余货款根据商品制造或交货进度分若干期支付，在商品交付完毕时付清货款。

2．延期付款

延期付款（deferred payment）是指买方预付部分定金后，大部分货款在交货后相当长一段时间内分期采用远期信用证支付。延期付款实际上是卖方给予买方的信贷融资。

二、合同中的支付条款

（一）汇付支付条款

在进出口合同中，如果买卖双方约定凭汇付支付货款，则合同支付条款的内容应包括汇付的方式、汇付的时间、汇付的金额、汇付的途径等。例如：

（1）买方应不迟于7月31日将100%的货款用票汇预付至卖方。

The buyers shall pay 100% of the sales proceeds in advance by demand draft to reach the sellers not later than July 31.

（2）买方应于4月20日前将30%的货款电汇至卖方，其余货款收到卖方提交的正本提单传真件后5日内支付。

The buyers shall pay 30% of the sales proceeds by telegraphic transfer before April 20. The remaining part will be paid to the sellers within 5 days after receipt of the fax concerning original B/L by the sellers.

（二）托收支付条款

在进出口合同中，如果买卖双方约定凭托收支付货款，则合同支付条款的内容应包括交单条件、付款和承兑的责任、付款期限等内容。

1. 即期付款交单条款

买方根据卖方开具的即期跟单汇票，于见票时立即付款，付款后交单。

Upon first presentation the buyers shall pay against documentary draft drawn by the sellers at sight. The shipping documents are to be delivered against payment only.

2. 承兑交单条款

买方根据卖方开具的跟单汇票，于见票后60天付款，付款后交单。

The buyers shall pay against documentary draft drawn by the sellers at 60 days' sight, the shipping documents are to be delivered against payment only.

（三）信用证支付条款

在进出口合同中，如果买卖双方约定凭信用证支付货款，则合同支付条款的内容包括开证时间、信用证种类、汇票付款日期、开证银行、受益人、信用证金额、信用证有效期和到期地点。

1. 即期信用证

由买方开立100%发票金额的、保兑的、不可撤销的即期信用证，该证须于5月20日前送达卖方。

The buyers open confirmed irrevocable L/C for 100% invoice value available by sight draft, the L/C is to reach sellers not later than May, 20.

2. 远期信用证

由买方开立100%发票金额的、保兑的、不可撤销的远期90天信用证，该证须于8月30日前送达卖方。

The buyers open confirmed irrevocable L/C for 100% invoice value available by 90 days after sight draft, the L/C is to reach sellers not later than Aug, 30.

（四）不同结算方式结合使用的支付条款

买方通过卖方接受的银行，于装船月份前20天开立并送达卖方即期信用证，规定50%发票金额凭即期光票支付，其余50%金额用即期跟单托收方式付款交单。全套货运单据附于托收项下，在买方付清发票的全部金额后交单。如买方不能付清全部发票金额，则货运单据须由开证行掌握，凭卖方指示处理。

The buyers shall open through a bank acceptable to the sellers an sight letter of credit to reach the sellers 20 days before the month of shipment, stipulating that 50% of the invoice value available against clean draft at sight while the remaining 50% on documents against payment at sight on collection basis. The full set of shipping documents shall accompany the collection draft and shall only be released after full payment of the full invoice value, the shipping documents shall be held by the issuing bank at the seller's disposal.

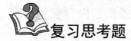 复习思考题

1. 简述汇票、本票、支票的区别。
2. 分析比较付款交单和承兑交单两种支付方式下卖方的风险。
3. 什么是信用证？信用证有何特点？信用证支付方式的基本程序有哪些？
4. 银行保函与信用证有什么区别？
5. 什么是分期付款？什么是延期付款？二者有何区别？
6. 什么是国际保理业务？简述其基本流程。

 案例分析题

1. 我国某公司与外商按CIF价成交一批出口货物，合同规定用信用证支付，正当我方备妥单证向银行议付时，对方来电称货物在海上受损，并告知银行停止议付，银行认为单据完备无误，准予议讨，但买方拒绝赎单。请问：买方拒绝赎单合理吗？为什么？

2. 我国某公司从某外商处进口一批钢材，货物分两批装运。支付方式为即期信用证，每批分别由中国银行开立一份信用证，第一批货物装运后，卖方在有效期内向银行交单议付，议付行审单无误后向该外商议付货款，随后中国银行对议付行做了偿付。我方在收到第一批货物后，发现货物品质不符合合同规定，因而要求开证行对第二份信用证项下的单据拒付，但遭到开证行拒绝。请问：开证行这样做是否合理？为什么？

3. 我国A公司向马来西亚B公司出口一批货物，付款方式为90天付款交单。货物出运后，汇票及货运单据通过出口地的托收银行寄抵国外代收行，B公司进行了汇票承兑。货抵目的港后，由于B公司用货心切，于是出具了信托收据向当地代收行借得货运单据，先行提货转售。当汇票到期时，B公司因经营不善，失去偿付能力。代收行以汇票付款人拒付为由通知托收行，并建议由A公司直接向B公司索取货款。此时距离汇票到期日还有30天。请问：A公司于汇票到期时能否收回货款？为什么？

4. 我国某公司与外商按CIF条件签订一笔大宗商品出口合同，合同规定装运期为8月份，但未规定具体开证日期。外商拖延开证，我方见装运期快到，从7月底开始，连续多次函电催外商开证。8月5日，收到开证行的简电通知，我方因怕耽误装运期，即按简电办理装运，8月28日收到对方开来信用证正本，正本上对有关单据做了与合同不符的规定，我方审证时未予注意，交银行议付时银行也未发现，之后开证行以单证不符为由，拒付货款。请问：我方应从此事件中吸取哪些教训？

技能拓展训练

目的：掌握信用证修改函的写作方法。

资料：顺达进出口公司收到国外客商开来的信用证，经审核发现以下几处存在问题：① 受益人的名称错误；② 信用证到期的地点应为受益人国内，而非开证申请人国内；③ 投保金额为发票金额的 110%，而非 120%；④ 汇票是提单签发日 60 天付款，而非即期付款；⑤ 允许转运，而非不允许转运。

要求：根据以上资料，拟写一份信用证修改函寄给国外客商，要求他们及时修改信用证。

第八章 进出口商品检验、索赔、不可抗力和仲裁

【引导案例】

不可抗力纠纷案例

案情描述： 我国某公司与国外一家大公司签订了一份进口精密机床合同，该公司在欧盟区内共有三家工厂生产这种机床。临近装运日期时，对方一工厂突然发生火灾，机床被烧毁，该公司以不可抗力为由要求撤销合同。请问：此种情况下可否撤销合同？为什么？

案例分析： 原则上认为这种情况不能撤销合同。此案撤销合同的理由是不可抗力，一般来说，出现不可抗力的后果有两种：一种是撤销合同，一种是延期履行合同。在实务中什么情况下解除合同，什么情况下延期履行合同，要看发生事故的原因、性质、规模以及对履行合同产生的影响程度。本案中，火灾虽然是当事人无法预料的，属于不可抗力的范围，但由于对方还有两家工厂可以生产合同项下的产品，因此，我方可以要求对方延期履行合同。

【教学目标】

通过本章的学习，使学生了解商品检验、索赔、不可抗力、仲裁等内容；掌握合同中检验条款、索赔条款、不可抗力条款、仲裁条款的订立方法。

【教学重点】

商品检验时间和地点的规定；商检证书的种类；合同中检验条款、索赔条款、不可抗力条款、仲裁条款的订立方法。

【教学难点】

合同中检验条款、索赔条款、不可抗力条款、仲裁条款的订立方法。

第一节 进出口商品检验

一、商品检验的含义及其作用

（一）商品检验的含义

国际货物买卖中的商品检验（commodity inspection），简称商检，是指国际货物买卖中，

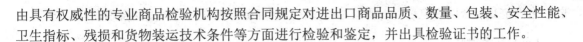

由具有权威性的专业商品检验机构按照合同规定对进出口商品品质、数量、包装、安全性能、卫生指标、残损和货物装运技术条件等方面进行检验和鉴定，并出具检验证书的工作。

（二）商品检验的作用

进出口商品检验是随着国际货物买卖发展的需要而产生、发展和完善起来的，它在国际货物买卖中占有十分重要的地位。在国际货物买卖中，由于交易双方处于不同的国家，相距遥远，一般很难做到当面验看、点交货物，也不可能当场进行货款结算，而货物在长途运输过程中很容易发生货物残损短缺或意外事故，尤其是在凭单证交接货物的象征性交货的条件下，更容易引发交易双方在责任归属上的争议。因此，为了便于查明货损原因，确定责任归属，以利于货物交接和交易的顺利进行，就需要商品检验机构以公证的第三方身份对货物进行检验或鉴定，并出具检验证书，作为买卖双方交接货物、结算货款和向有关方面进行索赔的依据。为此，商品检验的作用主要体现在以下几个方面。

1．作为商品交接的依据

合同中要求进行商品检验，交易双方就应按合同规定执行并取得检验证书，这时才能实现货物的交接，未经检验或检验不合格的商品不能交接。

2．作为货款结算的重要凭证

出口商议付货款时提交的单据中就涉及检验证书，如果没有检验证书，就不能议付货款。当然，进口商接受货物和支付货款，也要关注商品检验的结果。

3．作为索赔或仲裁的依据之一

如果买卖双方就商品的品质发生争议，一方需要通过索赔或仲裁来处理争议，就必须提供有效的商品检验证书作为重要依据。

4．作为进出口商品合格的保证

进出口商品只有符合合同和进出口国家的规定，海关才会放行。有些国家规定某些商品必须进行法定检验，因为这些商品关系本国经济的顺利协调发展、保护生态环境、人民健康和动植物生长等方面的问题，许多国家的法律和国际公约都对这些商品的检验做出了明确的规定。

二、商品检验的主要内容

在国际贸易中，商品的种类不同，商品检验的内容也有所不同。在国际货物买卖中，进出口商品检验涉及的主要内容包括以下几个方面。

（一）品质检验

品质检验又称质量检验，主要是对商品的外观、化学成分、物理性能等进行检验。品质检验的方法主要有两种：仪器检验和感观检验。仪器检验是利用各种有关仪器和机械对商品进行物理检验、化学分析和微生物等的检验和鉴定；感观检验是指通过耳、鼻、眼、口、手对商品进行鉴定。

（二）数量（重量）检验

数量（重量）检验是根据合同规定的计量单位和计量方法对商品的数量（重量）进行检

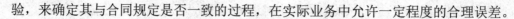

验，来确定其与合同规定是否一致的过程，在实际业务中允许一定程度的合理误差。

（三）包装检验

包装检验主要对商品包装的牢固性和完整性进行检验，看商品的外包装、内包装和包装标志是否完好无损，是否适合商品的性质和特点，是否适于货物流转过程中的装卸、搬运，是否符合买卖合同及其他有关规定，是否有合乎标准或合同规定的内包装和衬垫物料或填充物料等。

（四）残损检验

残损检验是对受损货物的残损程度进行鉴定，分析残损原因及其对商品价值的影响，估计损失程度，出具证明，作为向有关方面索赔的依据。商品的残损主要指商品的残破、短缺、生锈、发霉、虫蛀、油浸、变质、受潮、水渍、腐烂等情况。

（五）卫生、健康、环保等方面的检验

为了维护公共利益，各国都有这种类型的货物检验。无论这类检验项目是否载入合同，出入境检验检疫机构都有权对进出口货物进行这方面的检验，并对违规货物做销毁处理。

（六）安全性检验

安全性检验是根据国际标准以及进出口国的法令和外贸合同的要求，对进出口商品的安全性能进行检验，如对易燃、易爆、有毒商品等进行检验，以保证生产使用和生命财产的安全。

除上述检验内容外，进出口商品检验还包括船舱检验、监视装载、签封样品、签发产地证书和价值证书、委托检验等内容。

三、商品检验的时间和地点

在国际贸易中，商品检验的时间和地点关系买卖双方对商品进行检验的权利。通过对检验时间与地点的规定，以确定买卖双方中哪一方享有对货物的检验权，这时，拥有检验权的一方就享有对货物的品质、数量、包装等各项内容进行最后评定的权利。对此，各国的规定和做法不尽相同，根据国际惯例和我国外贸实践，对商品检验的时间和地点主要有以下几种规定。

（一）在出口国检验

这种方法通常是货物在出口国发货前进行的检验，通常有以下两种做法。

1. 在产地（工厂）检验

该方法是指由产地（工厂）的检验部门或合同约定买方的验收人员在产地出运或工厂出厂前对货物进行检验，并出具检验证书，作为卖方交货的品质、数量（重量）等内容的最后依据。在这种方式下，卖方只承担货物出运或出厂前的责任，对于运输流转过程中可能发生的一切问题，卖方概不承担任何责任。在国际贸易中，大型机械设备的交易中常采用这种做

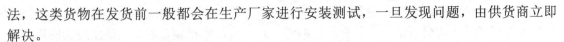

法，这类货物在发货前一般都会在生产厂家进行安装测试，一旦发现问题，由供货商立即解决。

2．在装运港（地）检验

这种方式习惯上被称为"离岸品质，离岸重量"（shipping quality and shipping weight），是指货物在装运港（地）装运前，由双方约定的商检机构对商品的品质、重量（数量）和包装等进行检验，出具相应的检验证书，作为证明卖方所交货物的品质、重量（数量）与合同规定相符的最后依据，卖方对交货后货物所发生的变化概不负责。

所谓最后依据是指依据上述两种方式进行检验，卖方只要取得商检机构出具的各项合格检验证书后，就意味着所交货物的品质和重量（数量）与合同规定相符，买方无权提出异议，实际上否定了买方的复验权。因此，这类规定对买方不利。

（二）在进口国检验

1．在目的港（地）检验

这种方式通常被称为"到岸品质，到岸重量"（landed quality and landed weight），是指买卖双方在合同中约定，货到目的港（地）卸货后，由双方约定的商检机构在规定时间内就地对货物的品质、重量（数量）、包装等进行检验，出具相应的检验证书，作为决定货物品质和重量（数量）的最后依据。如果买方发现货物的品质或重量（数量）等与合同规定不符，可以凭检验证书向卖方提出索赔或按双方事先的约定处理。

2．在买方营业场所或最终用户所在地检验

该方法是指货到目的港（地）卸离运输工具后，由双方约定的检验机构进行检验并出具检验证书。对于密封包装货物、精密仪器等使用前不便拆开包装，或因需要一定的检验条件和设备才能检验时，可采用此种方式进行检验。

这两种方式检验的最终依据是以买方所在地的检验证书为准。这就要求卖方必须保证货物到达目的港（地）时的品质、数量（重量）、包装等与合同规定相符。如果由于卖方责任致使货到时出现品质、数量（重量）、包装等方面与合同不符的情况，买方可以凭双方约定的商检机构出具的检验证书向卖方索赔。因此，这类规定对卖方不利。

（三）出口国检验，进口国复验

该方法是卖方在货物装运前，委托合同约定的装运港（地）的商检机构检验货物并出具检验证书，作为向当地银行议付货款的单据之一，待货到目的港（地）后，再由双方约定的目的港（地）的商检机构对货物进行复验。经过复验，如发现货物的品质或数量（重量）与合同不符，而责任在卖方，买方可以凭目的港（地）的复验证书向卖方提出异议和索赔。为避免双方因两次检验结果不一致而各执一词，双方可规定两次检验结果的差异范围，如0.15%。这种做法兼顾了买卖双方的利益，对双方比较公平合理，因而在国际贸易中被广泛采用。

（四）出口国检验重量，进口国检验品质

该方法是在出口国检验重量，进口国检验品质，习惯称为"离岸重量，到岸品质"（shippng weight and landed quality），是指卖方在装运港由商检机构验货后，以出具的重量检验证书作为卖方交货重量的最后依据，而货到目的港后，买方凭商检机构验货后出具的品质检验证书作为卖方交货品质的最后依据。若货到目的港（地）后，经检验发现货物品质与合同规定不符，而且确属卖方责任所致，则买方可凭检验证书向卖方提出异议和索赔；但若是货物重量出现不符，则买方不得向卖方提出异议。在国际贸易中进行大宗商品交易时，为调和买卖双方在商品检验时间与地点问题上的矛盾，常采用这种做法。

四、商品检验机构及检验类型

（一）商品检验机构

商品检验机构，简称检验机构或商检机构，是指受客户的委托或根据有关法律、法规的规定对进出口商品进行检验、鉴定和管理的机构。在国际贸易中，买卖双方除了自行对货物进行必要的检验外，通常还要委托商品检验机构对商品进行检验和鉴定，出具真实、公正、具有权威性的检验证书。

1. 国际商品检验机构

世界上大多数主权国家一般都设有专门的商品检验机构，这些机构从组织的性质来分，有官方检验机构、半官方检验机构和非官方检验机构。官方检验机构是指由国家设立，按照有关法律、法规对进出口商品进行法定检验、检疫的机构；半官方检验机构是指有一定权威的、由政府授权，代表政府进行某项商品检验或某一方面的检验管理工作的民间机构；非官方检验机构是指由私人或同业协会等开设，具有专业检验、鉴定技术能力并被当地法律许可的公证行同业协会和检验公司等。

检验机构的名称多种多样，目前国际上比较著名的商检机构有美国食品药物管理局（FDA）、美国安全实验所（UL）、瑞士通用公证行（SGS）、英国英之杰检验集团（IITS）、日本海事检定协会（NKKK）、美国 NCB 公证行等。

2. 我国的商品检验机构

我国的商品检验机构以前由中华人民共和国国家质量监督检验检疫总局（简称国家质检总局）主管。根据国务院机构改革方案，自 2018 年开始，国家质量监督检验检疫总局的出入境检验检疫管理职责和队伍划入海关总署。这次改革可以简化进出口手续，实现"一口对外、一次办理"，并完成业务单证及印章的统一替换，实现通关效率更高、通关成本更低、营商环境更好、监管更严密、服务更优化的目的。按照机构改革要求，各省、自治区、直辖市以及进出口货物的口岸、集散地以及新开口岸的海关监管现场布局、查验流程等，管理该地区的进出口货物检验工作。

我国进出口商品检验的业务范围包括：进出口商品检验、进出境动植物检疫、进口商品认证管理、进口废物原料装运前检验、出口商品质量许可、食品卫生监督检验、出口商品运输包装检验、外商投资财产鉴定、货物装载和残损鉴定和卫生检疫与处理。

另外，我国的商品检验机构还有中国进出口商品检验总公司（CCIC）及其在各省、各自治区、直辖市的分公司，外国在中国境内设立的进出口商品检验鉴定机构，这些机构的设立必须经过国家商检局的审核同意，可以在指定的范围内接受委托办理进出口商品检验，并接受上级商检机构的监督管理。

（二）检验类型

根据《中华人民共和国进出口商品检验法》（以下简称《商检法》）及实施条例和其他出入境检验检疫相关的法规，国家商检部门及其设在各地的检验机构职责的类型有下列三项。

1. 法定检验

法定检验（legal inspection）是一种强制性的检验，是指依照国家法律，由授权的检验机构对列入国家质检总局和海关总署制定、调整并公布的《出入境检验检疫机构实施检验检疫的进出境商品目录》的进出口商品，必须经过出入境检验检疫机构的检验。

根据我国《商检法》及实施条例的规定，海关出入境商品检验检疫部门对进出口商品实施法定检验的范围包括：进出口商品检验、进出境动植物检疫、进口商品认证管理、进口废物原料装运前检验、出口商品质量许可、食品卫生监督检验、出口商品运输包装检验、外商投资财产鉴定、货物装载和残损鉴定以及卫生检疫与处理。

（1）进出口商品检验是指出入境检验检疫部门依据《商检法》，对列入国家质检总局和海关总署制定、调整并公布的《出入境检验检疫机构实施检验检疫的进出境商品目录》的进出口商品，必须由出入境检验检疫部门进行检验。

（2）进出境动植物检疫是指进出境检验检疫部门依《中华人民共和国出境动植物检疫法》和《中华人民共和国进出境动植物检疫法实施条例》的有关规定，对动植物及相关产品实施检疫和监督管理的行为。

（3）进口商品认证管理是指国家对涉及人类健康、动植物生命和健康，以及环境保护和公共安全的产品实行强制认证制度。自2002年5月1日起，列入《中华人民共和国实施强制性产品认证的产品目录》内的商品，必须由指定认证机构认证合格后方可进口。强制性产品认证标志的名称为中国强制认证（China Compulsory Certification，CCC），简称3C标志。

2. 公证鉴定

公证鉴定是由买卖双方商定的商检机构对商品进行检验，并出具检验证书。公证鉴定业务是凭申请办理的，不是依据法律的强制检验。公证鉴定只证明货物的实在状态，一般不作为海关放行的依据。按照国际上有关货物买卖的法律及国际贸易惯例的规定，买方享有对货物的最终检验权。如果买方收到的卖方交付的货物与合同中的品质、数量和包装等不相符且责任在卖方，买方就可凭检验证书向卖方追究违约责任。

3. 监督管理

国家商检部门通过行政手段对进出口商品的质量和检验工作实施监督管理，即对进出口商品的收货人、发货人、生产、经营、储运单位以及国家商检部门指定或认可的检验机构和认可的检验人员的检验工作进行监督管理，以确保进出口商品质量符合要求。国家商检部门监督管理的具体内容包括：向法定检验商品的出口生产企业派出检验人员，参与监督出口商品出厂前的质量检验工作；进出口商品检验合格后加施商检标志或封识；对进出口商品进行质量认证，实行出口质量许可制度和进口安全质量许可制度；通过考核，认可符合条件的检验机构；对指定或认可的商检机构的工作进行监督检查；与海关配合打击走私，进行假冒、伪劣产品的查处，对进出口商品未经检验合格的不准销售或进出口。

五、商品检验证书

商品检验证书（inspection certificate）是检验机构对进出口商品进行检验检疫后签发的书面文件。

（一）检验证书的种类

国际贸易中的检验证书种类繁多，在实际进出口业务中，应在合同的检验条款中明确规定所需检验证书的类别及其要求。常见的检验证书主要包括以下几种。

（1）品质检验证书（inspection certificate of quality），是指证明报验商品质量、规格、等级效能等实际情况的书面证明文件。

（2）重量检验证书（inspection certificate of weight），是指利用合同规定的计重方法证明进出口商品重量的书面文件。

（3）数量检验证书（inspection certificate of quantity），是指按照合同规定的计量方式证明进出口商品实际数量的书面文件。

（4）包装检验证书（inspection certificate of packing），是指证明进出口货物包装情况是否合格的书面文件。

（5）卫生检验证书（sanitary inspection certificate），又称为健康检验证书（inspection certificate of health），是指证明可供人类食用或使用的动物产品、食品等商品经卫生检验或检疫后出具的书面文件，表明货物已经检验或检疫合格，可供食用。

（6）兽医检验证书（veterinary inspection certificate），是一种对进出口动物进行检验，表明其未受任何传染病感染的书面证明。皮、毛、绒及冻畜肉等货物都必须进行此项检验。

（7）消毒检验证书（disinfection inspection certificate），是指证明某些出口的动物产品已经经过消毒处理，符合安全、卫生要求的书面文件。

（8）熏蒸检验证书（inspection certificate of fumigation），是指证明出口粮谷、油籽、豆类、皮张等商品及包装用木材与植物性填充物等，已经经过熏蒸灭虫的证明文件。另外，证书上还要记录熏蒸使用的药物种类和熏蒸时间。

（9）价值检验证书（inspection certificate of value），是指证明出口商品的价格真实、可靠的书面证明，可以作为进口国进行外汇管理和对进口商品征收关税的依据。

（10）验残检验证书（inspection certificate on damaged cargo），是指证明进口商品的残损情况、判断残损原因、估定残损价值的书面文件，供有关当事人索赔时使用。

（11）船舱检验证书（inspection certificate on tank/hold），是指证明承运出口货物的船舱的现状和设备条件符合要求的书面证明，如冷藏舱室检验、油轮密固检验、干货舱清洁检验、油舱清洁检验等。

（12）货载衡量检验证书（inspection certificate on cargo weight&measurement），是指根据承运人或托运人的申请，对进出口船运货物的尺码吨位和重量吨位进行衡量并签发的书面证书。

（13）产地检验证书（inspection certificate of origin），是指证明出口货物是出口国生产或制造的书面证明，包括一般的产地检验证书、普惠制产地证书、野生动物产地证书等。

（二）检验证书的作用

我国法定检验货物的检验证书由海关总署及其分支机构出具，其他货物的检验证书可由对外贸易促进委员会、中国进出口商品检验公司等机构出具，检验证书的签发日期不能晚于提单日期。

检验机构签发的检验证书的作用主要包括以下几个方面。

（1）证明进出口商品的品质、规格是否符合合同规定，作为增减价结算的依据。

（2）作为出口商品的品质、重量（数量）、包装以及卫生条件等是否符合合同或信用证规定的依据。

（3）如果交货品质、重量（数量）、包装以及卫生条件等与合同规定不符，检验证书是买方拒收货物、索赔或理赔的依据。

（4）作为卖方向银行议付货款的单据之一。

（5）作为海关验关放行的有效证件之一。

（6）作为履约与货物损失的责任归属谁（发货人、承运人或保险人）的依据。

六、合同中的商品检验条款

（一）检验条款的主要内容

在国际贸易买卖合同中，货物检验条款的内容一般包括检验权的规定、检验时间和地点、检验机构、检验证书、检验标准、内容与方法等。

以下为常见检验条款的示例。

（1）The certificate of quality and weight (quantity) issued by the China Commodity Inspection Bureau at the port of shipment shall be part of the documents to be presented for negotiation under the relevant letter of credit. Any claim by the buyers regarding the goods shipped shall be filled within ×× days after the arrival of the goods at the port of destination, and supported by a survey report issued by a surveyor approved by the sellers.

以装运港中国商品检验局签发的品质、重量（数量）检验证书作为有关信用证项下议付所提交单据的一部分，买方对于装运货物的任何索赔须于货物到达目的港××天内提出，并须提供经卖方同意的公证机构出具的检验证书。

（2）Certificate of quantity/weight/quality to be issued by the China Commodity Inspection Bureau shall be taken as final.

以中国商品检验局出具的质量/重量/数量证书为最后依据。

（二）订立检验条款时应注意的问题

1. 检验条款的规定应明确、具体，与其他条款相衔接

买卖合同中规定的商品品质、重量（数量）和包装等条款是商品检验的对象，在规定检验条款时，必须与这些条款相衔接，防止出现脱节、互相矛盾等现象。在采用信用证支付方

式时，检验条款中关于检验机构、检验证书的规定，必须与支付单据的规定一致，以防止银行拒付。

2．对商品检验权的规定应公平合理

一般来说，哪一方享有检验权，哪一方就有权指定检验货物的检验机构，其指定的检验机构所出具的检验证书就作为交货品质、重量（数量）、包装等各项内容是否与合同规定一致的最后依据。因此，合同中应本着实事求是、利益兼顾的原则规定检验权。

3．复验期限和地点应明确规定

买方享有复验权，因为复验的期限也就是索赔期限，因此合同中应明确复验的期限和地点。在确定复验期限时，应考虑商品的性质和港口情况。如果买方没有在规定的复验期限内检验商品，即使以后检验发现商品有问题，也无权索赔。在我国进出口合同中，一般以目的港作为买方的复验地点。

4．审慎选择检验机构、检验方法和检验标准

国际贸易中有许多不同的检验机构、检验标准和检验方法，在检验同一商品时，若选择不同的检验机构、检验标准和检验方法，会出现不同的检验结果，因此，在检验条款中应审慎选择检验机构。一般选择政治上对我国友好，又有一定检验能力的机构，此外，明确选择一种检验标准和检验方法，不能采用"使用某种方法检验"一类的选择性条款，以免引起不必要的纠纷。如果合同中没有规定检验标准和检验方法，出口商品按我国商检部门规定的标准和方法进行检验；进口商品按国际贸易习惯通用的标准和方法进行检验。

5．检验证书的种类和数量应在合同中具体约定

在实际的进出口业务中，由于交易的商品不同，需提供的检验证书的种类也不相同，买卖双方应在合同中对检验证书做出具体约定。此外，提供检验证书的种类还要符合有关国家的法律、法规及对外贸易政策的规定，并确定出具检验证书的份数。例如，我国规定，对动物产品除出具品质证书、重量证书外，还需提供兽医证书；而对食用动物产品，除出具品质证书、重量证书外，还需提供卫生检疫证书。

第二节　索　赔

一、索赔的含义

在国际货物买卖中，买卖双方或其他有关当事人之间因国际市场行情的变化或其他方面的原因，不愿意履行合同规定的义务，制造种种借口开脱自己的责任，从而构成违约。一方违约，另一方就会提出索赔。

索赔（claim），是指交易的一方违反合同规定，给另一方造成损失，受损害的一方就此向违约的一方提出损害赔偿的要求。在法律上是指主张补救权利。理赔（claim settlement）是指违约方对受害方所提出赔偿要求的受理与处理行为。索赔和理赔是一个问题的两个方面，对受损害方而言是索赔，对违约方而言则是理赔。受损害的一方对违约方提出索赔，是各国法律赋予其的权利。

二、索赔依据和办法

（一）索赔依据

索赔依据主要规定提出索赔必须具备的证据和出证机构，包括法律依据和事实依据两方面。法律依据是指买卖双方订立的合同，合同中未明确的，以合同适用的法律或国际惯例规定作为解释依据。事实依据是违约的事实真相及其书面证明，以证实违约的真实性。如果证据不全、不清，出证机构不符合要求，都可能造成对方拒绝赔偿。因此，索赔条款一般都明确规定提出索赔应出具的证据和出证机构。

（二）索赔办法

国际货物买卖中的索赔涉及合同签订和履行许多环节，鉴于签约时难以预料日后违约的情况及其造成的损坏程度，因而在合同中无法做出具体规定，通常只做出笼统规定。例如，有的合同采取分列的办法在每一项重要条款中都规定违约责任及赔偿办法；有的合同则另列索赔条款，规定处理原则和办法；有的合同则不列索赔条款，在重要条款中也不规定违约的处理办法。无论是哪种情况，在处理索赔时都应弄清事实，分清责任，并区分不同情况，有理有据地提出索赔。

三、索赔期限

索赔期限是指受损害的一方向违约方提出索赔的有效期限，实际上就是检验条款中的复验期限。在有效期限内，索赔有效；逾期，违约方可不予受理。索赔期限的确定有约定和法定之分。约定索赔期限是指买卖双方在合同中规定的索赔期限。在合同中约定索赔期限时，应考虑不同商品的特性、运输和检验条件。对于有质量保证期限的商品，合同中还应加订保证期。法定索赔期限是指合同适用的法律所规定的索赔期限，期限一般比较长。例如，《公约》规定的索赔期限为自当事人知道或者应当知道某权利受到侵犯之日起 2 年内。法定索赔期限只有在买卖合同中未规定索赔期限时才起作用。

一般合同中索赔期限的起算方式有：① 货物到达目的港××天起算；② 货物到达目的港卸离海轮后××天起算；③ 货物到达买方营业处所或用户所在地后××天起算；④ 货物经检验后××天起算；⑤ 提单签发日后××天起算。

四、索赔金额

索赔金额是指受损害方向违约方索取损害赔偿的金额。鉴于违约的情况比较复杂，索赔的金额在签约时难以预计，只能事后根据违约程度酌情处理。通常处理索赔金额的原则是：赔偿金额应与因违约而遭受的包括利润在内的损失额相等；赔偿金额应以违约方在订立合同时能预料到的合理损失为限；由于受损害一方未采取合理措施使有可能减轻而未减轻的损失发生，应在赔偿金额中进行相应的扣除。

五、罚金条款

罚金条款（penalty clause）又称作违约金条款（liquidated damage clause），是指买卖双方中一方未能按约定履行合同，应向另一方支付一定的违约金，以弥补其损失，但支付违约金后仍需履行合同。罚金条款适用于卖方延期交货、买方延期开立信用证或延期接货等情况。违约金数额一般由合同当事人商定，根据违约时间的长短按合同约定金额的百分比来确定。罚金起算时间有两种：一种是从合同规定的交货期或开证期终止后立即起算；另一种规定了优惠期，即指超过合同规定的有关期限后再宽限一段时间，优惠期免于罚款，待优惠期届满后起算罚金。

各国对于合同中罚金条款的法律规定存在着很大的差异。大陆法系的国家一般都承认和保护合同中的罚金条款，承认违约金的惩罚性质，一般允许受损方在要求违约方支付违约金后，还可要求违约方对其损害进行赔偿，并需继续履行合同。英美法系的国家把罚金条款分为惩罚性的罚金和补偿性的预约赔偿金两种。如果法院认定是惩罚性的罚金，则不予以承认和保护，即罚金条款无效，但受害人仍可以请求损害赔偿；如果法院认定是预约赔偿金，即当事人为了减少将来计算违约损害的麻烦而规定的，则罚金条款便是有效的，但受损害方只能根据罚金条款获得固定数额的赔偿，即使这一数额远远少于实际损失。

我国法律对罚金条款给予承认和保护。《民法典》第 585 条规定，当事人可以约定一方违约时应当根据违约情况向对方支付一定数额的违约金，也可以约定因违约产生的损失赔偿额的计算方法。约定的违约金低于造成的损失的，人民法院或者仲裁机构可以根据当事人的请求予以增加；约定的违约金过分高于造成的损失的，人民法院或者仲裁机构可以根据当事人的请求予以适当减少。这与德国、法国等大陆法国家的有关规定相似。我国进出口业务中一般将罚金条款事先拟定并印妥在格式合同中，因此，我国企业在对外贸易中要注意对方当事人所在国和合同履行地所在国的有关法律规定，对罚金条款进行适当的修改和补充，避免由此而带来的损失。

六、合同中的索赔条款

在进出口业务中，索赔情况时有发生，买卖双方为了方便处理索赔问题，一般在合同中订立索赔条款。索赔条款有两种规定方式：一种是异议与索赔条款（discrepancy and claim clause）；另一种是罚金条款（penalty clause）。异议与索赔条款主要包括索赔的依据、索赔的期限、索赔的处理办法和索赔的金额等。该条款有时合并在检验条款中。

常见索赔条款示例：

Any claim by the buyers regarding the goods shipped shall be filled within ×× days after the arrival of the goods at the port of destination specified in the relative bill of lading and supported by a survey report issued by a surveyor approved by the sellers.

买方对于装运货物的任何索赔，必须于货到提单所定目的地××天内提出，并须经卖方同意的公证机构出具检验报告。

第三节　不可抗力

一、不可抗力的含义

不可抗力（force majeure）又称作人力不可抗拒，是指买卖合同签订后，由于自然原因或社会原因引起的当事人无法预见、无法预防、无法避免和无法控制的事件。不可抗力事件发生后，会导致不能履行或不能如期履行合同，遭受不可抗力事件的一方可以免除其不履行合同或推迟履行合同的责任。因此，合同中的不可抗力条款是一项免责条款。

二、不可抗力的认定和法律后果

（一）不可抗力的范围及其解释

1．不可抗力的范围

在国际贸易中，并不是任何一种意外事件都可作为不可抗力事件。一般来说，不可抗力事件主要分为两类：一是自然原因引起的事件，如水灾、火灾、雪灾、旱灾、飓风、雷电、地震、海啸、暴风雨、冰封等；二是社会原因引起的事件，如战争、罢工、政府颁布的法律、禁令、骚乱等。汇率变化、能源危机、机器故障、工厂倒闭等不属于不可抗力事件。

2．不可抗力的解释

不可抗力作为一项免责条款，买卖双方可能通过扩大不可抗力事件的范围来减少自己的合同义务。一般而言，自然原因引起的不可抗力事件双方比较容易达成共识，但对社会原因引起的不可抗力事件，各国法律和国际惯例对其的解释并不统一。英美法系国家认为发生不可抗力事件会造成"合同落空"，即合同签订后，不是由于合同当事人的过失，而是发生了当事人意想不到的自然事件，致使订约目的受到根本挫折，从而造成"合同落空"，发生事件的一方，可据此免除责任。大陆法系国家则称发生不可抗力事件为"情势变迁"或"契约失效"，是指签订合同后，不是合同当事人的原因而发生了当事人预想不到的情况变化，致使合同不可能再履行或对原来的法律效力需做相应的变更。《公约》称之为"履行合同的障碍"，合同签订后，如发生了合同当事人订约时无法预见和事后不能控制的障碍，以致不能履行合同义务，则可以免除责任。

（二）不可抗力的认定

在国际贸易中，由于自然原因和社会力量引起的任何意外事故，对交易双方是否算不可抗力，各国法律和各种国际公约、国际惯例的解释有所不同，但却都承认构成这类事件需要具备以下四个条件。

（1）时间性：事件必须是在订立合同之后发生的。

（2）无过失性：事件的发生及其后果不是由于任何一方当事人的故意或疏忽造成的。

（3）不可抗拒性：事件发生及造成的后果是当事人无法控制、无法避免和不能克服的。

（4）不可预见性：事件的发生必须是双方当事人在订立合同时，对该事件是否发生是不可预见的。

（三）不可抗力的法律后果

不可抗力发生后，对合同的处理主要有两种方式：一种是解除合同；另一种是延迟履行合同。至于在何种情况下可以解除合同，在何种情况下延迟履行合同，应视不可抗力事件的影响程度而定，也可由双方当事人在合同中具体规定。如果合同中没有明确规定，一般的解释是：如果不可抗力事件只是使合同的履行受到了暂时的阻碍，则不能解除合同，只能延迟履行合同；如果不可抗力事件的发生致使不能实现合同目的，使得合同履行成为不可能，则可解除合同，如特定标的物的灭失。然而，不同国家的法律或国际惯例对不可抗力事件的处理也存在分歧，英美法系国家认为，一旦出现"合同落空"，合同即告终结，从而自动解除当事人的履约义务。而有些国家法律规定，出现不可抗力事件不一定使合同全部解除，而应根据不可抗力事件的原因、性质、规模、对履约的实际影响区别对待。

三、不可抗力的通知和证明

发生不可抗力影响合同履行时，当事人要取得免责的权利，必须按合同约定的通知期限和通知方式将事件情况和处理意见及时通知另一方，并提供必要的证明文件。

《公约》规定，不履行义务的一方必须将障碍及其对他履行义务能力的影响通知另一方，如果该项通知在不履行义务的一方已知道或理应知道发生障碍后一段合理时间内，另一方仍未收到通知，则他对由于另一方未收到通知而造成的损害应负赔偿责任。《民法典》第 590 条规定，当事人一方因不可抗力不能履行合同的，根据不可抗力的影响，部分或者全部免除责任，但是法律另有规定的除外。因不可抗力不能履行合同的，应当及时通知对方，以减轻可能给对方造成的损失，并应当在合理期限内提供证明。当事人迟延履行后发生不可抗力的，不免除其违约责任。我国关于不可抗力事件的证明一般由中国国际贸易促进委员会或其设在口岸的分会出具。另一方也应在接到通知和证明材料后及时答复，如有异议也应及时提出。

四、合同中的不可抗力条款

（一）不可抗力条款的订立方法

1. 概括规定

在合同中不具体订明哪些现象是不可抗力事件，只是笼统地加以叙述，如"由于不可抗力的原因，致使卖方不能交货或延期交货，卖方不负责任""由于不可抗力事件使合同不能履行，发生事件的一方据此免除责任"。这种规定方法较为含糊，易引起争议。

2. 具体规定

在合同中把不可抗力事件一一列出来，并指明如发生合同中所列事件，致使当事人无法履约时可予免责。这种规定方法虽然明确具体，但文字烦琐，且可能存在偶然的、意外的、不可控事件没有被列出，一旦出现该类事件，仍可能发生争执。

3．综合规定

将概括式和列举式结合起来规定，在列明经常可能发生的不可抗力事件的同时，再写明"以及双方同意的其他不可抗力事件"的句子。这种规定方法既明确具体，又有一定的灵活性。在我国进出口合同中，一般都采取这种规定方法。

（二）不可抗力条款的内容

不可抗力条款的内容包括不可抗力事故的范围、事故的后果、发生事故后通知对方的方式、出具事故证明的机构等。

常见不可抗力条款示例：

If the shipment of the contracted goods is prevented or delayed in whole or in part by reason of war, fire, earthquake, flood, firestorm or other cause of force majeure, the sellers shall not be liable for the contract. However, the sellers shall notify the buyers by cable (or telex) and furnish the latter by registered air-mail with a certificate issued by the China Council for the Promotion of International Trade attesting such event or events.

如因战争、火灾、地震、水灾、暴风雨等其他不可抗力的原因，致使卖方不能部分或全部装运或延迟装运，卖方对此均不负责，但卖方须用电报（电传）通知买方，并以航空信件向后者提出由中国国际贸易促进委员会出具证明该事件的证书。

第四节　仲　　裁

一、仲裁的含义及其特点

（一）仲裁的含义

仲裁（arbitration）是指买卖双方在发生争议之前或之后签订书面协议，自愿将彼此之间的争议提交双方都认可的仲裁机构进行裁决的一种纠纷处理方式。仲裁的裁决一般都是终局的，对双方均具有约束力。

（二）仲裁的特点

1．仲裁的双方出于自愿

仲裁是买卖双方在自愿达成协议的基础上解决争议的一种方式。仲裁机构属于民间组织，不具有强制管辖权，对案件的受理以双方当事人自愿签订的仲裁协议为准，处理仲裁案件的仲裁员也是由双方当事人指定，这样有利于双方保持良好的关系。

2．仲裁处理案件的程序简单，速度快，收费低

处理仲裁案件的仲裁员熟悉国际贸易业务，处理问题时根据当事人双方签订的仲裁条款，同时考虑国际惯例，比较切合实际，因此案件处理程序简单，速度快且收费低。

3．仲裁裁决的效力具有终局性，对双方当事人均具有约束力

只要双方当事人自愿将争议提交仲裁解决，仲裁裁决的效力一般是终局的，对双方当事

人均具有约束力。仲裁一般不公开进行，裁决也不公布出来，对双方当事人之间的贸易关系损害较小。

二、仲裁协议的形式和作用

仲裁协议是在争议发生之前或之后，双方当事人自愿将彼此之间的争议提交仲裁机构审理的书面协议，是仲裁机构或仲裁员受理争议案件的依据。

（一）仲裁协议的形式

仲裁协议必须是书面的，具体有两种形式：一种是合同中的仲裁条款（arbitration clause），是在争议发生前以合同条款的形式订立的，表明双方当事人愿意将未来彼此之间可能发生的争议提交仲裁机构解决；另一种是仲裁协议，是在争议发生之后订立的，由双方共同签署的、把已发生的争议提交仲裁机构解决的书面协议。这两种形式的仲裁协议虽然签订的时间不同，但其效力和作用是相同的。

（二）仲裁协议的作用

按照我国和大多数国家的仲裁法规定，仲裁协议的作用主要体现在以下几个方面。

1．约束双方当事人的行为

双方当事人一旦自愿签订了仲裁协议，任何一方不得随意改变仲裁机构或地点，也不得向法院起诉。如一方违反协议起诉，另一方可以根据双方的仲裁协议请求法院停止诉讼。

2．授予仲裁机构受理案件的法律依据

仲裁协议使仲裁员和仲裁庭取得对有关争议案件的管辖权，仲裁机构不得受理无仲裁协议的案件。

3．排除法院的管辖权

国际上大多数国家承认仲裁协议可以排除法院对有关争议案件的管辖权的原则，凡订有仲裁协议的，法院不得强制管辖。即使一方当事人违反协议向法院提起诉讼，法院也不得立案受理，仲裁裁决具有终局性。

三、仲裁地点和仲裁机构

（一）仲裁地点

仲裁地点是仲裁条款的主要内容，是双方当事人利益的焦点。因为仲裁地点与仲裁所适用的仲裁规则和法律关系密切相关。在哪里仲裁，就适用哪里的法律，除非合同中另有规定。由于当事人对本国的法律和仲裁程序比较了解和信任，交易双方一般力争在本国进行仲裁。究竟选择哪个地点进行仲裁，还要取决于当事人的谈判地位、合同的具体情况以及法律有无强制性规定等因素。

我国进出口贸易合同中的仲裁地点一般有三种规定方法：首先，争取在我国仲裁，由中国国际经济贸易仲裁委员会或中国海事仲裁委员会进行仲裁；其次，规定在被告所在国仲裁，这也是国际上常用的一种方法，有利于协调双方当事人的利益；最后，可考虑在双方同意的

第三国仲裁。在选择第三国作为仲裁地点时，应选择对我国比较友好的国家。

（二）仲裁机构

1．常设仲裁机构

常设仲裁机构是指根据一国法律或有关规定设立的，有固定的名称、地址、仲裁员和具备仲裁权的机构。常设仲裁机构能为仲裁工作提供必要的服务与便利，有利于仲裁工作的开展。因此，国际商事仲裁绝大多数选择常设仲裁机构。

国际上常设仲裁机构有三类：一是一些国际组织设立的仲裁机构，如国际商会仲裁院（驻巴黎）；二是许多国家都设有专门处理商事纠纷的常设仲裁机构，如英国伦敦仲裁院、瑞典斯德哥尔摩商会仲裁院、日本国际商事仲裁协会、美国仲裁协会、中国国际经济贸易仲裁委员会等；三是一些工商行业组织设立的仲裁机构，如伦敦油籽协会、伦敦谷物商协会等。

中国的常设涉外仲裁机构主要有两个：一是中国国际经济贸易仲裁委员会，于 1956 年 4 月成立，隶属于中国国际贸易促进委员会，总部设在北京，在上海和深圳设有分会，该仲裁委员会适用《中国国际经济贸易仲裁委员会仲裁规则》，解决产生于国际或涉外性的经济贸易中发生的争议，2000 年，中国国际经济贸易仲裁委员会同时启用中国国际商会仲裁委员会的名称；二是中国海事仲裁委员会，适用《中国海事仲裁委员会仲裁规则》，受理运输、海事中发生的涉外争议案件。

2．临时仲裁机构

临时仲裁机构是由双方当事人指定的仲裁员临时组成仲裁庭专门审理指定的争议案件，案件处理完毕后即自动解散。采用临时仲裁机构解决争议时，双方当事人须在仲裁协议中明确规定指定仲裁员的办法、人数，组成仲裁庭的成员以及采用仲裁程序的规则等问题。

四、仲裁程序和仲裁裁决的效力

（一）仲裁程序

仲裁程序是进行仲裁的手续、步骤和做法。各国仲裁法对仲裁程序都有明确的规定，按照中国国际经济贸易仲裁委员会制定的仲裁规则，仲裁程序包括仲裁申请、答辩和反请求、组成仲裁庭及指定仲裁员、仲裁审理和裁决的做出等。

1．仲裁申请、答辩和反请求

申请人在请求仲裁时应在仲裁申请中写明申请人和被申请人的名称、地址，申请人所依据的仲裁协议，申请人的要求及所依据的事实和理由。

答辩和反请求是指被申请人接到仲裁委员会受理案件后转来的仲裁申请书后，应在规定的时间内（如收到仲裁通知之日起 45 日内）提交答辩书，对申请人提出的请求、陈述的事实和依据的理由加以回答、抗辩或反驳，并有提出自己独立反请求的权利，用来抵消申请人的请求权利，以削弱申请人的请求。

2．组成仲裁庭及指定仲裁员

仲裁庭可以由三名仲裁员或一名仲裁员组成。如果是三名仲裁员，即由双方当事人分别指定一名，仲裁委员会主任再指定第三名仲裁员为首席仲裁员；如果是一名仲裁员，则该仲裁员应为双方都可接受的，如果双方无法达成共识，则由仲裁委员会主任指定。被指定的仲裁员不能和案件有利害关系。

3．仲裁审理

仲裁案件的审理有两种形式：一是开庭审理，二是书面审理。仲裁案件的审理一般应开庭审理，且应在开庭前 30 日内通知双方当事人，如开庭时一方不出席，可进行缺席裁决；对于双方当事人申请不愿开庭审理的，且仲裁庭也认为没有必要开庭审理的，仲裁庭可只依据书面文件进行审理。

4．裁决的做出

仲裁案件的审理根据事实和证据，对当事人提交的请求事项做出支持或驳回、部分驳回的书面决定。仲裁庭一般自组成之日起 6 个月（不包含鉴定时间）内对案件做出裁决。裁决书应说明裁决的理由，并经仲裁庭全体或多数仲裁员署名，最后写明裁决的日期和地点。

仲裁程序的作用是为当事人和仲裁员提供一套进行仲裁的行动准则，以便在仲裁时遵循。按国际仲裁的一般做法，仲裁条款规定在哪个常设仲裁机构仲裁，就应该按照其仲裁程序进行仲裁。但是，有些国家也允许双方当事人自由选用他们认为合适的仲裁程序。例如，在瑞典进行仲裁，双方当事人可以不采用瑞典的仲裁规则，而选用其他国家的仲裁规则。组成临时仲裁庭的仲裁规则完全由当事人约定。

（二）仲裁裁决的效力

国际上普遍的做法是仲裁裁决的效力具有终局性，对双方都有约束力。《中华人民共和国仲裁法》第九条规定，"仲裁实行一裁终局的制度。裁决作出后，当事人就同一纠纷再申请仲裁或者向人民法院起诉的，仲裁委员会或者人民法院不予受理。"但也有少数国家法律规定，当事人可以上诉，但只限于仲裁程序，即法院只审查仲裁裁决在法律手续上是否完备，而不审查裁决本身是否正确。如果法院查出裁决在程序上有问题，有权宣布裁决无效。当事人对裁决本身不得上诉。若败诉方不执行裁决，胜诉方有权向法院申请强制执行。因此，合同中的仲裁条款通常都明确规定仲裁裁决的终局性和约束力。

五、仲裁裁决的承认和执行、费用的负担

（一）仲裁裁决的承认和执行

从理论上来说，既然双方当事人自愿通过协议提交仲裁，做出裁决后，须毫不延迟地自觉执行。但有时也出现败诉方不执行仲裁裁决事项的情况，而仲裁机构的民间性质决定了它不具有强制执行的权力，在这种情况下，胜诉方只能向法院提出申请强制执行。

裁决的承认是指法院根据当事人的申请，依法确认仲裁裁决具有可执行的法律效力。裁决的执行是指当事人自动履行裁决事项，或法院根据一方当事人的申请依法强制另一方当事人执行裁决事项。然而，国际商事仲裁可能会出现在甲国进行仲裁而败诉方在乙国的情况，这时胜诉方要向外国的法院申请强制执行时存在一定困难。这时可通过一些国际双边的和多边的国际公约解决这个问题。

联合国在纽约签订的《承认及执行外国仲裁裁决公约》（*Convention on the Recognition and*

Enforcement of Foreign Arbitral Awards）（简称《1958 年纽约公约》）成为承认和执行外国仲裁裁决的一个最重要的国际公约。我国于 1987 年 1 月 22 日被批准加入该公约。该公约从两方面规定仲裁的执行：首先，要求所有缔约国承认双方当事人所签订的仲裁协议在法律上有效；其次，根据公约的规定和申请执行地的程序，承认和执行外国仲裁裁决。但该公约又允许缔约国在加入时可做两项保留，即"互惠保留"和"商事保留"。我国在加入时也做了这两项保留，即根据该公约，中华人民共和国只在互惠的基础上对在另一缔约国领土内做出的仲裁裁决承认和执行；中华人民共和国只对根据中华人民共和国法律认定为属于契约性和非契约性商事法律关系所引起的争议适用该公约。

（二）仲裁费用的负担

仲裁费用由谁负担应在合同中订明，通常规定由败诉方承担，有时也可由双方当事人按比例分担。根据中国《仲裁法》规定，仲裁庭有权裁定败诉方应该补偿胜诉方办理案件所支出的部分合理费用，补偿金额最多不得超过胜诉方所得胜诉金额的 10%。

六、合同中的仲裁条款

（一）合同中仲裁条款的内容及仲裁条款的格式

合同中的仲裁条款包括仲裁地点、仲裁机构、仲裁程序、仲裁裁决的效力和仲裁费用的负担等内容。

国际经济贸易仲裁委员会总结外贸公司签订仲裁条款的经验，并参考国际上的习惯做法，提出以下三种合同中的仲裁条款格式。

1．规定在我国仲裁的条款格式

All disputes arising out of the performance of, or relating to this contract, shall be settled amicably through friendly negotiations. In case no settlement can be reached through negotiation, the case shall then be submitted to the Foreign Economic and Trade Arbitration Commission of the China Concil for the Promotion of International Trade, Beijing, China, for arbitration in accordance with its Provisional Rules of Procedure. The arbitral award shall be accepted as final and binding upon both parties.

凡因本合同引起的或与本合同有关的任何争议，双方应通过友好协商解决；如果协商不能解决，均应提交中国国际贸易促进委员会之中国国际经济贸易仲裁委员会（中国北京），根据其仲裁规则进行仲裁。仲裁裁决是终局的，对双方都有约束力。

2．确定在被申请人所在国仲裁的条款格式

All disputes arising out of the performance of, or relating to this contract, shall be settled amicably through negotiation. In case no settlement can be reached through negotiation, the case shall then be submitted for arbitration. The location of arbitration shall be in the country of the domicile of the defendant. If in China, the arbitration shall be conducted by the Foreign Economic and Trade Arbitration Commission of the China Council for the Promotion of International Trade, Beijing, China, for arbitration in accordance with its Provisional Rules of Procedure. If in ××, the arbitration shall be conducted by ×× in accordance with its rules of arbitration. The arbitral award shall be final and binding upon both parties.

凡因执行本合同引起的或与本合同有关的一切争议，双方应通过友好协商解决；如果协商不能解决，应提交仲裁。仲裁在被诉方所在国进行。如在中国，由中国国际贸易促进委员会之中国国际经济贸易仲裁委员会（中国北京）根据其仲裁规则进行仲裁。如在××国（对方所在国名称），应由××（对方所在国仲裁机构的名称）根据其仲裁规则进行仲裁。仲裁裁决是终局的，对双方都有约束力。

3．规定在双方同意的第三国仲裁的条款格式

All disputes arising out of the performance of, or relating to this contract, shall be settled amicably through negotiation. In case no settlement can be reached through negotiation, the case shall then be submitted to ×× arbitration, in accordance with its rules of arbitration. The arbitrarily award shall be final and binding upon both parties.

凡因本合同引起的或与本合同有关的任何争议，双方应通过友好协商解决；如果协商不能解决，应提交××（某第三国某地名称及仲裁机构），根据其仲裁规则进行仲裁。仲裁裁决是终局的，对双方都有约束力。

（二）订立仲裁条款应注意的事项

（1）应明确仲裁事项。仲裁地点、仲裁机构、仲裁程序等必须在合同中做出明确规定。

（2）应规定仲裁裁决的效力是终局的，对双方当事人均具有约束力。

（3）应规定仲裁费用由谁负担。

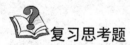

复习思考题

1．在国际货物买卖合同中，对商品检验的时间和地点有哪几种规定方法？

2．什么是法定检验？其具体包括哪几个方面？

3．订立合同的检验条款时应注意哪些问题？

4．索赔期限的起算方式有哪几种？

5．不可抗力认定需要具备哪些条件？合同中的不可抗力条款包括哪些内容？

6．我国企业在订立涉外合同时，对仲裁地点有哪些规定方法？

案例分析题

1．甲国 A 公司与乙国 B 商人签订一份食品出口合同，并按乙国 B 商人要求将该批食品运至某港通知丙国 C 商人。货到目的港后，经丙国卫生检疫部门抽样化验发现霉菌含量超过该国标准，决定禁止该商品在丙国销售并建议就地销毁。丙国 C 商人去电请示，并经乙国 B 商人的许可将货就地销毁。之后，丙国 C 商人凭丙国卫生检疫机构出具的证书及有关单据向乙国 B 商人提出索赔。乙国 B 商人理赔后，又凭丙国 C 商人提供的索赔依据向甲国 A 公司索赔。请问：A 公司应如何处理？

2. 美国 A 公司向外国 B 公司购买一批火鸡用于供应圣诞节市场。合同规定 B 公司应在 9 月底以前装船。但是 B 公司违反合同，推迟到 10 月 7 日才装船。结果圣诞节销售时机已过，火鸡难以销售。因此，A 公司拒收货物，并主张撤销合同。请问：A 公司有无拒收货物和撤销合同的权利？

3. 国内某公司向银行申请开立信用证，以 CIF 条件向法国采购奶酪 3 公吨，价值 3 万美元，提单已经收到，但货轮到达目的港后却无货可提。经查，该货轮在航行中因遇暴风雨袭击，奶酪被水浸泡，船方将其弃于海中。于是我方凭保险单向保险公司索赔，保险公司拒赔。请问：保险公司能否拒赔？我方应向何方索赔？

4. 某年夏天，我国南方发生特大洪水灾害。在此之前，我某外贸企业与外商订有三份大米合同，合同的商品名称分别为"太湖大米""在某仓库存放的江苏大米""中国大米"，7、8 月份交货。请问：我方可否向外商提出免责要求？

 技能拓展训练

目的：掌握办理出口货物报检的手续。

资料：顺达进出口公司出口的该批货物属于法定检验的商品，当检验合格后获取出入境检验检疫局签发的出境货物通关单才能向海关报关。

要求：请你详细说明办理出口货物报检的手续。

第九章 交易的磋商与合同的签订

【引导案例】

交易磋商案例分析

案情描述： 我方 A 公司向美国旧金山 B 公司发盘："某商品 100 公吨，每公吨 2400 美元 CIF 旧金山；收到信用证后两个月内交货，以不可撤销即期信用证支付，限 3 天内答复"。第二天收到 B 公司回电称："接受你方发盘，立即装运"。A 公司未作答复。又过两天，B 公司由旧金山花旗银行开来即期信用证，注明："立即装运"。当时该商品国际市场价格上涨 20%，A 公司拒绝发货，并立即退回信用证。请问：这种做法是否合理？有何依据？

案例分析： A 公司"拒绝发货，并立即退回信用证"的做法合理，依据是：国际货物买卖合同的成立，与其他合同一样，必须具备两个法律步骤——要约和承诺。要约在贸易实务中又称作发盘，承诺在贸易实务中又称作接受。一项发盘，只有受盘人做出接受，交易才能达成，合同才能成立。《联合国国际货物销售合同公约》规定的合同成立的法律条件，本案中，我方发盘，外商回电"接受"，但变更了发盘中的装运期，而装运期对所采用的 CIF 术语来说就是交货期，该变更属于实质性变更，因此外商的"接受"构成还盘，故合同不成立。

【教学目标】

通过本章的学习，使学生了解国际货物交易前的准备工作；掌握国际货物交易磋商中询盘、发盘、还盘和接受等环节应注意的问题；掌握国际货物买卖合同成立和生效的要件及其基本内容。

【教学重点】

交易磋商的基本环节；构成有效发盘和有效接受的条件；发盘的撤回和撤销；合同成立的时间与生效的要件。

【教学难点】

构成有效发盘和有效接受的条件；合同成立的条件。

第一节 进出口交易前的准备

一、出口交易前的准备

（一）进行国际市场调研，选择目标市场

国际市场调研是以科学的方法对国际市场的有关信息进行系统的搜集和分析，为选择目标市场提供依据，为调节、监控、评价销售时机和成果奠定基础。由于每个海外市场的销售渠道、客户偏好、商业习惯、竞争方式、价格和销售条件有很大的差异，国际市场调研就显得尤为必要。国际市场调研的内容一般包括政治环境、经济环境、文化环境、自然环境等。

1. 政治环境

政治环境是影响市场环境的重要因素，在国际贸易中，一国或地区的政治环境直接影响国际贸易的顺利开展，因此，在进行国际贸易之前，必须了解国际市场的政治环境，最大限度地降低来自这方面的风险。政治环境包括社会政体状况、政治局势稳定情况、进口国的贸易政策及其变动情况等。

2. 经济环境

经济环境是指一个国家或地区经济发展已达到的水平和未来的发展前景。经济状况包括经济体制和经济发展水平等因素。

不同的经济体制对国际贸易活动产生的影响不同。在市场经济体制下，产品的价格和产品进入市场的方式都是由市场供求决定和调节的；而在计划经济体制下，产品的价格和产品进入市场的方式都是由政府的指令性计划决定的。

不同的经济发展水平对国际贸易会产生不同的影响。经济发展水平不同，对商品的需求就不同。一般情况下，发达国家和地区偏好于消费高档商品，发展中国家和落后地区偏好于消费中低档商品。

对经济环境的调研包括对该国或地区的人口数量及增长趋势、国民收入、个人收入、城乡居民存款、消费水平和消费结构等情况的调查。

3. 文化环境

文化环境是指一个国家的社会结构、社会行为、教育水平及人民的知识水平和生活方式的总和。文化环境包括社会意识、价值观、风俗习惯、语言文字、教育水平、宗教信仰等。

在国际贸易中，不能忽视社会文化环境对进出口贸易的影响。例如，产品的设计，包括商标、包装上的颜色、图形文字，产品的广告及其他促销方式的应用等，都要适应进口国或地区的社会文化环境。只有适应进口国的社会文化环境，才能有利于商品的销售，否则就不利于商品的销售。

4. 自然环境

自然环境是指一国或地区的地理状况和气候条件。自然环境对市场特点的形成，如消费需求、消费偏好、产品的功能、产品的适应性等产生重要影响。

气候对商品需求有明显影响，例如，寒带地区对羽绒服等保暖产品的需求量大，热带地区对电风扇等消暑产品的需求量大。地理状况对贸易有直接影响，例如，沿海和平原地区交通便利，城市集中，经济发达，对开展贸易比较有利；偏远山区交通闭塞，经济落后，不利于开展贸易活动，因此，在进行市场调研时，应该将这些因素考虑进去。

（二）进行国外客户调查，选择交易对象

对国外客户进行调查时，需要了解其资信状况，以便选择优良客户，降低贸易风险，促进成交，扩大贸易往来。对客户的调查要力求全面，主要包括以下几个方面。

（1）客户的基本情况，包括公司的名称、地址、电话、传真、成立日期、公司性质、公司隶属关系、业务范围、客户的政治背景等。其中，要特别注意调查公司的注册资料或商业登记资料，以确定对象的真实身份。

（2）客户的支付能力，包括客户的注册资本量、营业额、潜在资本、资产负债和借贷能力等。调查时要特别注意注册资本和实投资本，以估计该公司的规模大小。

（3）客户的经营能力，包括客户的经营范围和品种、业务地区、业务性质、销售渠道、贸易关系、联系网络、商业信誉、服务态度等。

（三）制定出口商品经营方案

出口商品经营方案是在广泛调研的基础上，对市场信息进行筛选、分析、归纳，结合本企业的经营战略目标、企业本身的特点，综合内外各种可控制和不可控制因素及国际市场趋势，制定的一定时期内（半年、一年或更长时间）对外推销某种或某类商品的行动方案，以它作为企业洽商交易的依据和出口的行动指南。出口商品经营方案的主要内容包括以下几个方面。

（1）国内货源情况。国内货源情况包括国内生产出口商品的生产能力、技术水平、交货周期，过去几年来产品线中主要销售货物的价格、利润等情况。

（2）国外市场情况。国外市场情况包括市场规模和增长情况、对产品的要求、市场销售和市场竞争状况以及进口管制和关税情况等。

（3）销售计划和措施。销售计划和措施包括针对不同国家或地区，按品种、数量或金额列明推销的计划进度，应采取的措施，如贸易方式、收汇方式、价格与佣金的掌握，以前有无这类商品的出口经验、出口商品的具体品种和数量、出口地理方向等。

（4）成本和经济效益的核算。对出口商品进行出口盈亏率与出口换汇成本的核算。出口换汇成本越高，出口商品的盈利率越低或亏损率就越高；若换汇成本降低，则出口盈利率提高或亏损率降低。核算出口经济效益是为了帮助出口商判断出口是否有利，从而决定是否出口、出口多少以及如何制定出口商品价格。对同类商品不同时期的出口盈亏率和换汇成本进行比较，有助于出口商改善经营管理。而对同类商品出口到不同国家和地区的出口盈亏率与换汇成本进行比较，则可以为市场选择提供依据。

当然，出口前除以上准备工作之外，出口企业还要做好出口商品的广告宣传工作，可以通过大众传播媒体进行宣传，也可以通过举办展览、印发宣传品等各种方式，将产品介绍给特定市场的消费者，力求加深消费者对商品的印象。同时，出口企业还要做好出口商品的商

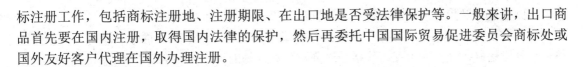

标注册工作，包括商标注册地、注册期限、在出口地是否受法律保护等。一般来讲，出口商品首先要在国内注册，取得国内法律的保护，然后再委托中国国际贸易促进委员会商标处或国外友好客户代理在国外办理注册。

二、进口交易前的准备

进口和出口是一个事物的两个方面，两者的行为是相互对应的。进口交易前的准备工作和出口交易前的准备工作有一些相似之处，同时也有其特殊性。进口交易前的准备工作主要包括进口市场调研、进口成本和效益的核算、制定进口商品经营方案等。

（一）进口市场调研

进口市场调研就是要了解国内外市场、国外供货商的资信情况及其提供的产品等。

1. 国内外市场和商品调研，选择采购市场

对国内外市场和商品进行调研，主要看产品的技术先进程度、使用效能，货比三家，确定采购市场。市场上商品的价格是市场调研的重点，要掌握不同市场商品价格的特点、商品价格的变动趋势，并在订货前对商品价格进行认真预测。

2. 国外供货商资信调查，选择供货商

国外供货商资信调查，主要是对国外供货商的资金、信誉、经营实力情况进行调查，一般选择资信好、经营实力强、交易条件对我方有利的供货商。对国外供货商资信调查的渠道有银行、驻外商务机构、商会、行业协会和咨询机构等。

（二）进口成本和效益的核算

进口成本主要由供货商报价和各项进口费用构成。进口合同价格是在供货商报价的基础上经过谈判可争取的价格；进口费用（以 FOB 价格条件为例）包括从装运港（地）到目的港（地）的运费、国际运输保险费、卸货费、港口费、存仓费、进口税费、进口商检费、银行费用、国内运费、佣金以及其他费用。

进口效益是指进口商品销售收入与进口成本的比较。如果进口商品销售收入大于进口成本，进口商有利可图，值得进口；否则，进口没有意义。当然，如果是为了满足国内市场的特定需要则另当别论。

（三）制定进口商品经营方案

进口商品经营方案是企业为了进口而制定的经营意图和各项具体措施。企业办理进口业务时，特别是进口大宗商品，需要制定进口商品经营方案。进口商品经营方案主要包括进口的数量和时间、采购市场的安排、交易对象的选择、贸易方式的选择和交易条件的掌握等内容。

（1）进口的数量和时间。根据国内需要的缓急和国际市场的具体情况，适当安排订货数量和时间，既要防止过度集中，又要避免前松后紧。在满足国内需要的情况下争取有利的交易时机。

（2）采购市场的安排。根据国别（地区）政策和国际市场条件，合理安排进口国别（地

区），既要选择对我方有利的市场，又不宜过分集中于某一市场。

（3）交易对象的选择。根据不同的经营渠道，如制造厂商、代理商、经销商等，权衡利弊，选择资信好、经营能力强、价格合理并对我方友好的客户作为交易对象。

（4）贸易方式的选择。根据采购的品种、数量和贸易习惯等做法灵活选择合适的贸易方式。

（5）交易条件的掌握。根据商品的品种、进口地区、成交对象、经营意图等灵活掌握各种交易条件和选择贸易术语。

第二节　国际买卖的交易磋商

一、交易磋商的含义和主要原则

（一）交易磋商的含义

交易磋商（business negotiation）是指买卖双方通过函电或洽谈，就买卖货物的交易条件进行协商，以求达成交易的过程。在国际贸易中，交易磋商是订立合同的基础，因此，交易磋商是国际贸易业务中最重要的环节。

一般而言，交易磋商实际上是买卖双方在订立合同前的谈判过程。在谈判过程中，买卖双方在各项交易条件的"给予"和"接受"的互动过程中解决冲突，实现合作，并最终通过建立合同关系实现双方的互利互惠。当双方对法律或国际惯例中规定合同成立的各项交易条件表示的意思都一致时，合同便成立了，这些交易条件对双方就产生了法律约束力。当然，买卖双方的谈判有时会出现僵局，即对某些交易条件的意思表示始终不一致，就需要双方做出让步。如果一方对交易条件无节制地让步，表面上看双方意思表示一致，且达成了交易，但做出让步的一方就会得不到应有的经济效益。此外，交易磋商中还应考虑对方的履约能力，以便合同能全面履行。

（二）交易磋商的主要原则

交易磋商关系买卖双方交易的成败和经济利益，在交易磋商中应坚持以下主要原则。

1．掌握国际交往的要领和特点

了解国际贸易环境中的政治、经济、文化、风俗习惯等，通晓国际贸易的惯例和通则，掌握贸易术语和一些关键外文词语的确切含义，对交易对手和竞争对手充分了解，对每一笔交易条款既要灵活掌握，又不能无节制地让步，使达成的协议尽可能体现公平、公正。

2．正确处理立场和利益的关系

交易双方的利益是贸易谈判的焦点。立场是标，利益是本。立场在形式上表现为一定的意愿，它可以随着谈判进程的演变而随时改变，不能被表面的立场所蒙蔽，要注意隐藏在立场背后的动机，争取引导对方朝着有利于自己的立场转变。

3．注意把人和问题分开

谈判是人和人进行的，在谈判中，要把关乎双方利益的实质问题放在首位，以解决问题为契机，达到人际关系的平衡，不要把各自对利益的态度指向人，使人和问题纠缠在一起，导致人际关系和实质问题发生冲突，即不能因人废事，因事废人。

二、交易磋商的方式和内容

（一）交易磋商的方式

1．书面磋商

书面磋商是指交易双方通过信函、电报、电传和电子邮件等通信工具进行的交易磋商。随着现代通信技术的发展，书面磋商越来越简便易行且费用较低，因此，在日常业务中书面磋商是商品进出口交易中的主要磋商方式。如果双方当事人发生争议，书面磋商还能有据可查。进行书面磋商时，可根据需要采用说服、辩解、道歉、恳求等语气，但要做到准确、自然、完整，以达到预期目的。

用传真进行交易磋商曾经在各国广泛使用，传真的内容可以是照片、图表、书信、文件等，但传真件容易褪色，不能长期保存，而且容易作假。随着现代通信技术的发展，企业现已大量使用电子邮件来磋商交易，但电子数据文件的法律效力在国际范围还有待进一步明确。

2．口头磋商

口头磋商是指买卖双方参加各种交易会、博览会、洽谈会，外派推销人员出访或与来访人员进行面对面的谈判，以及通过电话或传真进行的交易磋商。口头磋商适合于谈判内容复杂、涉及问题较多的交易。口头磋商的结果要以书面形式确定下来。口头磋商的特点是信息传递迅速，磋商的效率比较高，同时有利于交流感情，促进双方建立良好的关系，但进行面谈所花费的费用比较高，对谈判人员的素质要求也比较高。

（二）交易磋商的内容

交易磋商的内容即买卖合同的各项主要条款，包括商品的品质、数量、包装、价格、装运期、支付方式、保险、商检、索赔、仲裁、不可抗力等各项交易条件。在实际业务中，并非每次都把这些条款一一列出，逐条商讨，企业一般都使用固定格式的合同，如上述条款中的保险、商检、索赔、仲裁、不可抗力等通常是印成一张书面文件或印在企业自行设计的格式合同的背面，在磋商前先发给对方，经过双方协商同意后，成为今后双方进行交易的共同基础，不需要每次重复洽谈。

三、交易磋商的程序

不管交易磋商的形式和内容如何，从程序上看，一般要经过四个环节：询盘、发盘、还盘和接受。其中，发盘和接受是每笔交易必不可少的两个基本环节。

（一）询盘

询盘（enquiry）也称作询价，是指交易的一方准备购买或出售某种商品，向对方探询买卖该商品的有关交易条件。询盘涉及的内容包括价格、规格、品质、数量、包装等，而多数

只是询问价格。询盘可以由买方发出，也可以由卖方发出。

示例：

买方询盘：Please cable offer soybean oil most favorable price.

请报豆油最惠价。

卖方询盘：Can supply aluminum ingot 99 pct July shipment please cable if interested.

可供 99%铝锭，7 月份装运，如有兴趣请电告。

在国际贸易中，询盘一方有时表达了与对方进行交易的愿望，希望对方接到询盘后发出有效的发盘，即为邀请发盘；有时只是想探寻一下市场价格，希望对方开出估价单（estimate），这时询盘的对象不限于一人。询盘对交易双方无约束力，询盘人无须承担必须买卖该商品的义务，同样，被询盘人也不负必须回答的责任。但为了给今后的业务往来打好基础，被询盘人接到询盘后一般应迅速给予答复。

（二）发盘

发盘（offer）也称作发价或报价，是指交易的一方（发盘人）向另一方（受盘人）提出购买或出售某种商品的各项交易条件，并愿意按这些条件与对方达成交易、订立合同的肯定表示。在实际业务中，发盘通常是交易一方在收到对方的询盘后提出的，也可以是不经对方询盘直接向对方发盘。发盘在法律上称为"要约"，即在发盘的有效期内，发盘一经受盘人无条件接受，合同即告成立，发盘人必须承担按发盘条件履行合同义务的法律责任。

示例：

We have received your fax of Mar. 17th, offer 5000 dozen sports shirt sampled March 15th USD 84.5 per dozen CIF New York export standard packing May/June shipment irrecocable sight L/C subject reply here 28th.

贵方 3 月 17 日电传收悉，发盘 5000 打运动衫，规格按 3 月 15 日样品，每打 CIF 纽约价 84.5 美元，标准包装，5—6 月份装运，以不可撤销即期信用证付款，28 日复到我方有效。

1. 构成发盘的条件

根据《公约》规定，一项有效的发盘应具备以下三个条件。

（1）发盘必须向特定的受盘人发出。被指明的受盘人可以是一个或一个以上自然人或法人，但必须特定化，而不能是泛指广大公众。如果发盘没有特定的受盘人，它便不能构成有法律约束力的发盘，而只能视为邀请发盘，即询盘，一方在报纸、杂志、电视或广播中做商业广告，向国外客户分发的商品目录、价格表等都属于这种情况。

（2）发盘的内容必须十分明确、完整。第一，发盘中的主要交易条件必须完整，通常包括品名、品质、数量、规格、包装、价格、交货时间和支付方式等主要交易条件，一旦对方接受，便可据此制作详细的书面合同。但有时由于交易双方已就"一般交易条件"达成协议，或已在长期的贸易往来中形成某种习惯做法，发盘中的一些交易条件被省略，这实际上也是一项完整的发盘。第二，交易条件必须明确，不能有含混不清、模棱两可的词句，如"大概""大约""参考价"等。第三，交易条件是终局性的，不附加任何保留及限制性条件，如"以我方最终确认为准""以商品未售出为准"。

（3）发盘人在发盘有效期内受其约束。发盘规定的有效期（time of validity），发盘人和受盘人都受其约束。发盘人在规定的有效期内不能随意变更、撤销发盘，受盘人也要在有效期内接受，合同才能成立。首先，对发盘有效期长短的规定首先要根据商品的特点，对于像谷物、油脂、棉花、有色金属等产品，有效期的规定要短，因为它们的价格受交易所价格的影响，行情变化很快，而且这类商品多属大宗交易，成交金额大，如果有效期过长，一旦行情发生对发盘人不利的变动，发盘人就会蒙受很大损失。其次，还要考虑交易双方通信联系的方式，如果是以电报、电传等方式联系，有效期可规定短一些；如果是采用航空信件方式磋商，有效期则应稍长一些。有效期的规定方法一般有两种：一是规定最迟送达发盘人的时间，如"限2日复到有效"；二是规定一段接受时间，如"发盘有效期5天"。发盘对有效期和答复的传递方法未做明确的规定时，受盘人可在合理时间内答复，但合理时间在国际上并无明确的解释，由于理解不一，发盘人在发盘时最好对有效期做出明确规定。

2. 发盘的生效和撤回

发盘在送达受盘人时生效，因此，发盘在送达受盘人之前对发盘人没有约束力，这时发盘人如果反悔，就可以撤回发盘，以阻止它生效。《公约》规定，一项发盘，只要在它尚未生效以前，都是可以修改或撤回的，但前提是撤回通知或更改通知必须在受盘人收到发盘之前或同时送达受盘人。

3. 发盘的撤销

发盘的撤销是指发盘送达受盘人后，发盘人采取行动解除发盘效力的行为。它和撤回的区别在于撤销的是法律上生效的发盘，这就不是一个简单的手续问题。《公约》第十六条规定，发盘送达受盘人后，在受盘人尚未表示接受之前，即在未订立合同之前，发盘人将撤销通知送达受盘人，发盘可予撤销。但同时规定两种情况下发盘不得撤销：一种是发盘中写明了发盘的有效期或以其他方式表明发盘是不可撤销的；另一种是受盘人有理由信赖该发盘是不可撤销的，而且已本着对该发盘的信赖行事。

4. 发盘的失效

发盘的失效表示发盘人不再受发盘的约束，受盘人接受发盘的权利丧失。发盘的失效主要包括以下几种情况。

（1）受盘人拒绝或还盘。如果受盘人不同意发盘的交易条件，表示拒绝或还盘，不论发盘的有效期是否到期，原发盘即告失效。

（2）发盘人依法撤回或撤销发盘。如果发盘人在符合法律规定的条件下成功地撤回或撤销了发盘，发盘立即失效。

（3）发盘中规定的有效期届满。如果受盘人未在发盘规定的有效期或合理时间内接受发盘，则该发盘自动失效。

（4）特殊情况。特殊情况主要指在发盘被接受前，由于不可抗力原因造成发盘的失效，当事人丧失行为能力、死亡或破产等。

（三）还盘

还盘（counter-offer）是指受盘人不同意发盘中的交易条件而提出修改或变更意见的行为。还盘在法律上被称为反要约。还盘实际上是一个新的发盘，一笔交易可能经过多次还盘和反还盘。

示例：

Your cable 25th counter offer USD 70 per dozen CIF New York.

你 25 日电收悉，还盘每打 70 美元 CIF 纽约。

还盘是受盘人对发盘的拒绝，因此，一经受盘人还盘，原发盘自动失效，原来的发盘人可不再受发盘的约束，受盘人也不得在日后再要求接受原来的发盘。还盘等于是受盘人以发盘人的身份向原来的发盘人所做的一项新的发盘，只有原发盘人无条件地接受，交易才能达成。在实际业务中，一项交易往往要经过多次发盘和还盘才能达成，特别是大宗交易。有时，受盘人在答复时使用了"接受"这个词，但在复述对方发盘的内容时对其中的某些交易条件（如商品的品质、数量、交货时间及地点、支付方式）做了修改，这种情况也应视为还盘。因此，新的受盘人在接到对方的还盘后，要认真核对原发盘和还盘的内容，如果主要交易条件或一般交易条件和原发盘差距不大，根据市场行情和购销意图，可以表示接受；如果主要交易条件和原发盘差距较大，可以表示拒绝或再还盘。

（四）接受

接受（acceptance）是指受盘人在接到对方的发盘或还盘后，无条件地同意对方提出的各项交易条件，并愿意按这些条件和对方达成交易、订立合同的一种肯定表示，这在法律上称作"承诺"。

示例：

Your cable (YC) 25th accepted.

你 25 日电接受。

1．构成一项有效接受的条件

（1）接受必须由特定的受盘人做出。发盘是向特定的受盘人发出的，只有特定的受盘人做出的接受才具有法律效力，任何第三者表示的接受均无法律效力。

（2）接受必须与发盘的内容相符。一项有效的接受必须无条件同意发盘人提出的所有交易条件，这是接受的基本原则。在实际业务中，受盘人有时很难对一项发盘完全同意，在其表示接受的答复中往往有添加或更改的内容。为此，《公约》把接受发盘内容的修改分为实质性变更和非实质性变更，如果属于实质性变更就不构成接受，而是还盘；如果属于非实质性变更就构成接受，交易即告成立。根据《公约》的规定，实质性变更是指接受中的主要条款发生了变更，如货物的价格、付款方式、货物的质量和数量、交货的时间和地点、当事人的赔偿责任范围、解决争议的方案等，非实质性变更是对发盘中的次要条款提出变更，如要求提供某种单据、要求增加单据的份数、要求将货物分两批装运或提出某种愿望等，这些是否构成有效接受，取决于发盘人的意见。如果发盘人认为可以接受变更，合同就成立；如果发盘人不能接受变更，必须立即通知对方，合同就不能成立。

（3）接受必须在有效期内做出。发盘中通常规定有效期，受盘人只有在有效期内做出接受才有法律效力。在国际贸易中，由于各种原因导致受盘人的接受通知有时晚于发盘人规定的有效期送达，这在法律上称为"迟到的接受"。对于这种迟到的接受，发盘人不受其约束，不具有法律效力。但也有例外，一是发盘人在收到逾期接受后，毫不迟延地通知受盘人，确认接受是否有效；二是如果接受的信件在传递正常的情况下能够及时送达发盘人，这种逾期

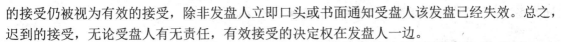

的接受仍被视为有效的接受，除非发盘人立即口头或书面通知受盘人该发盘已经失效。总之，迟到的接受，无论受盘人有无责任，有效接受的决定权在发盘人一边。

（4）接受必须以一定的方式明确表示出来。《公约》规定，受盘人声明或做出其他行为明确表示同意一项发盘，即为接受，沉默或不行动等于不接受。也就是说，接受必须用声明或行为表示出来。一般来说，发盘人如果以口头形式发盘，受盘人也以口头形式表示接受；发盘人如果以书面形式发盘，受盘人也以书面形式表示接受。在表示接受时，往往应重述发盘中的主要交易条件，以免出现差错。另外，若交易双方已形成某种习惯做法，受盘人也可以采取某些行动对发盘表示接受，如卖方直接按发盘条件发运货物，买方立即开来信用证等。

2．接受生效的时间

在用信件或电报通知接受时，接受通知不能立即送达发盘人，就会出现接受何时生效的问题。对此，国际上不同的法律体系存在着明显的分歧。英美法系采用的是"投邮生效原则"（又称"投邮主义"或"发送主义"），即在发盘规定的有效期内，接受通知一经投邮或交给电报员发出就立即生效，即使函电在邮寄途中延误或遗失，也不影响合同的成立。当然，如果发盘人在发盘中规定了接受答复到达的时限，受盘人必须将接受答复（包括用信件或电报做出的答复）在发盘规定的有效期内送达发盘人，接受才能生效。大陆法系采用的是"到达生效原则"，即表示接受的函电须在有效期内送达发盘人才能生效。因此，函电在邮寄途中延误或遗失，合同不能成立。《公约》采纳的是大陆法系的"到达生效原则"，即接受通知送达发盘人时生效。如果接受通知在发盘的有效期内或在合理时间内未曾送达发盘人，接受即为无效。但《公约》同时规定，如果根据该项发盘或依照当事人确立的习惯做法或惯例，受盘人可以做出某种行为来表示接受，而无须向发盘人发出接受通知，则受盘人在有效期内做出某种行为时，接受即生效。

3．接受的撤回

根据《公约》规定，接受通知发出后在一定条件下是可以撤回的，即只要撤回通知先于接受通知或与接受通知同时送达发盘人。按照英美法系的"投邮生效原则"，接受通知一经投邮立即生效，合同就此成立，就不存在接受的撤回问题了。

4．对综合盘和复合盘的接受

综合盘也被称为联合发盘或一揽子发盘，它是将两个或两个以上的发盘搭配在一起，作为一个发盘对外发出。对综合盘，受盘人只能全部接受或全部拒绝，若接受其中的一部分而拒绝另一部分，就构成了还盘。

复合盘是发盘人向受盘人同时发出的两个或两个以上的各自独立的发盘，受盘人可以接受其中的一部分发盘而拒绝另一部分发盘，此时，受盘人就可以选择接受。

总之，发盘和接受是交易磋商过程中不可缺少的环节，发盘被有效接受，合同就成立，交易双方就受其约束，进出口双方从此时起就进入合同的签订和履行阶段。

第三节 国际买卖合同的签订

一方的发盘经另一方有效的接受后，国际买卖合同即告成立，进入合同的签订阶段。合同的签订必须符合法律规范才能得到法律的承认和保护。

一、国际买卖合同有效成立的条件

各国的法律对于国际买卖合同有效成立的条件都做了不同的规定，综合起来，主要包括以下几项。

（一）合同当事人必须具有订立合同的资格和行为能力

各国法律对合同当事人的合法资格都做了具体的规定，一般要求合同当事人应当是成年人，有固定的住所。如果合同当事人是法人，应当是依法注册成立的合法企业，负责订立合同者应当是法定代表人或其授权人。未成年人或精神病患者等不具备行为能力的人订立的合同无效。

（二）合同必须在双方当事人自愿和真实基础上达成协议

这是国际买卖合同的基本特征。合同当事人依法享有自愿订立合同的权利，在决定是否订立合同、与谁订立合同、订立合同的种类和内容以及变更解除合同时，完全由他们的自愿意志来决定。在当事人订立合同的过程中，当事人的意思表示要一致，任何一方不得将自己的意志强加给对方，不得采取欺诈、胁迫等手段订立合同。

（三）合同必须有对价和合法的约因

合同对买卖双方来说是互为有偿的，双方应当权责相等。这在西方法律中称为"对价"和"约因"，我国《民法典》中用"平等、自愿、公平、等价有偿、诚实信用原则"表示。

对价（consideration）是英美法系中合同成立必须具备的一个要素。按英美法系解释，合同当事人之间存在着我给你是为了你给我的关系。这种通过相互给付，从对方那里获得利益的关系称作对价。例如，在货物买卖合同中，买方付款是为了获得卖方的货物；而卖方交货是为了获得买方的货款。约因（cause）是大陆法系中提出的合同成立要素之一。它是指当事人签订合同所追求的直接目的。例如，在货物买卖合同中，买方的约因是获得货物，卖方的约因是获得货款。国际贸易合同只有具有对价或约因，法律才承认其有效性。

（四）合同的内容和标的必须合法

合同的内容和标的是指合同项下的各项条款和货物货款等。各国法律都规定合同不得违反国家的法律、法规和政策，不得违反风俗习惯、公共秩序、公共道德和社会福利等，否则将受到法律的追究和制裁。对于不合法的合同，当事人之间不存在权利和义务关系，法律对这种合同不予承认和保护，如果认为必要时，还要追究当事人的刑事责任，没收买卖的货物。

（五）合同形式必须符合法律规定的要求

在国际贸易中，对合同形式没有硬性规定。《公约》第十一条规定，销售合同无须以书面订立或书面证明，其形式方面不受任何其他条件的限制，销售合同可以用包括人证在内的任何方法证明。这一规定既是兼顾西方国家的习惯做法，也适应国际贸易发展的新特点。因为许多国际买卖合同是以现代通信方法订立的，不一定存在书面合同。我国的涉外合同一律采用书面合同。书面合同包括合同书、信件以及数据电文（电报、电传、传真、电子数据交换和电子邮件）等。根据我国法律规定和对外贸易的习惯做法，通过口头谈判或函电洽谈达成协议后，还必须签订一定格式的正式书面合同（如合同、确认书、协议书），作为合同生效的条件和合同履行的依据。

二、国际货物买卖中书面合同的签订

在实际业务中，买卖双方达成协议后，通常要制作书面合同将各自的权利和义务加以明确。

（一）签订书面合同的意义

合同在国际货物买卖中非常重要，国际货物买卖活动的开展都是围绕合同进行的。在我国对外贸易实践中，一贯倡导"重合同、守信用"的原则。概括起来，签订合同的意义包括以下几点。

1．合同成立的依据

合同订立生效后，就形成了交易双方之间的权利和义务关系，这种权利和义务关系受到法律的约束。按照法律要求，凡是合同必须提供证据，以证明合同关系的存在。双方当事人一旦发生争议，提交仲裁或诉讼，仲裁员或法官首先要求当事人提供证据，以确认合同关系的存在。如仅是口头协议，"空口无凭"，不能提供充足的证据，则很难得到法律的保护。因此，尽管有些国家法律认可口头合同的效力，但在国际买卖实践中，一般要求签订书面合同，以"立字为据"，从而保障交易的顺利进行。

2．履行合同的依据

在国际贸易中，买卖双方应将各自的权利和义务用文字表述清楚，以利于合同的履行。买卖双方在交易中往往会出现不履行合同或不完全履行合同的情况，使对方的利益受损，这时就可以通过合同的规定要求违约的一方对另一方进行损失赔偿。如果没有一份包括买卖双方权利和义务关系的合同，就会给合同的履行和出现纠纷的救济带来诸多不便。

3．有时是合同生效的条件

许多国家规定，合同生效是以一方有效发盘被另一方有效接受。但特定环境下，签订书面合同要生效，还需经一方或双方所在国政府审批。《民法典》第 469 条规定，当事人订立合同，可以采用书面形式、口头形式或者其他形式。

《民法典》第 482 条规定，要约以信件或者电报做出的，承诺期限自信件载明的日期或者电报交发之日开始计算。信件未载明日期的，自投寄该信件的邮戳日期开始计算。要约以电话、传真、电子邮件等快速通讯方式做出的，承诺期限自要约到达受要约人时开始计算。《民法典》第 483 条规定，承诺生效时合同成立，但是法律另有规定或者当事人另有约定的除外。

（二）书面合同的类型

在国际上，书面合同包括正式合同、成交确认书以及协议、备忘、订单等形式。

1．正式合同

正式合同（contract）的内容主要包括商品名称、品质、数量、包装、价格、装运、保险、支付、商检、索赔仲裁、不可抗力等条款。其特点是：条款较完备、内容比较全面，对双方的权利和义务以及发生争议后如何处理均有全面的规定。对于大宗商品或成交量较大的交易，多采用这种形式的合同，如销售合同（sale contract）。

2．成交确认书

成交确认书（confirmation）是一种内容简单的简式合同，包括销售确认书（sales confirmation）和购货确认书（purchase confirmation）两种。其内容涉及各项主要交易条件，对买卖双方的权利和义务描述得不是很详细，比正式合同简单。它一般适用于金额不大的、批数较多的商品交易，或者已订有代理、包销等长期协议的交易。

3．协议、备忘录、订单

协议（agreement）、备忘录（memorandum）、订单（order）等形式，只要它们的内容对买卖双方的权利和义务都做了较明确、具体的规定，它就同合同一样对买卖双方有法律约束力。如果双方签订的协议只商定了部分条件，还有部分条件有待进一步商谈，这只能称为"初步协议"，不具有合同的性质。备忘录是用来记录当时洽谈的内容，以供今后核查的文件。如果双方经洽谈后，只是对某些事项达成一致或一定程度的理解，并写在备忘录中，甚至冠以"理解备忘录"（memorandum of understanding）的名称，这种备忘录就不具有法律上的约束力。订单是指进口商拟订的货物订购单。在我国，买卖双方经过洽谈达成交易后，我方制作正式合同或确认书两份寄给国外客户，要求其签回一份。但经常有客户将他的订单寄来要求我方签回的情况。这种经过洽谈成交后寄来的订单，实际上就是国外客商的购货合同或购货确认书。

在我国进出口贸易实践中主要采用"正式合同"和"成交确认书"两种合同类型。从法律效力来看，这两种合同类型没有区别，对买卖双方均具有约束力。合同或确认书通常一式两份，由进出口公司印成固定格式，若当面成交，由双方合法代表共同签字后各执一份；若通过往来函电成交，先由我方签字，然后将合同正本一式两份送交国外客户签字并退回一份，作为合同订立的证据和履行合同的依据，也可以存档备查。

三、书面合同的基本内容

书面合同的基本内容由三部分组成：约首、本文和约尾。

（一）约首

约首是合同的序言部分，包括合同的名称、合同编号、合同签订的时间和地点、合同当事人名称和地址、电传和传真的号码、买卖双方订立合同的意思和执行合同的保证等。

（二）本文

本文是合同的主体部分，具体包括品质条款、数量条款、运输条款、支付条款、保险条款、检验条款、不可抗力条款、索赔和仲裁条款等。这些条款体现了双方当事人的权利和义务。

（三）约尾

约尾是合同的结尾，一般包括合同适用的法律和惯例、合同的有效期、合同的份数、合同使用的文字及其效力、附件及其效力和双方代表签字等内容。

正式合同内容全面，约首、本文、约尾均涉及。成交确认书的内容比较简单，一般都没有约尾，有的还没有约首，只有本文。

四、签订书面合同时应注意的问题

合同是确定买卖双方权利和义务的法律文件，关系合同双方当事人的切身利益，必须慎重对待。为此，签订合同时应注意以下几个问题。

（1）遵守平等互利原则。双方订立合同时必须体现协商一致、平等互利、公平合理、等价有偿的原则。

（2）合同的各条款之间保持一致。合同条款必须具体、明确、完善，条款之间相互衔接，不能彼此脱节，更不能互相矛盾。

（3）合同文字要简练、严密，防止偷换合同条款。签订合同时文字尽量简练、严密，避免使用含混不清的词句。对方签字寄回的合同一定要认真核对，检查是否有改动的地方，一旦发现不利于我方履约的条款，要立即通知对方更正。

 复习思考题

1. 交易磋商通常包括哪些环节？为什么发盘和接受是其不可缺少的基本环节？
2. 一项有效的发盘必须具备哪些条件？
3. 发盘能否撤回和撤销？《公约》关于发盘的撤回与撤销是怎样规定的？
4. 发盘失效有哪几种情况？
5. 一项有效接受应具备哪些条件？
6. 一份有法律约束力的国际贸易合同应具备哪些内容？

案例分析题

1. 我国 A 公司向国外 B 公司发实盘，限 6 月 10 日前复到有效，B 公司于 6 月 8 日来电要求降价，A 公司于 9 日与另一家公司达成交易。同一天（9 日），B 公司又来电要求撤回 8 日还盘，全部接受原发盘的条件。A 公司以货已出售为由予以拒绝。B 公司声称其接受是在我方发盘的有效期内做出的，要求 A 公司履约。请问：B 公司的要求是否合理？为什么？

2. 我国 A 公司向美国旧金山 B 公司发盘，某商品 100 公吨，每公吨 2400 美元 CIF 旧金山，以即期信用证支付，收到信用证后 2 个月内交货，限 3 日内答复。第二天收到 B 公司回电称："Accept your offer, shipment immediately."（接受你方发盘，立即装运）A 公司未予答复。又过两天，B 公司通过旧金山银行开来即期信用证，注明"shipment immediately"（立即装运）。当时该货国际市场价格上涨 20%，A 公司以合同并未达成为由拒绝交货，并立即将信用证退回。请问：买卖双方合同是否成立？为什么？

3. 我国某出口公司于 2 月 1 日向美商报出某农产品，在发盘中除列明各项必要条件外，还表示："Packing in sound bags.（以合适的袋子包装）"在发盘有效期内美商复电称："Refer to your telex first accepted, packing in new bags.（接受你方来电，新袋包装）"我方收到上述复电后，即着手备货。数日后，该农产品国际市场价格猛跌，美商来电称："我方对包装条件做了变更，你方未确认，合同并未成立。"而我出口公司则坚持合同已经成立，于是双方对此发生争执。请问：合同是否成立？为什么？

技能拓展训练

目的： 掌握销售合同的草拟。

资料：

卖方：南京顺达进出口公司　　买方：KACY KING TRADING CORPORATION
　　　南京中山路 1168 号　　　　　NO.206 CHANGJI NORTH STREET SINGAPORE
　　　TEL：025-2116688　　　　　TEL：218-76699
　　　FAX：025-2116666　　　　　FAX：218-76688

货　　名：电动钻头（Electric Drill）No. TY262

数　　量：1800 套

包　　装：每 10 套装一个纸箱

价　　格：CIF SINGAPORE　　No. TY262　每套 USD$6.20

支付方式：跟单远期信用证（30 DAYS AFTER SIGHT）

开证时间：2020 年 3 月 31 日前将跟单远期信用证开到卖方

交货时间：不迟于 2020 年 4 月 30 日

分批装运：不允许　　　　　　　转　　运：不允许

装 运 港：青岛　　　　　　　　　目 的 港：新加坡

保　　险：按发票金额 110%投保中国人民保险公司海洋货物运输险一切险加战争险。

合 同 号：WY20200301　　　　　日　期：2020-03-20

唛　　头：由卖方指定

要求： 根据上述资料，请你以南京顺达进出口公司业务员李莉的身份拟订一份销售合同。

第十章 进出口合同的履行

【引导案例】

违反分批装运条款案例

案情描述： 我国某出口企业与外商签订出口 1200 万米某商品的合同，合同规定 7—12 月每月各装运 200 万米，以不可撤销即期议付信用证付款，装运月份开始前 15 天买方负责将信用证开至卖方。买方按约如期于 6 月 15 日将信用证开给卖方，经审查信用证总量与总额以及其他条款均与合同规定一致，但装运条款仅规定"允许分批"和最后装运日期为 12 月 31 日。由于出口企业备有库存现货，为争取早出口、早收汇，遂先后于 7 月 20 日和 10 月 5 日将货物分两批各 600 万米装运出口，由于提交的单据符合信用证条款规定，付款行及时履行了付款义务。但事后不久，收到国外进口商电传，声称我方出口企业违反了合同，提出索赔。请问：我方应如何处理？为什么？

案例分析： 我方对货物的装运确实违反了合同规定，应该根据实际情况对买方的索赔要求进行理赔。原因是：虽然信用证中只规定允许分批装运和最迟装运期，并未对分批装运做出具体要求，只要我方在最迟装运期（12 月 31 日）之前将所有货物发运，银行就会履行付款义务。但是，合同中规定："某商品数量 1200 万米，7—12 月每月各装运 200 万米"，这规定了分批等量装运，我方应该严格按照合同规定，在最迟装运期前安排好每一期的装运数量，即在 7—12 月，每月装运 200 万米。

【教学目标】

通过本章的学习，使学生了解进口合同履行的基本程序；掌握出口合同履行的基本程序。

【教学重点】

出口合同履行的基本业务程序。

【教学难点】

出口合同履行时信用证的审核和修改。

第一节 出口合同的履行

在出口业务中，合同中选择的贸易术语和支付方式不同，履行合同义务所要做的工作也有所不同。以 CIF 贸易术语和 L/C 支付方式成交的合同为例，卖方在出口合同中需要履约的程序主要包括备货和报验、落实信用证、组织装运、制单结汇、出口收汇核销和出口退税等。

一、备货和报验

备货和报验工作是出口环节中最基础的工作，在出口业务中要注意其与其他环节的相互衔接问题，避免出现有证无货、有船无货的情况。

（一）备货

备货（preparation of goods）也叫作排产，是出口方根据合同或信用证的规定，按时、按质、按量地向生产加工企业采购和准备货物的过程。在备货过程中，应注意以下几个问题。

1. 货物的品质和数量

（1）货物的品质要严格与合同的规定一致，不能低于或高于合同规定，对不符合规定的货物应立即更换；实际交付的货物还要与单证相符，避免清关时遇到麻烦；货物的品质还要与进口国的技术和生态标准要求匹配；对于采用买方商标或凭买方来样成交的货物，必须要求对方提供商标注册复印件及买方就货物产权问题出具的证明文件。

（2）卖方对交货的数量应适当留有余地，以便装船时发现货物短缺或损坏时能及时补足或更换，以及适应仓容需要，同时，要对实装数量做好审查和记录，尽量避免多装、少装、错装或漏装。

2. 货物的包装及包装标志

出口货物运输时间往往较长，途中有时需要多次搬运和装卸，因此出口货物的包装要做到以下几点。

（1）要对货物的包装材料、包装标志、包装方法等进行认真的检查和核实，使之符合合同和信用证及进口国家宗教、风俗的规定，并达到保护商品和适应运输的要求。

（2）出口货物大多采用海洋运输，货物的包装应考虑运输环境变化出现的潮湿和冷凝现象，尽量安排将货物装运到集装箱中或牢固的托盘上。采用集装箱装运时，应使货物均匀放置且均匀受力，同时将货物充满集装箱并做好铅封工作。对于空运货物的包装，应标明指示性标志以防止被野蛮装卸。采用航空运输时由于飞机的舱位有限，在装运前应就货物包装尺寸的要求与有关运输部门进行确认。

（3）由于运输公司按重量或体积计算运费，出口企业应尽量选择重量轻、体积小的包装，以节省运输费用。货物采用自动仓储系统处理时，需由传送带根据条形码自动扫描分拣，在包装货物时，要严格按统一尺寸进行包装，或将货物放置于标准尺寸的牢固托盘上，并预先正确印制和贴放条形码。

（4）运输标志应简洁，版面设计要标准、规范，用防水墨汁刷写，并注意油墨用量适中、分布均匀；运输标志大小尺寸应适中，使有关人员在一定距离内能够看清楚。按国外的通行做法，一般标准箱包装刷制的字母尺寸至少为 4cm 高，并在包装箱的四面都刷制运输标志，以防货物丢失。

3. 货物的备货时间

（1）货物的备货时间应根据信用证中规定的最迟装运期与船期情况进行合理安排，以利于船货衔接，节省各种费用。对于信用证规定分期分批装运的，要在落实了信用证及其各项

条款后，才能安排备货，以防出现货物备好后买方不开证，不要货物的情况，影响安全收汇。

（2）要安排好货物在国内的短途运输，使货物能够在规定期限内准时到达指定装运地点。

4. 备货的检查和记录

从下发排产单开始到货物出厂前，业务人员应分阶段巡视货物的生产情况，包括原材料的采购、工艺制作、货物打包入库以及刷制唛头等，并按照生产的进度做好记录。一笔交易结束后，应把这些交易记录、往来函电及联系单归档备查。

（二）报验

报验（application for inspecting export commodity）是指出口商按照我国《进出口商品检验法》的规定，向当地出入境检验检疫局申请办理出口商品的检验手续，经商品检验机构检验合格后，获得检验证书的过程。

1. 出口报验的流程

（1）申请。出口方收到国外来证，在审核无误且货物备妥的情况下，即可在租船订舱的同时，填制"出境货物报检单"，附上合同或信用证副本等凭据，向商检机构办理申请报验手续。报验手续要在出口报关或装运前7天办理。"出口报验申请单"的内容一般包括品名、规格、数量（或重量）、包装、产地等项。

（2）检验。对于法检货物，商检机构根据申请人的申请对出口商品实施检验，货物经检验合格后，商检部门签发"出境货物通关单"，加盖检验检疫专用章，海关凭此放行。检验不合格的，出具"出口商品检验不合格通知单"。按规定，卖方出口的一般货物须在通关单签发之日起60日内装运出口，鲜活商品两周内运出，植物类商品三周内运出。如逾期未装运，须重新检验后方可出口。

2. 出口报验的注意事项

（1）发货人委托他人代理报验时，应加附报验委托书，报检单需加盖公章。

（2）预检货物。应加附商检机构签发的"出口商品预检结果单"正本。对于运往口岸的法检货物，需在原产地商检机构预先检验合格，取得出口商品换证凭单后，方可办理出口检验换证或放行手续。

（3）每份出境货物报检单仅限填报一批货物，商检机构签发的证书为全国统一格式，报验时应给商检机构提供必要的检验出证时间。

（4）电子报验时，出口货物在产地完成检验检疫后，可直接向口岸机构发送换证凭单电子信息，企业凭转单号和密码在口岸领取通关单。

（三）申领出口配额和许可证

我国对大部分商品不限制出口，出口时不需要申领出口配额和许可证，而实行出口许可管理的商品主要有三类：根据双边、多边协议规定，我国实行自动限制的商品；根据国际市场供求情况，防止盲目出口而予以管制的商品；关系国计民生的重要物资和商品。

二、落实信用证

在采用信用证结算的合同中，信用证的落实关系着卖方能否按时履约、安全收汇。落实信用证主要包括催开信用证、审核信用证、修改信用证，是保证合同顺利履行的重要工作。

（一）催开信用证（urge establishment L/C）

买卖合同约定采用信用证方式支付货款的，买方应按照合同规定按时开立信用证，这是买方的主要义务，因而在正常情况下无须催证。但在实际业务中，在遇到行市发生变化或资金短缺的情况时，国外进口商往往拖延开证时间。对此出口方应结合备货情况催促对方迅速办理开证手续，必要时，也可请驻外机构或有关银行协助代为催证。在催证函中，应陈述合同规定的开证时间、备货和装运所需时间，并向对方阐明如其不及时开证，卖方保留索赔权或拒绝交货的权利。对于大宗商品交易或按进口方要求特制商品的交易，更应结合备货情况及时进行催证。

在实际业务中，出口方应视具体情况决定是否催证和何时催证。如果货源已落实，船期已定，这时可以向买方说明情况，催其提前开证；如果货源没落实，不应催证；如果发现买方资信不好或市场情况有变，也可提前催促买方开证。

（二）审核信用证（examination of L/C）

信用证是一种银行出具的有条件付款的保证文件。这里的"条件"要求买方开立的信用证必须与合同和卖方提交的各种单据相符。但由于种种原因，如工作疏忽、贸易习惯的不同、签约后市场发生变化等，买方有意或无意利用开证的主动权加列对其有利的条款，导致卖方不能及时收到货款。因此，审核信用证是一项非常重要的工作。

审证任务是由银行与出口方共同承担的，但它们在审证时各有侧重。银行主要负责政策性审核，即审核信用证的真伪、开证行的政治背景和资信能力、信用证的生效时间、开证行的付款责任及其索汇路线等方面的条款和规定。对出口方来说，其审核信用证的重点主要包括以下几个。

1. 信用证有关条款要与合同规定一致

信用证中有关商品的名称、质量、规格、数量、包装、唛头、装运、保险等项内容必须与合同条款相一致；申请人和受益人的名称和地址要仔细核对；信用证金额、币种、付款期限也要与合同规定完全一致。要特别注意信用证有无特殊条款，如信用证中使用了不同于合同的货币，可以按中国银行的外汇牌价对合同货币金额进行折算，得出信用证货币金额。

2. 信用证有效期、交单期、装运期和到期地点的规定

信用证的有效期（expiry date）也叫作到期日，是指受益人向银行交单要求议付、承兑或付款的期限，是出口方向银行交单议付的期限。受益人应在有效期到期之前或当天向银行提交议付单据。按照国际惯例，必须要求开证行对此日期予以明确，否则信用证不能使用。

交单期是指运输单据签发后向银行提交单据的日期。在信用证上一般都有"在提单日后××天交单"的条款，如果没有此项规定，按照国际惯例，提交单据的日期不得迟于运输单据签发日期后的第 21 天，且以不超过信用证到期日为限。

装运期是指货物装运的期限，信用证与合同对装运期的规定应一致，如果国外来证晚或我方在备货及委托运输方面有困难，应及时要求国外买方延展装运期。同时，装运期应早于信用证到期日并有一定间隔，以便装货后有足够的时间制作相关单据，向银行交单议付。

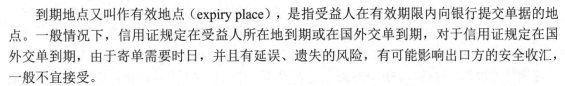

到期地点又叫作有效地点（expiry place），是指受益人在有效期限内向银行提交单据的地点。一般情况下，信用证规定在受益人所在地到期或在国外交单到期，对于信用证规定在国外交单到期，由于寄单需要时日，并且有延误、遗失的风险，有可能影响出口方的安全收汇，一般不宜接受。

3．信用证对装运条款的规定

对装运条款的审查，主要审查信用证对装运港（地）、目的港（地），以及对转运与分批装运的规定是否与合同相符。特别要注意信用证中有关是否允许分批装运和转运的规定，按照 UCP600 的规定，信用证中如果未规定不允许分批装运和不允许转运，可视为允许分批装运和允许转运。若信用证在规定分批装运期限的同时，也规定了各批装运的具体数量，这时只要分批装运中有一期未能按时、按量运出，则信用证该期及以后各期均告失效。

4．信用证中要求提供单据的规定

要审查信用证中要求提供的单据的种类、份数及填制方法是否与合同规定完全相符，要明确单据由谁出具，能否出具，信用证对单据有无特殊要求等。对于信用证要求提供的单据，一般在我国政策许可和可能做到的范围内予以接受，对于必须由第三方或申请人签字的单据，一定要求买方修改信用证。

5．信用证中特殊条款的审核

要注意信用证中有时列有超出合同规定的特殊附加条款，如指定船公司、船籍、船级等条款，或不准在某个港口转船等，一般不应轻易接受这些特殊条款。

6．其他条款的审核

在审证时，还要审查开证行的政治背景、资信及其付款责任，银行费用由谁承担等。按国际惯例规定，银行费用由申请人负担，偿付行费用由开证行承担，其他费用由指示方承担。另外，还要审查信用证的性质是否为不可撤销。

（三）修改信用证（amendment of L/C）

信用证经过全面细致的审核以后，若发现问题，必须要求买方修改信用证，并在收到银行的改证通知后才能对外发货，修改要求应当一次性向国外客户提出。

1．修改信用证的流程

修改信用证的流程为：卖方审证—要求买方修改信用证—买方通知开证行修改信用证—开证行修改信用证并转交通知行—通知行将修改后的信用证转交给卖方。修改信用证一般由卖方提出，也可由买方提出，但都需得到其他有关当事人的同意。

2．修改信用证时应注意的问题

（1）掌握好改与不改的界限。在审核信用证中，如果发现问题，要区别问题的性质，凡属于违反国家政策的，或有影响合同执行和安全收款的情况，卖方一定要要求买方修改信用证；对于经过努力可以做到且不违反国家政策的条款，则可酌情处理。

（2）需要修改的内容应一次性向买方提出。在审查信用证时，如果发现多处内容需要修改，应当一次性向开证申请人提出。国际商会 UCP600 规定，对同一修改通知书中的修改内容不允许部分接受，即对于一份信用证修改通知书，受益人要么全部接受，要么全部拒绝，不能接受其中的一部分而拒绝其余部分。

（3）收到银行的信用证修改通知书再经审核无异议后，应立即通知银行，在表示接受后，方可装船出运。不能在接到买方修改通知书时就立即发运货物，以免使我方陷入被动。

（4）对于已接受的信用证修改通知书，应立即将其与原信用证钉在一起（俗称"锁证"），并注明修改次数，这样可防止使用时与原证脱节而造成信用证条款不全，影响及时、安全收款。

三、组织装运

出口企业在备货和落实信用证后，还必须及时组织装运，包括办理运输、报关和投保等工作。

（一）办理运输（arrangement for shipping export goods）

办理运输是指出口企业或货运服务机构（简称货代）向承运单位或其代理机构办理货物的运输业务。通常，出口货物数量较大，需要整船装运的，需委托外运公司办理租船运输；出口数量不大，不需要整船装运的，则需要洽订班轮运输。以下为办理出口货物运输的基本程序。

1. 根据船期表填写出口货物托运单

货运服务机构按月编制出口船期表，分发给各出口企业，或由出口企业向货运服务机构索取。船期表内列航线、船名、国籍、抵港日期、截止收单期、预计装船日期和挂靠港口名称等。出口企业查看船期表并根据装运期和信用证有效期的规定，选择适当的船期，填写出口托运单（booking note, B/N），列明商品的品名、件数、毛重、尺码、目的港、装运期限等内容，及时交给货运服务机构。

2. 船公司或外轮代理公司签发装货单

货运服务机构收到出口托运单后，以出口企业代理的身份，向船公司或外轮代理公司办理租船订舱手续，船公司或外轮代理公司根据配载原则，结合货物的性质、重量、体积、装运港、目的港、信用证有效期等情况，安排船只和舱位，并签发装货单（shipping order, S/O），作为船方收货装运的依据。

3. 提货装船后获取大副收据

货运代理机构到出口企业的仓库提货，货物经海关查验放行并送往码头装船。装船完毕，由船上的大副签发大副收据（mates receipt, M/R），又称作收货单，作为船方收到货物的凭证。托运人按照收货单向货运代理机构支付运费，换取正式提单。

4. 拿到正式提单后向买方发装运通知

货物装上船，卖方获得已装船的清洁提单后，及时向买方发出装运通知（shipping advice），尤其是以 CFR 条件成交的，更应毫不迟延地向买方发装运通知，以便买方办理保险和准备付款、办理进口报关等手续。

（二）报关

出口报关是指出口货物装运前，卖方向海关申报货物情况，交验规定单据文件，接受海关监管的手续。根据我国《海关法》的规定，凡是进出境的货物，必须经由设有海关的港口、车站、国际航空站进出，并由货物的收发货人或其代理人向海关如实申报，交验规定的单据文件，请求办理查验放行手续，经海关同意放行后，货物才可提取或者装运出口。办理报关手续一般有以下几个步骤。

1. 申报

申报是指出口货物的发货人或其代理人在出口货物时，在海关规定的期限内，以书面或者电子数据交换方式向海关报告其出口货物的情况，填写出口货物报关单，并随附有关货运和商业单据，接受海关的监督检查。

2. 海关审单验货

海关接受申报后，进行计算机预录入，打印出三份出口货物报关单，由海关依法审核进出境货物的品名、规格、成分、原产地、货物状态、数量和价格是否与货物申报内容相符，并审核单据。审核的单据一般包括商业发票、装箱单、装货单或运单、出口许可证等。海关查验货物，一般在海关监管区内的出口口岸码头、车站、机场、邮局或海关的其他监管场所进行。

3. 缴纳出口税

出口税的计算方法是，先确定出口货物的完税价格，然后按出口税税率算出应纳税额。我国《进出口关税条例》规定，出口货物的完税价格由海关以该货物的成交价格，以及该货物运至中华人民共和国境内输出地点装载前的运输及其相关费用、保险费为基础审查确定。出口货物的成交价格不能确定的，由海关与纳税义务人进行价格磋商后估定。

4. 出口放行

海关负责审查货物的全部报关单证、查验货物记录，并依法办理征收货物税费手续或减免税手续后，在装货单或运单上签盖"海关放行章"，出口货物的发货人凭此办理出口货物装运手续。出口放行是口岸海关监管的最后一个环节。

（三）投保（arrangement for insurance）

按 CIF 术语成交的合同，卖方需要替买方办理保险。卖方在确定船期、船名后，应及时向保险公司办理投保手续，填制保险单。投保人在投保时，一般都是逐笔办理的，并将货物名称、保险金额、投保险别、运输工具、开航日期等一一列明。保险公司接受投保后，即签发保险单据。

四、制单结汇

制单是指各种单据的缮制和汇总。出口货物装运后，卖方按照信用证的规定，正确缮制各种单据。在信用证方式下，制单必须做到单证严格相符，即"单证一致""单单一致"。制单就绪后，在信用证规定的交单有效期内，递交银行办理议付结汇手续。

（一）制作出口单据

出口单据（drawing documents of export）很多，主要有发票、汇票、装箱单、提单、保险单等。通常先制作发票，因为发票是中心单据，其他单据的商品名称和数据必须与发票一致，然后再制作其他单据。

1．发票

发票（invoice）通常指商业发票，此外，还有许多其他种类的发票，如海关发票、领事发票、形式发票等。

（1）商业发票（commercial invoice）。商业发票是卖方向买方开立的记明货物和货价等内容的清单，买方凭此向卖方付款。发票全面反映了合同的内容，是买卖双方交接货物和结算货款的主要单证，也是商检和报关放行以及进口国办理报关纳税手续的依据，还是买卖双方索赔、理赔的依据。

（2）海关发票（customs invoice）。海关发票是有些国家要求进口货物时，必须提供由海关制定的要求国外出口人填写的一种固定格式和内容的发票。

（3）领事发票（consular invoice）。领事发票是由进口国驻出口国领事签发的发票。其作用和海关发票相似。

（4）形式发票（proforma invoice）。形式发票是指用于签约之后买方申领进口许可证、申请批汇、开证等使用的发票。

2．汇票

汇票（draft）一般是各种结汇方式中都使用的单据之一。汇票的填制方法和内容必须正确无误，不能有任何涂改。一般来说，议付信用证要求提供汇票，付款信用证不要求提供汇票。

3．提单

提单（bill of lading, B/L）是船方或其代理人收到承运的货物时签发给托运人的货物收据，是承运人与托运人之间运输契约的证明，也是货物所有权的凭证，因此，提单是各种单据中最重要的单据。

4．装箱单、重量单和尺码单

装箱单（packing list）、重量单（weight list）和尺码单（measurement list）是对货物不同包装规格、不同花色、不同体积和重量逐一分类说明的单据。卖方不仅在出口报关时需要提供装箱单和重量单，而且信用证也常常将此类单据作为结汇的单据之一。

5．保险单

保险单（insurance policy）是保险人和投保人之间订立正式保险合同的书面文件。保险单是保险双方当事人确定权利、义务，以及在保险事故发生并有经济损失时，被保险人索赔、保险人理赔的主要依据。以 CIF 条件成交的合同，结汇单据中必须有保险单。

6．检验证书

检验证书（inspection certificate）是商检机构对出口商品检验、鉴定后所出具的证明文件，它是用来证明货物的品质和重量等符合合同规定的证书。常见的检验证书有品质检验证书、重量（数量）检验证书、卫生检验证书等。

7．原产地证明书

原产地证明书（certificate of origin）是证明货物原产地或制造地的证件。不用海关发票或领事发票的国家，往往要求提供产地证明。它一般由出口地的公证行或工商团体签发，我国可由国家出入境检验检疫局签发。进口国要求提交原产地证书的主要目的是：便于对进口货物确定不同的关税待遇；便于对进口货物实行数量管制；便于控制从特定国家的进口；是海关统计的依据。根据普惠制的规定，向发达国家出口某些商品时，要提供的普惠制单据，其中最重要的就是原产地证书，它是进口国海关减免关税的依据。

8．其他单据

其他单据是根据合同或信用证条款规定而提供的单据，有些是出口商自己制作的，有些是其他单位应出口商要求而出具的，常见的有以下几种。

（1）寄单证明（beneficiary's certificate for despatch of documents）。

（2）寄船样证明（beneficiary's certificate for despatch of shipment samples）。

（3）装运通知副本（copy of shipping advice）。

（4）邮局/快递收据（post/couriers receipt）。

（5）船公司证明（shipping company's certificate）。

值得注意的是，单证质量好坏对保证安全、迅速收汇十分重要。因此，缮制单据时，要求做到以下几点：第一，正确。单据内容必须正确，既要符合信用证的要求，又要真实反映货物的实际情况。第二，完整。单据份数应符合信用证的规定，不能短少，单据本身的内容应当完备。第三，及时。制单应及时，以免错过交单日期或信用证有效期。第四，简明。单据内容应按信用证要求和国际惯例填写，力求简明。第五，整洁。单据的布局要美观大方，缮写或打印的字迹要清楚、醒目。

（二）出口结汇

出口结汇（export reimbursement）是指出口商在货物装运后，按照信用证的规定，把备妥的单据在信用证规定的交单期内送交银行，银行对这些单据审核无误后，向出口商支付货款。

1．出口结汇的做法

我国出口结汇的做法主要有三种：收妥结汇、买单押汇、定期结汇。

（1）收妥结汇。收妥结汇也就是先收后结或收妥付款，指议付行收到卖方的出口单据经审核无误后，将单据寄交国外付款行索取货款的做法。议付行收到付款行支付的货款后，将其按当日外汇牌价折成人民币计入卖方账户。在这种做法下，银行不承担风险，不垫付资金，但出口方的收汇较慢。

（2）买单押汇。买单结汇又称作出口押汇，是指议付行在审单无误情况下，按信用证条款买入受益人（出口方）的汇票和装运单据，按汇票面额扣除从议付日到估计实际收到票款之日的利息，将余额按议付日外汇牌价折成人民币付给出口企业。这实际上是议付行向受益人提供资金融通便利，如果日后议付行遭拒付，它可以处理货运单据或向出口方追索票款。银行从事出口押汇业务有利于加速出口企业的资金周转。

（3）定期结汇。定期结汇是指议付行在收到受益人提交的单据经审核无误后，将单据寄给国外银行索偿，根据索偿所需时间，预先确定一个固定的结汇期限（此期限是根据不同国家与地区的银行索汇邮程长短来确定），一般为议付行审单无误后的10～20天，到期后，无论是否已经收到国外付款行的货款，都主动将票款金额折成人民币拨交出口企业。

无论采用哪种结汇做法，受益人缮制的各种单据都必须准确、无误，做到单单一致、单证一致、单货一致、单据和合同一致。

2．对结汇单证不符的处理办法

出口结汇的关键是出口方提交的各种单据必须与信用证的规定完全一致。在实际业务中，由于种种原因，单、证不符的情况时常发生，银行会因此拒付货款。这就要求出口企业在信用证交单期允许的情况下，及时修改单据，使之与信用证的规定一致；如无法及时修改单据，出口企业可以选择以下几种处理办法。

（1）表提。表提也被称为"凭保议付"，是指受益人在提交单据时，如存在单证不符而遭议付行拒付时，向议付行出具保函，担保日后遭到国外付款行拒付时，受益人退还议付行的垫款。表提一般适用于存在单证不符但不严重的情况，或虽是实质性不符，但事先经买方确认可以接受的情况。

（2）电提。电提又称为"电报提出"，即如果单、证不符，议付行可先向国外开证行拍发电报或电传，列明单、证不符点，等开证行复电同意后再将单据寄出。电提一般用于单、证不符属于实质性问题，金额较大的情况。用电提方式可以在短时间内要求开征行征求开证申请人的意见，如果开证申请人同意，受益人可以立即寄单收汇；如果开证申请人不同意，受益人可对运输中的货物做出及时处理。

（3）跟单托收。出现单、证不符时，议付行不愿用表提或电提方式征询开证行的意见。在这种情况下，信用证就会彻底失效，出口企业只能采用托收方式，委托银行寄单代收货款。

以上几种方式，受益人都失去了开证行的付款保证，信用证由银行信用变成了商业信用。

3．卖方应对开证行拒付的措施

（1）甄别拒付的合理性。卖方遭遇开证行拒付时，应和议付行一起认真审核不符点，看其是否成立。例如，是否以单据以外的原因拒付、是否是银行信誉不佳对单据的无理挑剔、是否在规定的 5 个工作日提出、是否一次性提出等。

（2）改单或换单。出现单、证不符点时，卖方要通过当地的货运代理及时与目的港货运代理取得联系，控制物权，防止买方凭保函无单收货，并及时和议付行协商是否可改单或换单。如果货物品质良好，市价合理，要与客户积极联系，争取对方放弃不符点支付货款或改单后支付货款。如果买方不同意付款赎单，可适当答应客户要求降价或联系新的买主，进行换单。

在履行凭信用证付款的 CIF 出口合同时，上述几个基本环节是不可缺少的。但是，在履行按其他付款方式或其他贸易术语成交的出口合同时，工作环节则有所不同。例如，在采用汇付或托收的情况下，就没有催证、审证和改证的工作环节；在履行 CFR 出口合同时，就没有出口方负责投保的工作环节；在履行 FOB 出口合同时，出口方既不负责租船订舱，也不需要办理投保手续。因此，出口合同履行的环节和工作内容主要取决于合同的类别及其所采用的支付方式。

五、出口收汇核销和出口退税

出口收汇核销是外汇管理部门对出口企业贸易项下的外汇收入情况进行监督检查的一种制度。该制度将外汇管理局（以下简称外管局）、银行、税务、海关以及出口企业有机结合起来，实施共同监督管理，目的是加强出口收汇管理，保证国家的外汇收入，防止外汇流失。出口退税是国家鼓励出口而制定的一项政策措施，目的是为了降低出口产品成本，增强出口竞争力。

（一）出口收汇核销

出口收汇核销是指外汇管理局在商务、海关、税务、银行等有关部门的配合、协助下，以出口货物的价值为标准核对是否有相应的外汇（或货物）收回国内的一种事后监管措施，是对出口收汇的贸易真实性的审核。以下为办理出口收汇核销的基本程序。

（1）申请开户。出口单位初次申领出口收汇核销单（以下简称核销单）时应向外管局提供以下材料：单位介绍信、申请书、商务部批准经营进出口业务批件正本及复印件、工商营业执照副本及复印件、企业法人代码证书及复印件、海关注册登记证明书复印件、出口合同复印件等。外管局对上述材料审核无误后为出口单位办理登记手续。

（2）上网领单。出口单位在外管局网上申领核销单，领单数量根据外管局核销系统记录的可发单数量而定。出口单位填写的核销单应与出口货物报关单上记载的有关内容一致。

（3）口岸备案。出口单位出口报关前须对核销单的使用口岸进行设定，在网上输入口岸代码，进行企业备案。

（4）履行报关。出口单位将加盖本单位公章的核销单和相关单据送交备案口岸海关履行报关手续。在出口报关时，海关审核核销单的内容无误后，在专为出口收汇核销用的报关单和核销单上盖"验讫章"。

（5）银行盖章。出口单位办理报关后，应当自报关之日起60天内，将核销单以及海关出具的贴有防伪标签、加盖海关"验讫章"的出口报关单、发票等单据连同合同交到银行，银行审核核销单联后分别盖章，并将单据信息传至外管局。

（6）收汇核销。出口单位在收到外汇之日起30天内凭核销单、银行出具的"出口收汇核销专用联"到外汇局办理出口收汇核销。网上交单7日后，到外管局书面核销。外管局按规定办理核销后，在核销单上加盖"已核销"章，并将其中的出口退税专用联退给出口企业。若逾期未收汇，出口企业应及时向外管局书面申报逾期未收汇的原因，由外管局视情况进行处理。

（二）出口退税

出口退税是国家对出口商品已征收的国内税部分或全部退还给出口企业的一种制度。

1. 出口退税的基本条件

出口退税必须具备三个基本条件：一是必须是报关离境的出口货物；二是必须在财务上已做出口销售处理的货物；三是退还的必须是属于增值税、消费税征税范围的货物。

2. 出口退税的申报审批

出口企业应在货物报关之日起，填报出口货物退税申请书并提供有关凭证，然后凭海关验讫的退税专用报关单报商务主管部门稽查签章后，再报国税局进出口税收管理分局办理退税手续。出口企业需提交的退税凭证包括出口货物报关单（出口退税专用）、出口发票、出口收汇核销单（出口退税专用）或远期收汇备案证明、代理出口证明、增值税专用发票和其他凭证等。出口退税凭证需经税务机关审核，主要审核申报凭证的合法性、准确性、齐全性。审核无误后，税务机关按照规定为出口商出具回执，办理退库或调库手续，并对申报情况进行登记。

第二节 进口合同的履行

进口合同的履行主要是涉及进口方支付货款和收取货物的过程。合同使用的贸易术语和支付条件不同，进口方履行合同所做的工作也有所不同。以 FOB 贸易术语和信用证支付方式成交的进口业务，其履行程序主要包括信用证的开立和修改，租船订舱和办理货运保险，审单付款，报关与纳税、报检与办理提货，进口索赔等环节。

一、信用证的开立和修改

（一）开立信用证的程序

在采用信用证支付方式的进口业务中，买方履行合同的第一个环节就是向银行申请开立信用证，即进口方应按合同规定的期限（如果没有规定期限，则应在合理期限内）和内容向当地银行申请开立信用证。以下为进口企业申请开立信用证的程序。

1. 申请开证

买方申请开证必须填写开证申请书（application for letter of credit），它是开证申请人请求开证行开立信用证的一种书面文件，是开证行开立信用证的依据。开证申请书的内容包括两部分：一是信用证的内容；二是申请人对开证行的声明与承诺，用于明确开证申请人与开证行之间的权利和义务关系。提交开证申请书的同时，买方还要提供进口合同的副本（代理进口需附代理协议）、进口许可证、税务登记证、法人代码证、注册资金到位证明、财务报表等，首次开证还需提供营业执照和进出口资格批准证书。

2. 向开证银行支付保证金和手续费

申请开证后，银行要求申请人交纳一定数额的资金或以其财产的其他形式作为银行执行其指示的保证。在我国，如果某些单位需要跟单信用证进口货物或技术，银行将冻结其账户中相当于信用证金额的资金作为开证保证金。如果申请人在开证行没有账号，开证行在开立信用证之前很可能要求申请人在其银行存入一笔相当于全部信用证金额的资金。

3. 开证行审核开证申请

开证行在取得开证申请人的保证金后，对申请书的内容和进口合同加以核对，并对开证人的资信、经营能力、外汇使用等情况进行认真全面的审核。

4. 开证行向申请人开证

开证行审核无误后，接受开证申请，并按开证申请书的要求缮制信用证，递交受益人。开证申请书就此成为一项契约。

（二）开立信用证时应注意的问题

1. 信用证必须严格符合进口合同，文字力求完整明确

信用证内容应严格以合同为依据，对于应在信用证中明确的合同的贸易条件，必须具体列明，开证申请书的项目也必须与合同条款一致。填写开证申请书时，可以请资深的专家、

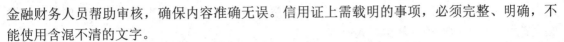

金融财务人员帮助审核，确保内容准确无误。信用证上需载明的事项，必须完整、明确，不能使用含混不清的文字。

2．信用证的开证时间应符合合同规定

如果买卖合同中规定有开证日期，进口商应在规定的期限内开立信用证；如果合同中只规定了装运起止日期而未规定开证日期，开证人应保证受益人在装运前收到信用证。开证时间一般应有一定的弹性，在此过程中，如果开证的条件未出现（如卖方未申领到出口许可证、未支付履约保证金、未提供银行履约保函等），买方就不应申请开证。开证时间通常在交货前一个月至一个半月。

3．信用证的条件必须单据化

信用证的特点之一是凭单据买卖，因此进口商在申请开证时，必须列明需要出口人提供的各项单据的种类、份数及签发机构，并对单据的内容提出具体要求。UCP600 规定，如信用证载有某些条件，但并未规定需提交与之相符的单据，银行将视这些条件为未予规定而不予置理。

4．装船前的检验证明

由于信用证是单据业务，银行不过问货物质量，因而可在信用证中要求卖方提供双方认可的检验机构出具的装船前检验证明，并明确规定货物的数量和规格。如果受益人所提供的检验证明和信用证规定不符，银行即可拒付。

5．关于保护性规定

UCP600 中有若干规定，均以"除非信用证另有规定"为前提，如"除非信用证另有规定，银行将接受下列单据而不论其名称如何"等。如果进口方认为 UCP600 的某些规定将给自己增加风险，则可利用"另有规定"这一前提，在信用证中列入相应的保护性条件。

6．关于保兑和可转让信用证

我国银行原则上不开立保兑信用证，对可转让信用证也持谨慎态度。对此，进口商在签订合同时应予注意，以免开证时被动。

（三）信用证的修改

信用证开出后，如果发现信用证的内容与开证申请书的内容不符，或因情况变化导致信用证的执行有困难，开证申请人应立即向开证行提交修改申请书，要求改证。开证行审查后同意修改，缮制信用证修改书，通知出口方，如果出口方同意，该修改内容即成为信用证的一部分；如果出口方不同意，则仍按原信用证的条款执行。最常见的信用证修改内容有：延展装运期和信用证有效期、变更装运港口等。由于修改信用证不仅增加费用支出，有时还会直接影响合同的全面履行，所以应力求避免。

二、租船订舱和办理货运保险

（一）租船订舱

1．租船订舱的手续

履行 FOB 条件下的进口合同，由进口方安排运输，负责派船到国外港口接运货物。我国进口企业可以委托外运公司代办运输，并与其签订运输代理协议，也可以委托中国远洋运输公司或其他对外运输的实际承运人办理。

按照 FOB 合同，卖方在交货前一定时间内，应将预计装运日期通知买方，买方接到通知后，应及时向运输公司办理租船订舱手续，并填制租船订舱联系单，连同进口合同副本交外运机构。办妥租船订舱手续后，买方应按规定的期限将船名、航次和船期及时通知对方，以便对方备货装船。此外，买方还应随时了解和掌握出口方备货和装船的准备情况，催促对方按时装运。对数量大或重要物资的进口，如有必要，亦可请我方驻外机构就地了解，督促对方履约，或派人员前往出口地点检验监督。

2．租船订舱的注意事项

买方租船订舱，应视进口货物的性质和数量而定。凡需整船装运的，则需洽租合适的船舶承运；小批量的或零星杂货，大多洽订班轮舱位。

采用租船运输时应做到以下几点。

（1）了解运输市场的行情状况。

（2）了解装卸港口的情况。

（3）根据实际情况选择船型，以保证货物安全运输并尽可能节约费用。

（4）了解各航线港口的习惯、运输契约的格式。

采用班轮运输应注意以下几点。

（1）租船订舱要与信用证装船日期衔接，保证按时在装运港接运货物。

（2）在订舱前查明班轮费率表有无附加费、有无折让回扣、其计价标准是否为重量吨。

（3）合同中的费用负担条件应与班轮运输装卸费条件相衔接。

（4）了解所订班轮是否直达目的港、中途是否转船等。

（二）办理货运保险

进口商在向保险公司办理进口货物运输保险时，通常采用预约保险和逐笔投保两种方式。

1．预约保险

预约保险是进口商与保险公司签订一个总的保险合同，凡属合同约定的运输货物一经启运，在合同有效期内都由该保险公司自动承保。预约保险合同中双方约定保险标的、保险险别、保险费率、适用保险条款、保险费和赔款的支付方法等。此后，只要填写预约保险启运通知书，将船名、提单号、开船日期、商品名称、数量、装运港、目的港等项内容通知保险公司，保险手续就算办妥了。

2．逐笔投保

逐笔投保是每发生一笔国际货运业务，买方就向保险公司办理一次投保手续。这种方式是进口商在接到国外出口商发来的装船通知后，直接向保险公司提出投保申请，填写投保单，缴付保险费，保险公司出具保险单，保险即生效。

三、审单付款

货运单据是核对卖方所提供货物与合同相符的凭证，是买方付款的依据。在采用托收和

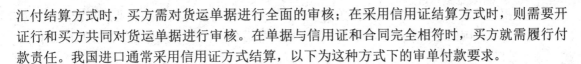

汇付结算方式时，买方需对货运单据进行全面的审核；在采用信用证结算方式时，则需要开证行和买方共同对货运单据进行审核。在单据与信用证和合同完全相符时，买方就需履行付款责任。我国进口通常采用信用证方式结算，以下为这种方式下的审单付款要求。

（一）审单

1．审单

在信用证支付方式下，开证行承担第一付款人的责任。国外卖方在货物装运后即凭单据向议付行办理议付，议付行将全套单据寄交我国开证行，我国开证行应按照"单单一致、单证一致"原则，依照信用证条款审核单据的种类、份数是否与议付行的寄单面函相符；汇票、发票金额是否一致；单据中的货物描述是否与信用证相符；单据的出单日期和内容是否与信用证一致；提单和保险单的背书是否有效等。在审核无误后，开证行将单据交给买方复审，买方一般以商业发票为中心，将其他单据与之对照，看是否单单一致，然后在银行规定的期限内（一般为3天）对所审单据提出意见，如果审核无误，即向开证行付款或承兑；如发现单、证或单、单有不符点，应立即由开证行向国外银行提出异议。

2．对"单证不符"和"单单不符"的处理方法

（1）拒收单据并拒付货款。

（2）货到检验合格后付款。

（3）相符部分付款，不符部分拒付。

（4）卖方修改单据后付款。

（5）凭卖方或议付行书面担保后付款，付款的同时向开证行提出保留索赔权。

根据UCP600的规定，如果开证行拒绝接受单据，必须在收到单据次日起的7个银行工作日以内，以电信方式或其他快捷方式通知寄单银行，并说明银行拒收单据的所有不符点和单据是否保留以待交单人处理，或退还交单人。如果开证行及保兑行未能做到上述要求，开证行及保兑行就无权宣称单据与信用证条款不符。

（二）付款

1．即期信用证项下的付款

付款时，开证行先计算自往来银行议付之日起至进口方赎单期间的垫款利息，在扣除保证押金后，向进口方收回所垫付的款项，并将单据交给进口方凭此提货。

2．远期信用证项下的付款

如远期信用证规定以进口方作为付款人而签发远期汇票，开证行要求进口方进行承兑，然后凭信托收据领取进口单据提货，到期后，进口方付款。这一段期间等于银行贷款给进口方，因此开证行一般会要求进口方提供抵押物或交纳相当数量的保证金，以保证银行的债权。

四、报关与纳税、报检与办理提货

（一）报关与纳税

报关是指进口货物的收货人或其他代理人按海关规定的手续，向海关提交有关单证，办

理货物申报验放手续的过程。进口报关必须由海关准予注册登记的报关企业所指派的报关员负责办理。在我国的进口业务中，报关手续一般由外运公司代办。以下为办理报关的程序。

1. 进口货物申报

货到目的港后，进口企业要根据要求填写进口货物报关单，并附商业发票、提单、装箱单、保险单、免税或免验货物的证明、进口许可证和国家规定的其他批准文件等单证，如属法定检验的进口商品，还需提供商品检验证书等向海关报关，海关对报关单进行编号登记，批注申报日期，对报关单证的齐全、有效、清楚、准确等方面进行审核。

我国《海关法》规定，进口货物的收货人应当自运输工具申报进境之日起 14 日内申报，超过 14 日的，由海关按日征收进口货物 CIF 价格的 0.05% 的滞报金。若超过 3 个月未向海关申报的，其进口货物由海关提取依法变卖处理，所得价款在扣除运输、装卸、储存等费用和税款后，尚有余款的，自货物依法变卖之日起一年内，经收货人申请，予以发还。如果属于国家限制性进口的货物，不能提交许可证件的，不予发还。余款逾期无人申请，则上缴国库。

2. 缴纳关税

海关接受申报后，对进口货物进行分类估价，核算到岸价格，依据关税税率计征进口货物的关税或免税，并要求报关人自填发税款缴款书之日起 15 日内，向指定的银行缴纳税款；逾期按日征收 0.001% 的滞纳金。纳税义务人、担保人超过 3 个月仍未缴纳的，经直属海关关长或其授权的隶属海关关长批准，海关可以采取强制措施。

我国《海关法》规定，进口货物的完税价格包括货物的货价、货物运抵中华人民共和国境内起卸前的运输及保险费，一般是以到我国口岸的 CIF 价格作为完税价格，如果不是以 CIF 价格成交的，则要换算成 CIF 价格。

3. 查验货物

报关人缴纳关税后，向海关提交银行缴款书回执，海关查验进口货物与报关单及其他单据上所列是否一致，进口货物的物理性能和化学性能及数量、规格是否符合要求。查验应在海关监管区域内的仓库、场地进行，特殊情况下，也可由海关派人员到进口方的仓库、场地查验，但须经海关同意。查验时，进口方应派人到现场监督并负责拆开包装。

4. 结关放行

进口货物在办完申报、纳税、查验手续后，海关确认报关人已缴清关税和相关费用、相关单证已核销，经办人员在报关单及提单上签字盖章放行，进口企业或其代理凭海关签印放行单据到海关监管仓库或指定地点提取货物。

（二）报检

我国《进出口商品检验法》规定，法定检验的进口货物到达港口后需及时进行检验，未经检验的货物不能销售和使用。进口报检是进口方向入境海关地商检机构办理货物检验手续的法定行为。进口方须填写入境货物报检单，提供出口合同、发票、装箱单、提单等单证和相关批准文件；商检机构检验合格后在入境货物通关单或提单上加盖公章，并取得有效的检验证明，此时，进口方就应接受货物，否则，进口方有权拒收货物，并可向有关责任方提出索赔。对未规定法定检验的进口商品，由进口方自行组织检验。如发现货物数量、质量有问题，应立即保持现状，并向当地商检机构申请报检。

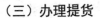

（三）办理提货

在办理完上述手续后，进口方凭海关加盖"放行"章的提货单到约定仓库或指定地点办理提货手续。

五、进口索赔

进口货物发生损毁时，首先应确定责任方，通常涉及卖方违约、承运人的过失责任、自然灾害和意外事故等造成货损货差的，其中卖方的责任较多。进口索赔是指进口方向责任方提出损害赔偿的要求。

（一）确定责任，发出索赔通知

在货物抵达目的港后发现货物残损或短缺时，应立即请有关公证机构进行现场检验并出具证明；在货物回仓后发现货损，货主应立即书面通知承运人和保险公司，聘请公证行进行验货，明确责任后，立即向责任方发出索赔通知。索赔通知中要明确说明该项索赔的依据（如合同的哪一条款、哪项运输责任条款或哪款保险险别等），并叙述货损的具体情况。如果当时不能确定责任归属，可先向承运人索赔，承运人拒赔时应有拒赔的书面依据，然后再凭该依据向保险公司或卖方索赔。

（二）索赔责任对象

索赔责任对象是指要对索赔方承担损失赔偿等责任的人。国际货物买卖涉及许多当事人，一旦发生索赔事故，就需要弄清损害事实，明确索赔对象。

1．向卖方索赔

如果出现卖方不交货、原装数量不足、品质规格与合同规定不符、包装不良使货物受损等情况，除不可抗力原因外，应向卖方索赔。索赔期限为4年。

2．向承运人索赔

凡属于货物数量少于提单所载数量，或由于船方过失导致货物残损的情况，应根据租船合同或提单条款向承运人索赔，索赔期限为卸货后1年。例如，开船前和开船时船舶不具备适航条件；装载不良；配载不当；装卸作业疏忽；货物在运输途中遗失等。

3．向保险公司索赔

由于自然灾害、意外事故或运输中其他事故的发生致使货物受损并且属于承保险别范围之内的，或属于承运人的过失造成货物残损、遗失，而承运人不予赔偿或赔偿金额不足抵补损失的，只要属于保险公司承保范围以内的，应及时向保险公司索赔，需出具《进口货物验残检验报告》，索赔期限为卸货后2年。

（三）提供索赔证据

办理索赔时必须有充分的索赔证据。进口方对外索赔时，应按合同规定提供索赔清单、商检机构的检验证书、发票、装箱单或重量单、提单副本、保险单和其他必要的文件及单据作为索赔的证据。根据不同的索赔对象，索赔方应出具的索赔证据也有所不同。向卖方索赔，需另附保险单一份；向承运人索赔，提交船长及港务局理货员签发的理货报告及船长签发的短卸货残损证明；向保险公司索赔，提供保险公司或其代理与买方的联合检验报告等。

（四）索赔金额

索赔金额应与责任方造成的实际损失相符。《公约》规定："一方当事人违反合同应负担的损害赔偿额，应与另一方当事人因他违反合同而遭受的包括利润在内的损失额相等。"向卖方索赔时，索赔金额既包括商品本身的损失（根据商品价值和损失程度计算），还包括支出的有关费用（商品的检验费、装卸费、仓租、利息、清关费、银行手续费、合理的预期利润等）；向承运人索赔时，按运输合同（提单）的规定计算赔偿金额；向保险公司索赔时，按保险合同（保险单）的规定计算赔偿金额。

在进口合同的履行过程中，进口方也可能会收到卖方提出的索赔要求。这时进口企业应根据有关法律、惯例，本着实事求是的精神进行理赔，既要维护我方的正当权益，又不影响双方的贸易关系。

复习思考题

1．在国际货物买卖中，CIF 出口合同的履行主要包括哪些环节？

2．出口企业审核信用证的依据和内容是什么？信用证与合同规定不符时应如何处理？

3．出口企业在办理信用证项下结汇手续时，需要制作哪些单据？应注意哪些问题？

4．简述履行 FOB 条件下用信用证付款的进口合同的基本环节及主要内容。

5．我国出口结汇的做法主要有哪几种？

6．出口结汇时如果出现单证不符的情况应如何处理？

7．进口企业接收货物时包括哪些环节？

8．如果货物先于货运单据到达，进口企业可否先行提货？

案例分析题

1．我方与伊朗中间商成交尼龙线 10 万磅（1 磅=0.453 千克）。合同规定 6 月底以前开证，7 月装船。该商品是以销定产，我方为此安排工厂加班生产。到 6 月底，未见来证，经一再催证，对方回告需要更改商品规格后方能开证。此时大部分货已备妥，无法更换。请问：我方对此该如何处理？应吸取什么教训？

2．我国某进出口公司与日商在 2020 年 11 月按 CIF 条件签订一份 10 万元棉布的合同，支付方式为即期信用证，日商于 2021 年 3 月上旬通过银行开来信用证，经审核与合同相符，其中，保险金额为按发票金额加一成。我方正在备货期间，日商通过开证行送来一份信用证修改书，要求将保险金额改为按发票金额加三成。我方按原证规定投保、发货，并于货物装运后在信用证有效期内向议付行提交全套装运单据。议付行议付后将全套单据寄开证行，开证行以保险单与信用证修改书不符为由拒付。请问：开证行拒付的理由是否成立？为什么？

3．有一份 CIF 合同，以信用证方式支付。来证规定装运期不得迟于 2021 年 8 月 5 日，信用证有效期为 8 月 31 日。受益人于 8 月 28 日向议付行提交签发日期为 8 月 5 日的提单。

但遭到议付行的拒付。请问：议付行有无拒付的权利？为什么？

 技能拓展训练

目的：熟悉出口收汇核销的办理程序。

资料：出口收汇核销，是国家外汇管理部门对出口是否安全、及时收取外汇以及其他有关业务情况进行监督管理的业务。出口单位应当及时收汇并办理核销手续，远期收汇的还应及时办理远期收汇备案手续，尽力避免逾期未核销情况的发生。

上海顺达进出口公司正在履行一单出口业务，该笔业务货款议付后已到账户，需要办理出口收汇核销。

要求：请你说说该公司应如何办理出口收汇核销。

第十一章 国际贸易方式

【引导案例】

独家代理纠纷案例

案情描述：美国 A 公司与中国 B 公司签订了一份独家代理协议，指定 B 公司为 A 公司在中国的独家代理。不久，A 公司推出指定产品的改进产品，并指定中国 C 公司作为该改进产品的独家代理。请问：A 公司有无这种权力这样操作？

案例分析：A 公司没有权力这么做，因为 B 公司是 A 公司指定产品在中国的独家代理，也就是说，A 公司指定产品在中国只能有 B 公司一个代理；严格讲，指定产品的改进产品和指定产品是同一种产品，因此，A 公司不能在中国再指定另外一家公司作为改进产品的独家代理。

【教学目标】

通过本章的学习，使学生了解各种国际贸易方式的含义；掌握不同国际贸易方式的特点，能够根据具体情况灵活选择适宜的贸易方式，并注意各种贸易方式的结合使用。

【教学重点】

各种国际贸易方式的特点及具体做法。

【教学难点】

使用各种国际贸易方式应注意的问题。

第一节 经销和代理

一、经销

（一）经销的含义及类型

1. 经销的含义

经销（distribution）是指进口商（即经销商，distributor）与国外出口商（即供货商，supplier）订立经销协议（distributorship agreement），承担在规定的期限和地域内销售指定商品义务的一种贸易方式。

2．经销的类型

按照经销商权限的不同，经销可分为两种类型：独家经销和一般经销。

独家经销（sole distribution）又称为包销（exclusive sales），是指出口商与国外经销商达成书面协议，由前者给予后者某一种或某一类商品在约定地区和一定期限内独家经营的权利。这种专营权是指专卖权和专买权。专卖权是指出口商在某一时期和某一地区内只能通过经销商销售某种商品，不能再同该地区的其他商人做该种买卖。专买权是指经销商在规定的时期和地区内只能经营出口商的商品，既不能经营其他来源的同类商品，也不能把出口商的商品销售到其他地区。

采用独家经销方式，出口商和独家经销商在一定时期内通过协议确定了稳定的关系。对出口商而言，有利于利用独家经销商的资金和销售能力，在特定的区域建立一个稳定发展的市场。对独家经销商而言，由于取得了专卖权，因而在指定商品的销售中处于有利地位，避免了多头竞争而导致降价让利的局面，故其有较高的经营积极性，能在广告促销和售后服务中做较多的投入。但如果出口商不适当地运用包销方式，则存在着包销商包而不销而依赖出口商，导致出口受阻，同时也存在包销商利用垄断地位操纵价格、控制市场的风险。

一般经销（general distribution）又称为定销，是指经销商不享有独家经营权，出口商可在同一期限内，在同一地区内委派几家经销商来经销同类商品。这种经销商与国外供货商之间的关系，同一般进口商与出口商之间的关系并无本质区别，所不同的只是经销商和出口商之间确立了相对长期和稳固的购销关系，出口商根据经销协议供货，经销商根据经销协议购货，经营中自担风险、自负盈亏；而在一般贸易中，买卖双方只不过是逐笔售定的关系。

（二）经销协议

经销协议是经销商和出口商达成的规定双方权利和义务、确立双方法律关系的契约。我国在实际业务中一般只在经销协议中规定双方当事人的权利、义务和一般交易条件，以后每批货的交付要依据经销协议订立具体的买卖合同，明确价格、数量、交货期甚至支付方式等具体交易条件。经销协议的内容一般包括以下几个方面。

（1）经销协议的名称，双方当事人的名称，签约日期和地点。

（2）是否有独家经销权。在经销协议中，应该规定授予的是独家经销权还是非独家经销权，以避免日后因经销性质而产生的争议。此处应该注意的是，规定独家经销可能会触犯某些国家有关禁止独占的法律，因此，签订独家经销协议前应做好调查，避免被动。

（3）经销商品的范围。为避免争议，最好在协议中明确经销商品停止生产或供货商有新产品推出时协议是否适用等内容。

（4）经销地区，即经销人行使经营权的地理范围。经销地区一旦确定，出口方负有不向经销地区内的其他商人直接售货的义务。

（5）经销期限。经销期限一般规定为1年，在协议里也可规定期满后续约或终止的办法。

（6）经销数量或金额。这既是买方应承购的数量或金额，也是卖方应供应的数量或金额，对双方有同等的约束力。协议中一般还规定超额承购奖励条款和不能履约的罚金条款。

（7）作价方法。商品可一次作价，也可分批作价，具体可视商品的特点和市场情况而定。

（8）个别销售合同与一般交易条件协议的关系。

（9）广告宣传、市场情况报道和商标保护。

（三）采用经销方式应注意的问题

1．经销方式的选用

独家经销比一般经销更能调动经销商的积极性，能促进经销商专心销售约定的商品，并向用户提供必要的售后服务。

2．经销商的选择

供货商与经销商之间存在着一种相对长期的合作关系，供货商应该选择那些资信好、运营能力强的经销商。如果经销商选择失当，就有可能使供货商的利益遭受损失，这点在独家经销方式下尤为明显。如果独家经销商信誉不佳，缺乏商业信用，凭借专营权压低价格或包而不销，就会使出口企业受到限制，不能向其他商人销售，从而蒙受损失。因此，在通过经销方式出口商品时，企业应特别重视独家经销商的选择、合作和管理，并认真签订好独家包销协议。

3．经销商品和地区的确定

商品数量、金额、种类的多少，经销地区的大小，要与供货商经营意图、经销商销售网的大小以及市场的容量相适应，不是越多越好、越大越好。

4．中止或索赔的规定

为了防止独家经销商垄断市场或经营不力等现象发生，最好在协议中列有中止或索赔的规定。

二、代理

（一）代理的含义及特点

1．代理的含义

代理（agency）作为一般的法律概念，是指代理人按照委托人（本人）的授权，代表本人从事授权范围内的法律行为，由此而产生的权利和义务直接对本人发生效力。在国际贸易中，代理人（agent）通常作为委托人（principal）在国外的代表，为委托人的商品买卖提供服务，如招揽客户、招揽订单、代表委托人签订买卖合同、处理委托人的货物、收受货款等，他本身并不作为合同的一方参与交易。

2．代理的特点

（1）代理方式中的双方当事人是委托人与代理人的关系，代理人只能在委托人的授权范围内，代表委托人从事商业活动。

（2）代理人不以自己的名义与第三者签订合同。

（3）代理人通常运用委托人的资金进行业务活动。

（4）代理人所获得的酬劳是佣金，并非赚取差价，其对经营上的盈亏不负任何责任。

（5）代理人只从中介绍生意、招揽订单，而不承担履行合同的责任。

（二）代理的种类

按照委托人授权的大小，代理可分为总代理、独家代理和一般代理。

1. 总代理

总代理（general agency）是委托人在指定地区的全权代表，不仅享有指定地区独家代理的权利，还代表委托人进行全国业务活动，甚至包括某些非商务性事务。在我国的出口业务中，一般不签订总代理协议，而是指定我国驻外的贸易机构作为我国进出口公司的总代理。

2. 独家代理

独家代理（sole agency/exclusive agency）是指委托人给予代理商在一定地区和一定期限内享有代销指定货物的专营权。只要在一定地区和规定期限内做成该项货物的交易，无论是由代理商签约，还是由委托人直接签约，代理商都按成交金额提取佣金。在我国出口业务中，采用独家代理方式时，参照国际贸易习惯做法，一般都给予代理商上述权利。

与独家经销方式相比，上述两者都具有垄断性质，都有在指定地区和期限内对某种商品专营的权利，都能调动独家经销商和独家代理商经营商品的积极性。但二者之间存在的差别也是不可忽视的：首先，当事人之间的关系不同，独家经销商与出口商之间是买卖关系，而代理人与委托人之间是委托代理关系；其次，承担风险不同，独家经销商承担经营风险，代理商不承担经营风险；最后，取得的报酬不同，独家经销商赚取的是利润，独家代理商赚取的是佣金。

3. 一般代理

一般代理（agency）又称作佣金代理（commission agency），是指不享有独家经营权的代理，即在同一地区和期限内可以有几个代理人同时代表委托人从事有关业务。

按照行业性质的不同，代理又可分为销售代理、购货代理、运输代理、广告代理、诉讼代理、仲裁代理、银行代理和保险代理等，这里不再赘述。

（三）代理协议

代理协议是规定出口企业和代理商之间权利和义务的协议，其主要包括以下几方面内容。

1. 协议名称及双方当事人

签订代理协议时，一定要明确注明代理协议的性质是独家代理、总代理，还是一般代理，同时，要保证所签订的代理协议不要与有关法律的强制性规定相抵触。

在代理协议的序言中，一般要对双方当事人的法律关系、授权范围和代理人的职责范围进行明确的规定。代理协议的双方当事人，即委托人和代理人，通常是独立的、自主的法人或自然人，代理协议必须清楚地规定双方当事人各自的全称、地址、法律地位、业务种类、注册日期、地点以及可以用来识别它的任何其他表示。

2. 指定代理的商品、地区和期限

在代理协议中，要明确、具体地对代理人代理商品的种类、名称、规格以及代理的地区、时间等做出规定。关于代理商品的范围，出口企业要根据自身的经营意图，代理商的规模、经营能力及资信等状况做出决定。

3. 代理的权限

不同性质的代理，该条款的具体内容不同。如果是一般代理，应该在该条款中规定，委托人在代理人代理的地区，有直接和买主进行谈判和成交的权力。

独家代理协议中规定的独家代理权，通常可以分为以下两个方面。

（1）独家代理权，即独家代理约定商品的专营权。委托人给予独家代理商专营权后，委托人在约定期限和约定地区内，不得另选代理商或自己直接销售。

（2）独家代理商是否有权代表委托人订立具有约束力的合同。为避免独家代理商以委托人的名义从事不利于委托人的活动，该条款常规定独家代理商的权限仅限于替委托人物色买主、招揽订单及作为交易中介等，而无权以委托人的名义与第三者订立合同。

4．佣金条款

代理协议中必须规定佣金率、支付佣金的时间和方法。佣金率可与成交金额或数量相联系。

5．最低成交额

独家代理通常承诺最低成交数量或金额。若未能达到该数额，委托人有权中止协议或按协议规定调整佣金率。

6．宣传推广、商情报告和保护商标

代理人在代理期内，有义务定期或不定期地向卖方提供商情报告，代理商还应在代理区内努力而适当地进行广告宣传和促进产品的销售。

7．其他规定

在代理协议中，进出口企业双方有时常就一些其他情况做出规定，常见的有以下两种。

（1）例外性条款：如委托人在授予独家代理商专营权时，往往又保留在约定地区一定的销售权限的例外规定。这种例外规定通常包括下列情况：政府机构或国营企业向委托人直接购货、进行国际招标或参与合资经营等。出口企业在进行上述业务时，不受协议约束，也不付给佣金或报酬，其销售额也不计入协议的最低推销额。

（2）非竞争性条款：如代理人在协议规定的有效代理期内，不得在代理区销售或代理与约定商品相同、类似或具有竞争性的其他商品。

此外，独家代理协议还应规定代理商应负责进行产品的售后服务及保护委托人的知识产权等内容的条款。在代理协议中，委托人通常保留货主对代理商品的商标注册权。

（四）采用代理方式应注意的问题

1．代理方式的选用

一般而言，独家代理比一般代理更能调动代理商的积极性，促使代理商专心代销约定的商品。

2．代理商的选择

委托人要对代理商的资信能力、经营能力及其在代理地区的商业地位做好市场调查。

3．代理商品和地区的确定

商品的种类、数量或金额多少，代理地区的大小，要与客户的资信能力和自己的经营意图相适应。

4．终止或索赔条款的规定

为了防止独家代理商垄断市场或经营不力等现象的出现，最好在协议中订有终止或索赔条款。

第二节　寄售和展销

一、寄售

（一）寄售的含义及特点

1．寄售的含义

寄售（consignment）是出口商（寄售人）委托国外的销售商向用户进行现货买卖的一种贸易方式。出口商将准备销售的货物先运往国外，委托国外的销售商按照寄售协议规定的条件在寄售地进行销售，待货物售出后，销售商按约定的办法与寄售人结算货款。

2．寄售的特点

（1）寄售是一种先发货后成交的现货买卖方式。寄售人先将货物运至目的地市场（寄售地），然后由销售商在当地向买主销售。

（2）寄售人与销售商之间是委托代售关系，而非买卖关系。货物出售之前的所有权属于寄售人，因此寄售人要承担货物运输过程中和寄售期间的运费、保险费、仓储费、进口税等一切费用，并承担此间可能发生的风险和损失。销售商只是负责在货物抵达后照管货物，尽力推销，并按照寄售人的指示处置货物。

（二）寄售协议

寄售协议是寄售人与销售商之间就双方的权利和义务以及寄售业务中的有关问题签订的法律文件。寄售协议一般包括以下几方面内容。

1．双方当事人及其法律关系

寄售人和销售商之间的关系，是一种委托代理关系。货物在出售前所有权仍属寄售人。销售商应按协议规定，以代理人身份出售商品、收取货款、处理争议等，其中的风险和费用由寄售人承担。

2．双方当事人的权利与义务

销售商的主要义务包括：保管货物，代办进口报关、存仓、保险等手续，并及时向寄售人通报商情。销售商应按寄售协议规定的方式和时间将货款交付寄售人。有的寄售协议中还规定销售商应向寄售人出具其银行保函或备用银行证，保证承担寄售协议规定的义务。

寄售人应按寄售协议规定时间保质、保量出运货物，并偿付销售商所垫付的代办费用。

3．寄售商品的价格

寄售商品的价格有三种规定方式：其一，规定最低售价，并注明是含佣价还是净价。销售商销售商品时不得低于规定的最低价格。其二，随行就市，即由销售商根据当地市场行情确定售价，但不能低于当地市场价格。其三，售货前征求寄售人的意见来定价。在实际操作中第三种做法较为普遍。

4．佣金条款

在佣金条款中，要规定佣金率、佣金计算基础、支付方法和时间，佣金通常由销售商按约定在货款中自行扣除。

此外，在寄售协议中，还应规定收受寄售商品的程序等内容。

（三）寄售的优点与缺点

1. 寄售的优点

寄售方式对寄售人、销售商和买主都有明显的好处。

（1）对于寄售人而言，一方面有利于推销新产品和开辟新市场，通过寄售进行少量试销，不仅可以起到广告宣传的作用，逐步树立该商品在当地市场的信誉，而且可以根据当地消费者的意愿和要求改进商品品质、包装条件，不断扩大销售范围；另一方面，可以根据国外市场的需求情况，提前有计划地在国外存放一些待售商品，以便在当地市场货源供不应求和价格上涨时抢先成交，获得更多利润。

（2）对于销售商而言，其只为寄售人的商品销售提供服务，既不大量垫付资金，又不承担市场波动的风险，这就有利于调动那些有推销能力、经营作风好但资金不足的客户的积极性，使其乐于替寄售人在当地推销商品。

（3）对于买主而言，寄售方式采用现货交易，凭实物买卖，买主看货成交，这对于难以凭文字说明来确定品质的商品的买卖，具有重要意义。买主可以就地采购，而且付款后可以立即提货，从而大大节省从订约到收货的时间，又可以避免垫付资金和承担货物在运输途中的费用与风险。

2. 寄售的缺点

寄售方式的缺点更多是针对寄售人而言的。一方面，不利于寄售人的资金周转。由于寄售货物一般要等到售出后才能收回货款，而在售出前所涉及的各种费用，通常均由寄售人承担，这将占压寄售人的一部分流动资金，因此，在一定程度上会影响其资金周转。另一方面，寄售人要承担较大的风险。在寄售方式下，寄售人要承担货物售出前的一切风险，包括各种自然灾害、意外事故、货物运输和储存中的风险、市场变化及寄售地有关政策的变化、货物不能脱售等。此外，还可能因销售商选择不当，其资信不良、能力不佳，导致其他意想不到的后果。

（四）采用寄售方式应注意的问题

1. 寄售地点的选择

通常应选择商品出入与外汇转移较方便和赋税、费用较低的地区作为寄售地点，这就需要事先对国外市场做充分调研。

2. 销售商的选择

应选择资信良好、经营推销能力较强的客户作为销售商。

3. 寄售商品及数量的选择

通常应以寄售地有销路而又难以凭样成交的商品或新销商品作为寄售商品，同时也要注意寄售商品数量不宜过大，以免增加费用及风险。

4. 收汇的安全性

除不宜选择外汇管制严格或外汇短缺的国家或地区为寄售地外，还需要求销售商提供银行保函。

5．寄售协议条款的规定

在寄售协议中，应对价格、货款、佣金及费用负担等事项做出明确合理的规定，以利于协议的执行。

二、展销

（一）展销的含义

展销（fairs and sales）又称作展卖，是指利用博览会和展览会及其他交易会形式，对商品实行展、销结合的一种贸易方式。

（二）展销的形式

展销形式灵活，可由货主自己或委托他人举办，常见的有以下几种。

1．博览会

博览会是一种以国家组织形式在同一地点定期由有关国家或地区的厂商举行商品交易的贸易方式。参加者展出各种各样的产品和技术，以招揽国外客户签订贸易合同，扩大业务范围。国际博览会按内容可分为综合性博览会和专业性博览会。前者一般规模较大，展出的商品品种多样，包括工农业各类产品，通常有许多国家参加；后者则对展品有一定的专业要求，通常是规定某项或某类工业品参加展出。

国际上著名的博览会，如莱比锡、布鲁塞尔、里昂、巴黎和蒙特利尔博览会，大多是综合性的博览会。而对我国出口贸易影响较大的是中国进出口商品交易会，因一直在广州举行，所以又称为广交会。随着国际贸易关系和技术的日益发展，通过博览会进行展销的方式在国际市场上的地位日益重要，它为买卖双方了解市场，建立商品和技术联系提供了有利条件，成为各国商人签订贸易合同的重要场所。

2．展览会

展览会是指举办国通过选择适当的场所，将商品集中进行展销的贸易方式。展览会是不定期举行的，举办地点也不确定，可在国内，也可在国外，还可以以流动方式在各地进行轮流展出，主要展示各国在产品、科技方面所取得的新成就。

3．展销会

展销会是指出口商自己或者联合其他出口商共同在国内举办展销活动，一般是农产品、食品、纺织品等中小型展销会，有的展销会也是大型企业集团展销自己核心产品的场所。

（三）展销的作用

（1）通过展销，出口商可以把一些品种、规格、花色复杂，需看货样成交的商品，如首饰、工艺品、纺织品、服装、地毯和部分机械产品，直接展示给客户或消费者，请他们看样、试样，当面磋商交易条件，促使交易在短期内成交。

（2）通过展销，出口商可多方了解国外市场的容量、贸易渠道、交易习惯以及对出口商品的需要和反应，不仅有利于开展市场调研，同时还可学习其他国家的产品设计和生产工艺等长处。

（3）通过展销，出口商可广泛接触不同类型的客户，相互理解，增进友谊，疏通贸易渠道，有利于建立和发展贸易关系，扩大销售范围。

（四）采用展销方式应注意的问题

出口商采用展销方式所花费的费用较高，要办的手续较多，既花时间，又花人力，还要承担某些风险，为了取得预期的效果，在采用展销方式时应注意以下几个问题。

1. 选择适宜展销的商品

在国际贸易中，并非所有的商品都适于展销。一般来讲，品种、规格复杂，性能多变，用户对造型、设计、图案要求严格的商品，采用展销方式效果较好，如机械设备、电子产品、手工艺品、儿童玩具等。在选择展销商品时，一是要注意选择质量好，在市场上具有竞争力的商品，这一点在参加国际博览会时更为重要；二是要注意展出品种的多样化，以满足不同层次消费者的需求。

2. 选择合适的展销地点

一般来说，将交易比较集中、市场潜力较大并有发展前途的集散地或交易中心地带作为展销地点比较合适，同时还应考虑当地的各项设施，如展出场地、交通、通信等基础设施状况、服务水平及收费标准。

3. 选择适当的展销时机

一般来说，展销的时间应与商品的销售季节一致，每次展出的时间不宜过长，以免费用太高而影响效果。

4. 选择好合作的客户

合作的客户必须具有一定的经营能力，在当地市场有一定的地位和影响，比较熟悉展出地点的市场情况，并有一定的业务联系网络或销售渠道，至少是具有一定能力的中间商。

5. 做好宣传组织工作

成功的展销离不开宣传和组织工作。对展销进行宣传时要将一般宣传与重点宣传相结合，不仅要通过在报纸、杂志、电台、电视等宣传媒介上做广告吸引公众的注意，而且应有选择地向一些客户事先发出邀请，做重点宣传，从而吸引更多的客户参加展销会。

第三节　招标、投标和拍卖

一、招标、投标

招标和投标实际上是一种贸易方式的两个方面，多用于国际承包工程、政府机构或大企业营建工程项目、购买成套设备和大宗商品等项目。

（一）招标、投标的含义及特点

1. 招标、投标的含义

招标（invitation to tender）是指招标人（买方或发包方）通过招标机构在规定时间、地点

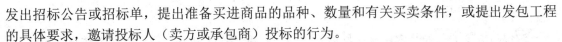

发出招标公告或招标单，提出准备买进商品的品种、数量和有关买卖条件，或提出发包工程的具体要求，邀请投标人（卖方或承包商）投标的行为。

投标（submission of tender）是指投标人（卖方或承包商）应招标人的邀请，根据招标公告或招标单的规定条件，在规定的时间内向招标人报出愿意成交的交易条件的行为。因此，投标是针对招标而来的后续行为，有招标才需要投标。

2．招标、投标的特点

（1）程序的规范性。在招标、投标活动中，从招标、投标、评标、定标到签订合同，每个环节都有严格的程序、规则。这些程序和规则具有法律拘束力，当事人不能随意改变。

（2）招标、投标文件的必须性。在招标、投标活动中，招标人必须编制招标文件，投标人据此编制投标文件参加投标，招标人组织评标委员会对投标文件进行评审和比较，从中选出中标人。

（3）招标、投标的公开性。招标、投标的基本原则是"公开、公平、公正"，将招标、投标置于透明的环境中，防止腐败行为的发生。

（4）投标的一次性。在一般的交易活动中，买卖双方往往要经过多次谈判后才能成交，而招标则不同，在投标人递交投标文件后到确定中标人之前，招标人不得与投标人就投标价格等实质性内容进行谈判。也就是说，投标人只能一次报价，不能与招标人讨价还价。招标机构对最后中标人的选择是通过对各报价的筛选结果决定的。因此，投标人能否达成交易，完全取决于投标的质量。

（二）招标的种类

从招标引起投标的竞争程度来分，招标主要有以下三种形式。

1．国际竞争性招标

国际竞争性招标（international competitive bidding, ICB）是指招标人发布招标公告，邀请几个乃至几十个投标人参加投标，通过投标人之间的竞争，选择其中对招标人最有利的投标人达成交易。它有两种做法：一是公开招标（open bidding），即无限竞争性招标（unlimited competitive bidding）。采用这种做法时，招标人要在国内外主要报刊上刊登招标广告，凡对该项招标内容有兴趣的人均有机会购买招标资料进行投标，开标结果以公开的形式进行，中标结果也要予以公告。二是选择性招标（selected bidding），又称作邀请招标，它是有限竞争性招标（limited competitive bidding）。采用这种做法时，招标人不在报刊上刊登广告，而是根据自己具体的业务关系和情报资料对客商进行邀请，进行资格预审后，再由他们进行投标。

2．谈判招标

谈判招标（negotiated bidding）又称作议标，它是非公开的，是一种非竞争性的招标。由招标人物色几家客商直接进行合同谈判，如果谈判成功则交易达成。它不属于严格意义上的招标方式。

3．两阶段招标

两阶段招标（two-stage bidding）是指将招标分两个阶段进行。第一阶段采用公开招标方式，在对众多投标人的投标进行初评后，再邀请几家比较理想的客商进行第二阶段的选择性招标。它是无限竞争性招标和有限竞争性招标的综合方式。

（三）招标、投标的程序

招标与投标业务的基本程序包括招标工作、投标工作、开标、评标以及签订合同等环节。

1．招标工作

（1）编制招标文件。招标文件又称作标书、标单，是采购物资和设备或招标承建工程项目的法律文件，是投标人准备投标文件和投标的依据，也是用于评标的标准。招标文件还是签订合同所遵循的文件，招标文件的大部分内容通常都要列入合同的文本中。招标文件中应详细说明各种招标条件、投标人资格、投标日期、开标日期、寄送投标单的方法等。此外，还要规定投标人缴纳投标保证金和履约保证金的条款，明确以保证金金额的交付、保证方式等作为投标担保。

（2）发布招标公告。招标公告是招标机构向所有潜在的供货商或承包商发出的一种广泛的通告，是对投标的邀请。招标公告的主要内容有：招标项目名称和项目情况介绍，招标开始时间和投标截止时间，招标方式，标书发送方法，招标机构或联系机构的名称、地址。如果招标是国际竞争性招标，则招标公告以完全公开化的形式，通过大众化的传播媒介发出，如主要报纸、广播等。如果招标是有限竞争性招标，则招标机构不对外公开发出招标公告，而是直接向供货人或工程承包商个别地发出投标的邀请。

（3）资格预审。资格预审的内容涉及面比较广泛，通常可归纳为对以下五个方面的审查：投标人概况、经验与信誉、财务能力、人员能力、施工设备。

2．投标工作

（1）投标前的准备工作。投标前的准备工作十分重要，它直接影响投标的中标概率。在投标阶段，投标人收到标单后，应认真研究标单的全部内容和条件，以及招标所涉及的国内外法律，并在此基础上仔细订出自己争取中标的各项条件，包括价格、交货期限、品质规格、各技术指标等，做到量力而行。

（2）提供投标担保。投标担保可以采用投标保证金、银行保函、备用信用证和现金担保等形式。

（3）递交投标文件。投标人应按照招标文件规定的时间和方式，将投标文件送达招标人，进行投标。递交投标文件时一般采用密封方式。

3．开标、评标

（1）开标。开标的形式主要取决于招标采用了何种方式。如果是公开招标，则应由招标人和公证人在规定时间和地点当众开标，宣读投标人名称、投标价格，并选择最有利的递价，参加投标者均可派代表监督开标。如果是不公开招标，则由招标人自行选定中标人，投标人不得派代表参加开标。

（2）评标。评标是按照规定的评标标准和方法，对各投标人的投标文件进行比较和分析，从中选出最佳投标人的过程。评标是一项重要而又复杂的综合性工作，它关系着整个招标工作是否体现了公平竞争的原则，招标结果是否能使招标人得到最大的效益。因此，在评标过程中，不但要预先做好认真的准备工作，还要有细致、科学的评标原则。评标的方法有积分表法、投票表决法和集体评议法。如果投标书中有不清楚的地方，还可以采取口头询问（开澄清会）和书面询问两种形式对投标人做进一步询问。

4．签订合同

招标人选定中标人后，要以电话、电报或传真等快捷的方式在投标有效期到期之前通知中标人，约定双方签约的时间、地点，并按约定签订协议（合同）。为保证合同顺利执行，中标人还要提交履约保证金。

（四）招标、投标应注意的问题

在招标、投标中，由一家招标人向数家投标人发出投标邀请，投标人为了争取中标，相互之间往往会展开激烈的竞争，这样就使得招标人处于比较主动的地位，而投标人则处于比较被动的地位。从这个意义上来看，投标人在投标前更应该慎之又慎。

（1）在招标通告中规定须通过代理人进行投标时，投标人必须事先在招标人所在国家选定代理人并签好代理协议，订明我方投标的具体条件、代理人的报酬和不中标时应付的手续费等。

（2）认真审阅招标文件，避免遗漏；对标单的填写要慎重，因其具有实盘性质，不能随意撤销。按照国际投标的一般做法，投标文件是中标签订合同的一部分。

（3）投标前要了解招标国关于招标的规定和习惯，同时要落实货源，因为投标要支付一定的保证金，而且招标的商品一般数量较大，交货期比较集中，如不能按时履约，将会造成不良影响，并须赔偿招标人因此蒙受的经济损失。

二、拍卖

（一）拍卖的含义及特点

1．拍卖的含义

拍卖（auction）是由专营拍卖业务的拍卖行接受货主的委托，在一定的地点和时间，按照一定的章程和规则，以公开叫价竞购的方法，最后将货物卖给出价最高的买主的一种现货交易方式。

2．拍卖的特点

（1）拍卖是在一定的机构内有组织地进行的。拍卖机构可以是由公司或者行业协会设立的专业拍卖行，也可以是由货主临时组织的拍卖会。

（2）拍卖具有自己独特的法律和规章。许多国家对拍卖业务有专门的规定。各拍卖机构也制定了自己的章程和规则，供拍卖时采用。这些都使拍卖方式形成了自己的特色。

（3）拍卖是一种公开竞买的现货交易。拍卖采用事先看货、当场叫价、落槌成交的做法。成交后，买主即可付款提货。通过拍卖进行交易的商品一般是一些品质规格不易标准化的商品，如皮毛、烟草、茶叶、香料、木材等；或是某些易腐坏不能长期保存的商品，如水果、蔬菜、花卉、观赏鱼类等；或是某些贵重商品或习惯上采用拍卖方式来交易的商品，如贵金属、首饰、地毯、古董及其他艺术品。某些商品，如澳洲羊毛，大部分交易是通过拍卖方式进行的，它所形成的价格对这些商品的行市有很大影响。拍卖的货物必须在交易前运到拍卖地，并事先经过验看，拍卖后拍卖人对货物的品质一般不负赔偿责任。

（4）参与拍卖的买主通常须向拍卖机构缴存一定数额的履约保证金。买主在叫价过程中，若落槌成交，就必须付款提货；否则，拍卖机构将没收其保证金。

（5）拍卖机构为交易的达成提供服务，它要收取一定的报酬，通常称作佣金或经纪费。佣金多少没有统一标准，一般根据当地的习惯或按行业的规则加以规定。

（二）拍卖的方式

国际上拍卖的方式一般有三种：增价拍卖、减价拍卖和密封递价拍卖。

1．增价拍卖

增价拍卖，也称作买方叫价拍卖或英格兰式拍卖，这是最常见的一种拍卖方式。拍卖时，先由拍卖人宣布预定的最低价格，然后由竞买者相继叫价，竞相加价，有时规定每次加价的金额额度，直至竞买人不再加价时，拍卖人击锤表示成交，将这批商品卖给最后出价最高的人。

2．减价拍卖

减价拍卖，也称作卖方叫价拍卖或荷兰式拍卖。拍卖时，先由拍卖人公布最高价格，然后拍卖人逐渐减低叫价，直到竞买者表示接受所叫价格，交易便达成，竞买结束。减价拍卖方式成交迅速，常用于数量大、批次多的鲜活商品的拍卖。

3．密封递价拍卖

密封递价拍卖，又称作招标式拍卖。采用这种方法时，先由拍卖人公布每批商品的具体情况和拍卖条件等，然后由各买方在规定时间内将自己的出价密封递交拍卖人，以供拍卖人进行审查比较，决定将该货物卖给哪一个竞买者。这种方法不是公开竞买，拍卖人有时要考虑除价格以外的其他因素。目前有些国际拍卖，如阿姆斯特丹的皮毛、烟草，美国的木材、烟草、羊毛等，常采用这种拍卖方式。此外，有些国家的政府或海关在处理库存物资或没收货物时往往采用这种拍卖方法。

（三）拍卖的程序

各种商品的拍卖都有其各自的特点和惯例，但拍卖的基本程序却大致相同。

1．准备阶段

货主与拍卖行订立委托拍卖合同，其内容包括：拍卖的货物名称、规格、数量、质量；拍卖的时间、地点；拍卖品的交付时间和方式；佣金及其支付的方式、期限；价款的支付方式、期限；违约责任等。参加拍卖的货主要把货物运到拍卖地点或指定仓库，委托拍卖行代为整理挑选、分级分批。同时，拍卖行要编制拍卖目录，列明商品种类、拍卖程序、拍卖条件，在拍卖日期前 10～15 日发送给买主选择。买主接到通知后可以到指定地点看货，有的还允许买主抽样试用。

2．正式拍卖

拍卖行和买主在规定的时间和地点，按照拍卖目录规定的次序，逐笔喊价成交，拍卖时，买主的每一次叫价在法律上都是一项发盘，当另一竞买者报出更高价格时，前一买主的发盘即告失效；拍卖主持人击槌表示接受时，交易即告成立。

3．成交与交货

拍卖成交后，买主签署成交确认书，并支付货款金额的一定百分比作为订金，待买主付清全部货款后，拍卖行开出提货单，买主凭单提货，货物的所有权即转移给买主。拍卖行从货款中提取一定比例的佣金作为提供拍卖服务的报酬，并扣除按合同规定应由货主承担的费用，再将剩下的货款交付货主。

（四）拍卖应注意的问题

1. 关于商品的品质

由于参加拍卖的商品往往难以用具体规格加以描述，且买主在拍卖前有权查验货物，拍卖行通常在拍卖章程中规定"卖方对品质概不负责"，因此，拍卖后买方对商品没有复验权，也不存在索赔的问题。对于某些货物可能存在隐蔽的缺陷，凭一般的查验手段难以发现，有的拍卖章程中也规定了买方的索赔期限。

2. 关于公开和公平的原则

拍卖和招投标一样，是一种按公平竞争的原则进行公开交易的贸易方式。为保证公开和公平的原则不被违反，拍卖行制定了拍卖章程，买卖双方都必须严格遵守。买方不得互相串通，以压低报价；卖方也不得由代理人出价竞买，以哄抬价格，否则均构成违规违法行为。

综上所述，招投标和拍卖是两种特殊的贸易方式，与本章前两节所讲的经销、代理、寄售、展销的不同之处在于：它们具有公开性和竞争性，并采取一定的组织形式开展交易。招投标是从购买或进口的角度出发进行的有组织的交易，其特点是引起卖方之间的竞争；拍卖则是从出售或出口的角度出发进行的有组织的交易，其特点是引起买方之间的竞争。招投标和拍卖都是国际市场上经常采用的贸易方式。

第四节　期　货　交　易

一、期货交易的含义及特点

（一）期货交易的含义

期货交易（futures trading）又称作期货合同交易，是一种在期货交易所内，按照严格的程序和规则，通过公开喊价的方式，买进或卖出某种商品期货合同的交易。期货交易是以现货交易为基础，以远期合同交易为雏形而发展起来的一种高级的交易方式。

期货合同是由交易所拟订的、标准化的、受法律约束并规定在将来某一特定时间和地点收付货款、交付某一指定商品的合同，每份期货合同的商品数量、品质规格、包装要求、交割地点等都是统一的，唯一的变量是时间和地点。

期货合同交易是期货交易所的主要业务，期货交易的商品主要是大宗的金属和农产品，期货交易所的价格对国际市场该类产品价格产生重要的影响。交易合同的履行，并不一定交割实物，在多数情况下，只收付价格差额的货币。

（二）期货交易的特点

期货交易是在现货交易的基础上发展起来的，但是期货交易与现货交易相比存在着明显的区别。与现货交易相比，期货交易具有以下几个特点。

1. 合约标准化

期货交易的标的——期货合约是高度标准化的，在合约中，除了合约价格外，其他内容都是标准化的、既定的，投资者不需要就交易的具体条款进行协商。期货合约除价格随市场行市波动外，其余所有条款都是事先规定好的。

2. 交易集中化

期货交易的所有买卖都必须在期货交易所内进行集中竞价成交。期货交易所实行会员制，只有会员才能进场交易。处于场外的交易者只能委托经纪公司参与期货交易。

3. 双向交易

与证券交易不同，期货交易中交易者可以通过买入期货合约开始交易，也可以通过卖出期货合约开始交易，既允许先买后卖，也允许先卖后买。

4. 对冲机制

交易者在期货合约到期之前执行与先前操作相反的交易，对前期建仓进行平仓即可结束交易，一般不需要交割物理对象。

5. 保证金制度

期货市场的魅力主要在于，进行期货交易只需缴纳少量保证金，一般为合约价值的 5%～10%，就可进行数倍于保证金的交易，也就是杠杆交易。

6. 当日无负债结算

每日交易结束后，期货交易所按当日各合约结算价结算所有合约的盈亏、交易保证金及手续费、税金等费用，对应收应付的款项实行净额一次划转，相应地增加或减少会员的结算准备金，保证金不足的，应当及时补足。

二、期货交易的类型

期货交易有各种不同的类型，但根据交易目的的不同，可分为套期保值交易和投机交易两种基本类型。

（一）套期保值交易

套期保值交易（hedging）又称作对冲交易，也称作海琴。它的基本做法是在买进（或卖出）实货的同时或前后，在期货交易所卖出（或买进）相等数量的合同来保值。由于期货市场和实货市场的价格趋势一般来说是一致的，涨时同涨，跌时俱跌，因此实货市场的亏（盈），可从期货市场的盈（亏）得到弥补或抵消。套期保值分为卖期保值和买期保值两种。

1. 卖期保值

卖期保值（selling hedging）是指一些手头持有实货的个人、企业或丰收在望的农场主和拥有大量库存的经销商，担心新货登场导致价格可能下跌而蒙受损失，便在期货市场卖出期货合同以达到保值的目的。由于从事保值者处于卖方地位，因此称为"卖期保值"。

2. 买期保值

买期保值（buying hedging）是指一些将来持有某种实货商品的个人或企业，在他们出售将来交付的实际货物时，担心日后价格上涨而受到损失，因而在期货市场上买进期货合同以达到保值的目的。由于从事保值者处于买方地位，因此称为"买期保值"。

（二）投机交易

投机交易（speculation）是指利用期货市场价格变动频繁的现象，在对市场价格走向做出正确判断的基础上，决定进入市场的策略，通过一买一卖或一卖一买，即先多头后空头或先空头后多头，从中牟利。

投机交易追求的是从两次交易的差价中牟利，因此，参与这类交易的人尽管很多，经营方式不尽相同，但是他们的共同点是，都对商品本身不感兴趣，故都在交割期届满之前就地结清交易。

三、期货市场

期货市场是进行期货交易的场所，它是按照"公开、公平、公正"原则，在现货市场基础上发展起来的高度组织化和高度规范化的市场形式，既是现货市场的延伸，也是市场的又一个高级发展阶段。从组织结构上看，广义上的期货市场包括期货交易所、期货结算所、期货经纪公司和期货交易者；狭义上的期货市场仅指期货交易所。

（一）期货交易所

期货交易所是为期货交易提供场所、设施、服务和交易规则的非营利性机构。期货交易必须在期货交易所内进行。期货交易所一般采用会员制。期货交易所本身不参加期货交易，也不拥有任何商品，它只为期货交易提供场地、设备，并制定、公布交易规则，以维护交易平等、公开。其运营资金主要依靠创立之初的投资、收取的会员费和手续费。

期货交易所的最高权力机构是由全体会员组成的会员大会。会员大会下设董事会或理事会，一般由会员大会选举产生，董事会聘任期货交易所总裁，负责期货交易所的日常行政和管理工作。

（二）期货结算所

期货结算所负责期货合约买卖的结算，包括期货合约的交割和未到期合约的平仓；承担期货交易的担保；监督实物交割；公布市场信息。

期货结算所是期货市场运行机制的核心，大部分实行会员制，其会员必须是经过严格审查的有关期货交易所的会员，并且只有资本雄厚、财务信誉可靠的期货交易所会员才能成为期货结算所的会员。期货结算会员须交纳全额保证金存放在期货结算所，以保证期货结算所对期货市场的风险控制。期货结算所的最高权力机构是董事会（理事会）。期货结算所的日常工作由总裁负责。期货结算所的服务对象仅限于其会员，非会员的结算则必须通过结算会员的代理来进行。

（三）期货经纪公司

期货交易所明确规定，只有会员才能进入期货交易所进行交易，于是就出现了专门接受委托、代理客户进行期货交易、收取一定佣金的期货经纪人和期货经纪公司，它们专门从事期货代理业务。

期货经纪人或经纪公司的主要职责是代替客户办理买卖期货的各项手续；向客户介绍和解释期货合约的内容和交易规则；向客户提供期货交易的决策并提供咨询；报告合约的执行情况和盈亏结果。

（四）期货交易者

根据参与期货交易的目的划分，期货交易者基本上分为两种：套期保值者和投机者。

第五节　对　销　贸　易

对销贸易（counter trade），也称作对等贸易或反向贸易，它是在传统的易货贸易基础上发展起来的，在互惠的前提下，由两个或两个以上的贸易方达成协议，规定一方的进口产品可以由对方用相对的部分或者全部出口产品来支付，最终使得买卖双方收支基本平衡的各种贸易方式的总称。对销贸易包括易货贸易、互购贸易、补偿贸易等。

一、易货贸易

（一）易货贸易的含义及特点

1. 易货贸易的含义

易货贸易（barter trade）是指在换货的基础上，把出口和进口直接结合起来，以商品的出口换取等值的进口货物的一种贸易方式。

2. 易货贸易的特点

（1）当事人只涉及进口商与出口商，无第三方参与。

（2）双方只签订一个进口合同，合同包含双方交易的货物。

（3）双方交易的货物均需明确载入合同。

（二）易货贸易的形式

易货贸易有两种形式，即直接易货和综合易货。

1. 直接易货

直接易货又称为一般易货，它是买卖双方各以等值的货物进行交易，不涉及货币的支付，也没有第三人的介入，贸易双方签订相互换货、相互抵偿的合同，在合同中约定货物的规格、数量、品种以及指定交换货物的港口。它是最普遍，也是应用最广泛的易货形式。这种直接易货方式，一般一笔交易只签订一个包括双方相互抵偿货物的合同，不涉及第三方，双方交易的货物在同一市场、同一时间内一次交易完成。但在货物需要运输的情况下，此种方式就难以保证交易的安全性。因此，实际业务中出现了以对开信用证为媒介实现易货的做法。交易双方先签订易货合同，并在合同中订立各自的出口商品均按约定价格以信用证方式结算的条款。随后，双方按约定日期互相以对方为受益人开立金额大体相等的信用证，这两份信用证可以同时开出、同时生效，也可规定一方开出的信用证在对方开立回头证并得到认可时生效；双方还可以采用保留押金的方式，即先开立的信用证先生效，但结汇后，银行不是将款项划入受益人账户，而是作为开立回头证的押金。在直接易货交易中，除了采用对开信用证的方式外，还可能是双方各自提供相应履约担保，如银行保函或备用信用证。

2．综合易货

综合易货又称作协定记账易货、双边清偿协定，多用于两国之间根据记账或支付（清算）协定而进行的交易。由两国政府根据签订的支付协定，在双方银行互设账户，双方政府各自提出在一定时期（通常为一年）提供给对方的商品种类，进出口金额要基本相等，经双方协商同意后签订易货协定书，然后根据协定书的有关规定，由各自的对外贸易专业公司签订具体的进出口合同，分别交货。商品出口后，由双方银行凭装运单证进行结汇，并在对方国家在本行开立的账户进行记账，然后由银行按约定的期限结算。应注意的是，一定时期终了时，双方账户如果出现余额，只要不超过约定的幅度，即通常所说的"摆动额"，原则上顺差方不得要求对方用自己的外汇支付，而只能以货物抵冲，即通过调整交货速度，或由逆差方增交货物予以平衡。这种易货贸易方式相对于传统的易货贸易来说比较灵活方便，是一个进步，但是由于存在账面不平衡而导致顺差，从而增加国家财政负担。

（三）易货贸易的优点和缺点

1．易货贸易的优点

采用易货贸易有利于促成外汇支付能力不足的国家和企业间进行对外贸易，调剂余缺；易货贸易进出口结合、贸易平衡的特点有利于以进带出，开拓新市场；易货贸易不受外汇管制和贸易壁垒的约束，可以扩大成交量，还可以避免外汇价格波动带来的负面影响。

2．易货贸易的缺点

以直接易货为本质内容的易货贸易有其局限性。首先，易货贸易中进行交换的商品，在数量、品质、规格等方面都必须是对方所需要的和可以接受的。在实际业务中，尤其是在当前的国际贸易中，商品种类繁多，规格复杂，从事国际贸易的商人专业化程度较高，要找到这种合适的交易伙伴有时是相当困难的，这就给这种贸易方式在国际贸易中的应用带来了一定难度。其次，易货贸易的开展还要受到双方国家经济互补性的制约。一般而言，两国的经济发展水平、产业结构差异越大，其互补性也越强，产品交换的选择余地越大；反之，要交换彼此产品的难度则越大，各国的贸易实践已充分证实了这一点。最后，易货贸易采取记账方式时，不可能双方同时出口，这样先出口方只能得到对方对未来交货的承诺，而不是现汇，这样逆差方就无偿占有了顺差方的资金，因此会出现双方都不愿意先交货而影响履约速度的情况。这也是易货贸易方式的最大风险，即先交货方可能收不到另一方应交付的货物。由于上述种种局限性，故这种单纯的物物交换方式在对销贸易中所占比例不大。

二、互购贸易

（一）互购贸易的含义

互购贸易（counter purchase），又称作互惠贸易（reciprocal）或平行贸易（parallel trade），

是指交易双方互相购买对方产品的一种贸易方式。在这种贸易方式下，双方签订两份既独立又有联系的合同：一份是约定先由进口的一方用现汇购买对方的货物；另一份则是由先出口的一方承诺在一定的期限内购买对方的货物。

在互购贸易中，一般通过即期信用证来进行支付。对于先出口后进口的一方来说，采用即期信用证支付比较有利。该方可以在收到出口货款至支付进口货价这段时间里利用对方的资金，从而在此后的进口谈判中处于有利的地位。而对另一方来说，就处于被动地位，风险较大。如果在先出口合同中规定用远期信用证支付，在后进口合同中规定用即期信用证支付，意味着先出口方对先进口方提供信贷，可以不用现汇。

（二）互购贸易与易货贸易的区别

（1）是否现汇交易。互购贸易是现汇交易，出口和进口都有实际的支付；而易货贸易中虽然货物有标价，但只起衡量交易货物价值的作用，没有实际的支付。

（2）进出口额是否等值。在互购贸易中，出口额和进口额一般不要求等值，只要大致相当即可；而易货贸易则要以商品的出口换取等值的进口货物。

（3）合同内容有差别。在互购贸易中，先出口方在签订出口合同时，一般只规定回购的金额，详细的规定是在另一份进口合同中加以订明；而在易货贸易合同中，既要订明出口货物的细节，也要订明进口货物的细节。

（4）当事方有差别。互购贸易中有时要涉及两个以上的当事人，在征得对方同意的前提下，出口方的回购义务或进口方的供货义务可分别改由其他第三方来完成。

（三）互购贸易的优点和缺点

互购贸易对于先出口方来说，无论是从资金周转还是从随后的谈判地位来衡量，都是比较有利的。首先，由于互购贸易用现汇支付，一般通过信用证即期付款或付款交单来进行，有时也可采用远期信用证付款。先出口一方除非接受远期信用证方式，否则不存在垫付资金问题，还可在收到出口货款到支付回购货款的这段时间内，利用对方资金。其次，由于先出口方先出后进，在后续的回购产品谈判中也处于有利地位。西方发达国家凭借技术上的优势，往往占有这种有利地位而比较愿意采用这种做法，故互购贸易已成为当今对销贸易的主要方式。

对先进口方来说，开展互购贸易有利于带动本国商品的出口，即享有"以进带出"的好处，但却需要先付一笔资金，并且还面临着先出口方回购商品的承诺得不到很好履行的风险。

三、补偿贸易

（一）补偿贸易的含义及特点

1. 补偿贸易的含义

补偿贸易（compensation trade）是指在信贷基础上从国外企业进口机器、设备、技术和服务等，并承诺在一定期限内，以该项目生产的产品或其他货物或劳务返销所得价款，分期支付进口价款及利息的一种贸易方式。由于进口机器设备的企业偿还贷款本息采用补偿的办法，故称作补偿贸易。

2．补偿贸易的特点

（1）贸易与信贷相联系。出口国家提供的一定信贷是补偿贸易的基础，即进口设备方不用现汇支付（有时需要支付 15%的定金），补偿贸易实际上是一种商业信贷。

（2）贸易与生产相联系。设备进口与产品出口相联系，出口机器设备方同时承诺回购对方的产品，大多数情况下，交换的商品是利用其设备制造出来的产品。

（3）贸易双方是互惠关系。补偿贸易购入的是机器设备，出口的是产品，可以说是一种进出口相结合的特殊的信贷交易，具有明显的利用外资的作用。

（二）补偿贸易的形式

补偿贸易的形式很多，基本形式有直接补偿、间接补偿、劳务补偿和综合补偿四种。

1．直接补偿

直接补偿，也称作返销，是指用进口的机器、设备、技术等直接生产出来的产品支付进口价款的补偿贸易方式。这种补偿贸易形式称为产品回购，但其运用有一定的局限性，它要求生产出来的直接产品必须严格符合先出口方的要求。当然，在征得对方同意的前提下，设备进口方也可以自行销售产品，用所得外汇偿付货款。

2．间接补偿

间接补偿，也称作加购或互购，它是进出口双方以商定的商品（即与所交易的设备、技术或劳务无关的间接产品）偿付货款。但这里的互购与一般互购贸易是不同的，它是建立在信贷基础上的。这种偿付方式主要适用于购买的设备等不生产可供出口的有形产品，如电讯、交通设施和旅游设施的进口等，或者在购进设备所生产的产品并非供应方所需的商品的情况下，只能以双方商定的其他商品偿付货款。由于间接补偿的补偿产品是间接产品，一般是现成的商品，因而偿还期较短。

3．劳务补偿

这种做法是将补偿贸易与加工装配结合起来，根据协议的规定，设备出口方向进口方提供生产线、相关技术、原材料或零部件等，进口方则按要求进行生产，并以加工费抵偿进口的生产线、技术、原材料或零部件等的款项。

4．综合补偿

综合补偿是上述三种补偿方法的结合。一般来说，设备、技术或劳务的出口方希望采购销路好或自己所需的商品，而进口方则希望对方能够购销自身较难推销的商品。因此，双方往往在补偿商品的类别、品种等方面较难取得一致，从而出现了不少综合平衡的补偿方式，有进口方以部分产品、部分外汇或者部分直接产品、部分间接产品综合补偿给出口方的双边补偿，也有由第三者接受并销售补偿产品，或者由第三者提供补偿产品并负责向国外履行补偿的多边补偿。

综合补偿方式做法灵活多样，牵涉面广，关系复杂。一般进口方对出口方的清偿是分期进行的，通常每半年或每一年结算一次。整个补偿期的长短须根据购买商品的总金额、生产能力和偿还能力等情况来确定。

（三）进行补偿贸易应注意的问题

（1）进口的设备应是发展国民经济所必需的，有利于发挥本国资源和劳动力优势等有利条件的，或有利于增加外汇收入的，而且是先进的，技术上要能控制污染、没有公害的，不要重复引进。

（2）要争取以制成品补偿。如果以原料补偿，则这种原料必须是资源丰富、自用有余的。要考虑补偿产品在世界市场上的销售情况和出口前景，防止影响同类产品的正常出口。

（3）补偿贸易的客户对象要选择信用好、经营能力强，特别是具有推销补偿产品能力的客户。进口的设备、技术和劳务的价格要比较合理，信贷条件要比较优惠。

（4）签约时要妥善规定返销产品的作价原则，明确返销时间。返销金额应为技术设备的价款另加延期支付的利息费用。

（5）补偿贸易的支付方式可以采用对开信用证、银行保函、汇付和托收等方式，但必须贯彻先收后付的原则。一般要使用信贷，以现金支付设备价款。贷款可以是私人信贷、银行信贷，也可以是出口信贷。出口信贷利率较低，带有政府补贴的性质，而且利率又是固定的，不受资本市场的影响，因此开展补偿贸易应尽可能直接利用设备出口国的出口信贷。

（6）外资偿还期原则上越短越好，但如果补偿产品在国际市场上畅销，价格趋涨，其涨幅超过利率上涨幅度，则偿还期长一些也是可取的。

（7）在补偿贸易合同中要明确双方的权利、义务和责任。在合同中除一般规定双方的权利与义务外，还要约束对方按时履约发货和购买返销产品，并对其不履约有一定的约束措施，防止对方不履约和不按时履约而造成损失。

第六节　加　工　贸　易

一、加工贸易的含义及种类

（一）加工贸易的含义

加工贸易（processing trade）是指国内企业从境外保税（经海关批准并办理相关手续，准予暂时免交进口环节关税、增值税以及相关许可证件）进口原材料、辅料、零部件、元器件和包装材料（以下简称料件），利用本国设备和劳动力，经加工或装配，将制成品复出口的贸易方式。

（二）加工贸易的种类

我国海关统计中使用的加工贸易包括来料加工贸易和进料加工贸易两种方式。我国改革开放后提出的"三来一补"，是指来料加工、来样加工、来件装配和中小型补偿贸易，"三来一补"中的来料加工和来件装配就是加工贸易中的来料加工贸易。20世纪90年代末期，我国企业在海外投资中开展的境外加工贸易方式被看作加工贸易的新形式，因此，加工贸易的种类主要包括来料加工贸易、进料加工贸易和境外加工贸易。

二、来料加工贸易

（一）来料加工贸易的含义

来料加工贸易简称来料加工（processing with customer's materials），是指由外商（委托方）免费提供全部或部分料件，由加工方（承接方）按外商要求进行加工、装配，加工方只收取工缴费（加工费）作为报酬，成品交由外商处置的一种交易方式。

在我国，来料加工贸易又称作对外加工装配业务，广义的来料加工贸易包括来料加工和来件装配。来料加工是指外商提供原材料、辅料和包装物料等，由国内的承接方按外商的要求加工成成品提交给对方，并按双方约定的标准收取工缴费（加工费）的一种贸易方式。来件装配是指由外商提供零部件、包装物料等，由国内的承接方按其工艺设计要求装配为成品提交给对方，并按双方约定的标准收取工缴费（加工费）的一种贸易方式。

（二）来料加工贸易的特点

来料加工有如下几个特点。

（1）料件进口是外商提供而不是加工方购买，来料加工进料时加工方不用付汇。

（2）来料加工由外商提供的料件以及由料件加工而成的成品，其所有权属于外商，加工方对货物无处置权。

（3）来料加工的进口与出口有密切的内在联系，外商往往既是料件的提供者，又是成品的接收者，与其签订的合同不是以货物所有权转移为内容的买卖合同。

（4）来料加工的双方是委托加工关系，其交易的经济效果由外商承担盈亏责任，经营企业只按合同要求进行加工，收取工缴费，不负责产成品的盈亏。

（三）来料加工贸易的性质和作用

1．来料加工贸易的性质

来料加工贸易与一般进出口贸易不同。一般进出口贸易属于货物买卖，来料加工虽然有原材料、零部件的进口和成品的出口，但却不属于货物买卖。因为原料和成品的所有权始终属于委托方，并未发生转移，加工方只提供劳务，并收取约定的工缴费。因此，来料加工贸易是一种委托加工的方式，属于劳务贸易的一种形式，它是以商品为载体的劳务出口。

2．来料加工贸易的作用

开展来料加工贸易，无论对承接方还是委托方而言，均有积极作用。对承接方而言，可以发挥本国的生产潜力，补充国内原材料的不足，为国家增加外汇收入；可以借此引进国外的先进技术和管理经验；有利于提高生产技术和管理水平；有利于发挥劳动力资源众多的优势，增加就业机会，繁荣地方经济。对委托方而言，来料加工业务也可降低其产品成本，增强竞争力；有利于委托方所在国的产业结构调整与升级。

（四）签订来料加工合同时应注意的问题

1．对来料来件的规定

来料加工贸易中，能否按时、按质、按量交付成品，很大程度上取决于委托方能否按时、

233

按质、按量供料。因此，来料加工合同中必须明确规定对方送交料件的时间、地点，并详细说明料件的品质、数量，还应规定料件短缺及未按时提交料件的处理办法。

2. 对成品质量的规定

为保证成品的质量，来料加工合同中要对成品的品质、规格、数量、交货期做出明确规定。对于有特殊要求的产品，必须订明详细的技术条款，并规定违约的处理办法。承接方在规定该条款时，应根据自身的技术水平、生产能力，实事求是地加以规定，做到对双方均有利。

3. 关于工缴费标准及结算方式的规定

加工成本加利润即构成工缴费，它与双方当事人的经济利益密切相关。工缴费的核定应该以国际劳务价格作为基准，并考虑我国企业加工该产品的实际成本，我国目前的劳动生产率及其与国外的差距，加工过程中涉及的运费、保险费由谁承担等问题。来料加工业务中关于工缴费的结算方法有两种：一种是来料、来件及成品均不作价，单收加工费，即由委托方在加工方交付成品后，通过信用证或汇付的方式向加工方支付加工费；另一种是来料、来件和成品分别作价，两者之间的差额即为工缴费，即可规定加工方开远期信用证或以远期托收方式支付对方料件价款，委托方以即期信用证或以即期托收方式支付成品价格，加工方所收入的成品价款冲付来料、来件价款后，剩余部分即为工缴费收入。

4. 运输和保险问题

加工装配业务中涉及两段运输：原料运进和成品运出，有关的运输责任及费用究竟由谁负担须在来料加工合同中明确规定。从理论上讲，保险的责任和费用也同运输一样，应由委托方承担，但在具体业务中，有时委托方要求承接方代办保险。在这种情况下，在合同中应规定委托方除支付加工费外还需支付保险费，或者在计算加工费时将保险费打入，不再单独支付。由加工方代办保险的情况下，在合同的保险条款中，应明确规定保险险别、保险金额和投保人。

此外，来料加工合同还应该订立工业产权的保证、不可抗力和仲裁等预防性条款。

三、进料加工贸易

（一）进料加工贸易的含义

进料加工贸易简称进料加工（processing with imported materials），是指加工方用外汇购买进口的料件，加工生产成成品或半成品后再销往国外的一种交易方式。

由于进口原料的目的是为了扶植出口，因此，进料加工又可称为"以进养出"。我国开展的"以进养出"贸易，除了包括进口轻工、纺织、机械、电子行业的原材料、零部件、元器件，加工、制造或装配出成品再出口外，还包括从国外引进农业、牧业、渔业的优良品种，经过种植或繁育出成品再出口。

（二）进料加工贸易的特点

（1）加工方企业自行从国际市场购买原辅材料，进口时需对外付汇。

（2）加工方企业需自行开拓国际市场，寻找客户，接洽订单。

（3）加工方企业对从原辅料进口直至成品销售的全过程独立承担商业风险。

（三）进料加工贸易的作用

（1）有利于解决国内原材料紧缺的困难。利用国外提供的资源，可以发展出口商品生产，为国家创造外汇收入。对于那些不能出口的产品，还可以满足国内市场的需要。

（2）开展进料加工可以更好地根据国际市场的需要和客户的要求，组织原料进口和加工生产，特别是来样进料加工方式，有助于做到产销对路，避免盲目生产，减少库存积压。

（3）进料加工是将国外的资源和市场与国内的生产能力相结合的国际大循环方式，也是国际分工的一种形式。通过开展进料加工，可以充分发挥我国劳动力价格相对低廉的优势，并有效利用相对过剩的加工能力，扬长避短，促进我国外向型经济的发展。

（四）进料加工贸易的做法

归纳起来，进料加工贸易的具体做法大致有以下三种。

（1）先签订进口原料的合同，加工出成品后再寻找市场和买主。这种做法的好处是进料时可选择适当时机，低价时购进，而且一旦签订出口合同，就可尽快安排生产，保证及时交货，交货期一般较短。但采取这种做法时，要随时了解国外市场动向，以保证所生产的产品能适销对路，否则，产品没有销路，就会造成库存积压。

（2）先签订出口合同，再根据国外买方的订货要求从国外购进原料进行加工生产，然后交货。这种做法主要包括来样、进料加工，即由买方先提供样品，我方根据其样品的要求再从国外进口原料进行加工生产。这种做法的优点是产品销路有保障，但要注意所需的原料来源必须落实，否则会影响成品质量或导致无法按时交货。

（3）对口合同方式，即与对方签订进口原料合同的同时签订出口成品的合同，原料的提供者也就是成品的购买者，但两个合同相互独立，分别结算。这样，原料来源和成品销路均有保证，但适用面较窄，不易成交。在实际做法中，原料提供者与成品购买者也可以是不同的人。

四、境外加工贸易

（一）境外加工贸易的含义

境外加工贸易简称境外加工，是指我国企业在国外进行直接投资的同时，利用当地的劳动力开展加工装配业务，以带动和扩大国内设备、技术、原材料、零配件出口的一种国际经济合作方式。可见，境外加工贸易是在海外进行投资办厂的基础上开展来料加工、进料加工或就地取材的一种新做法。

开展境外加工贸易对我国具有重要的意义。第一，开展境外加工贸易，可以从国内源源不断地输出半成品、零部件、散装件等，这将带动我国设备、成品、半成品等多渠道出口。第二，我国劳动密集型产业所占比重较大，近几年劳动力成本不断提高，将一部分技术相对成熟的产业转移到劳动力成本更低且具有市场潜力的国家和地区，可以维持产品的国际竞争力，同时也有利于我国国内产业结构的调整和升级。第三，改革开放之后，随着我国贸易规模的不断扩大，我国与其他国家之间的贸易摩擦和纠纷也不断增加，开展境外加工贸易有助于绕开进口国的贸易壁垒，保持和拓展东道国的市场或发展第三国的市场，缓解双边贸易不平衡的矛盾。

（二）境外加工贸易的特点

我国的境外加工贸易与境内加工贸易相比，具有以下几个特点。

（1）境外加工贸易是我国企业充分发挥自身优势，自己走出去利用国际市场和资源的经济活动，其产生和发展的根本原因在于我国生产力水平的提高。

（2）境外加工贸易的社会效益更大，它不仅真正实现了扩大商品出口的目的，还带动了技术、劳务以及服务贸易的出口。

（3）通过境外加工贸易，可以绕过国外贸易壁垒，增强我国产品的竞争力，扩大销售。

（4）境外加工贸易比较适合我国企业的总体发展水平，有利于企业的国际化经营和发展我国自己的跨国公司。

（三）开展境外加工贸易应注意的问题

1. 做好人才方面的准备

国际市场的竞争关键是人才的竞争，我国企业要想走出国门，并且在复杂多变的国际市场上站稳脚跟，首先需要一大批精干的人才。这些人除了要懂专业技术外，还必须拥有从事对外经贸业务的必要知识和外语技能，熟悉国际经贸法律和市场营销知识，而且应该是一专多能的复合型人才。当然，这主要靠长期的培养和选拔，此外，举办各种培训班也可以起到一定的作用。

2. 注意信息的积累

境外加工贸易是我国企业在国外进行直接投资的基础上开展起来的，也就是说，企业活动的主要场地是在国外，因此，对当地有关信息掌握的好坏直接关系着这项业务的成败。在选定目标市场时，首先一定要做充分的调查研究，了解有关信息，特别是与投资环境有关的当地法规、税收政策、文化背景、基础设施、自然条件以及工会情况等，然后进行科学分析，才能减少盲目操作，降低投资风险。

3. 注意加强宏观管理

新生事物出现时要切忌一哄而上、不计后果的倾向，这方面已有过不少教训。国家已颁布了关于开展境外加工贸易的文件，制定了鼓励措施，也提出了工作重点和基本原则。作为企业领导，应在中央政策的指导下进行合理规划，做好项目可行性研究，并努力做到四个结合：与扩大我国外贸出口相结合，与国内产业结构调整相结合，与国外市场需求相结合，与企业自身优势和投资能力相结合。此外，在选择目标市场时要避免扎堆，不搞无序竞争。

 复习思考题

1. 什么是经销？经销包括哪几种类型？采用经销方式应注意什么问题？
2. 什么是代理？代理包括哪几种类型？使用代理应注意什么问题？

3．什么是寄售？什么是展销？采用寄售和展销方式应注意什么问题？

4．什么是招标？什么是投标？招投标的基本程序有哪些？

5．什么是拍卖？拍卖的一般方式有哪几种？拍卖的基本程序有哪些？

6．什么是期货交易？期货交易有什么特点？

7．什么是补偿贸易？补偿贸易的形式主要有哪几种？

8．什么是加工贸易？加工贸易的形式主要有哪几种？

 案例分析题

1．我国 A 公司与外国 B 公司签订关于秋季羊绒衫的包销协议，期限为 1 年。因竞争者众多，加之受疫情影响，A 公司未完成包销任务，向 B 公司提出退货，并索赔广告宣传费用。请问：A 公司的要求是否合理？为什么？

2．我国 A 公司以寄售方式向沙特阿拉伯出口一批积压商品。货到目的地后，虽经代售人努力推销，还是无法售出，最后只得再装运回国。请问：A 公司的做法有何不当之处？

3．某公司在拍卖行经竞买获得一批精美瓷器，在商品拍卖时，拍卖条件中规定："买方对货物过目或不过目，卖方对商品的品质概不负责"。该公司在将这批瓷器通过公司所属商行销售时，发现有部分瓷器出现网纹，严重影响这部分商品的销售。该公司因此向拍卖行提出索赔，但遭到拍卖行的拒绝。请问：拍卖行的拒绝是否合理？

4．某机构拟通过招标、投标方式选定工程队，为该机构建造办公大楼。该机构在发出的招标书中规定，投标人在投标时要提供合同金额 10%的履约保证金。经筛选，A 工程队中标，取得该机构办公大楼的承建权。取得承建权后，A 工程队却因种种原因不履行合约，并向该机构提出退回全部保证金的要求，遭到拒绝。请问：该机构拒绝退款是否合理？为什么？

5．某食品进出口公司 2019 年 8 月以 225 美元/公吨的价格收购 200 公吨小麦，并存入仓库随时准备出售。为防止库存小麦在待售期间价格下跌而蒙受损失，该食品公司欲利用套期保值交易来防止价格变动的风险。请问：该公司应做卖期保值交易还是买期保值交易？为什么？

 技能拓展训练

目的：熟悉加工贸易企业备案注册手续。

资料：一家木材加工厂未取得进出口经营权，既不是报关企业，又不属于进出口货物收发货人，现受加工贸易经营企业委托，要开展木材加工业务，需要办理海关备案手续，取得海关注册编码。

要求：请你谈谈该企业应如何办理海关备案手续，取得海关注册编码。

第十二章　电子商务与跨境电子商务

【引导案例】

跨境电子商务支付风险案例

案情描述：A 女士于 2020 年 9 月 17 日在德国 kidsroom 网站购买了一辆 Britax B-smart 四轮婴儿车，付款时接到了 MS 银行电话询问"是否有一笔海外 255.9 欧元的预授权"，在得到肯定答复后，银行工作人员说这笔预授权已经及时被商家划走了。而后的 24 小时 A 女士不停地刷新网站，没有发现任何成功的购买记录，跟银行确认的结果是预授权的状态还在。9 月 18 日，A 女士向网站客服询问，网站客服回复没有成功购买记录。A 女士与银行沟通后得知需要网站取消预授权状态才可以重新购买，否则就是两笔交易预授权。而 9 月 19 日，A 女士与网站沟通时得知，这笔预订的订单已经解除，应重新进行购买。10 月 2 日，A 女士与银行沟通时却发现预授权的钱在 9 月 17 日就已经成功被划款。网站客服回复并没有划走钱、没有成功的订单，而 MS 银行则确定钱被划走了。A 女士只能不安地等待银行的查询。

案例分析：本案提醒消费者在进行跨境购买时应注意以下问题。① 售前沟通。跨境购物时沟通方式有电话、邮件和网站在线三种。电话方式对英语口语要求很高；邮件对英语要求不高，但是邮件的回复比较慢；网站在线沟通可以避免前两者的问题，但是因为时差问题也会受到限制。② 跨境支付。跨境进口电子商务交易中很重要的一个环节是跨境支付。和国内购物支付不同，跨境支付时，下单时会有一个预授权扣款，只有在真正发货时才会扣款。如果下单时出现任何问题，都可以联系网站客服解决，因为这时还没有真正扣款。如果取消了订单，预授权也会自动取消，不确定商家是否已经取消预授权，建议及时关注自己的信用卡账单。③ 银行内部控制。本案 A 女士遇到的问题说明 MS 银行对相关的支付风险管理并不完善，需要加强管理。消费者在跨境购买时要慎重选择支付机构。

【教学目标】

通过本章的学习，使学生了解电子商务和跨境电子商务的基本概念、特点；了解电子商务对国际贸易的影响；熟悉电子商务中的安全与法律问题；熟悉跨境电子商务运营模式和存在的风险。

【教学重点】

电子商务和跨境电子商务的特点和种类；电子商务对国际贸易的影响；电子单证；电子支付；跨境电子商务运营模式。

【教学难点】

电子商务中的安全与法律问题；跨境电子商务存在的风险。

第一节　电子商务概述

一、电子商务的含义及特点

（一）电子商务的含义

电子商务（electronic commerce, EC）是 20 世纪 60 年代末才出现的新生事物，由于出现的时间短，加之发展极为迅速，人们对电子商务的认识还有待在实践中进一步发展和完善，因此，目前还没有统一的电子商务的定义。一般认为，所谓电子商务是指人们以电子信息技术、网络互联技术和现代通信技术为物质基础，借助于电子方式从事的现代商务活动。

由于人们对"电子"和"商务"的不同理解，一些组织、机构和个人从不同的角度出发，对"电子商务"给出了不同的定义。

美国政府在其《全球电子商务纲要》中指出，电子商务是通过互联网进行的各项商务活动，包括广告、交易、支付、服务等活动。

全球信息基础设施委员会（GIIC）电子商务工作委员会报告草案中对电子商务的定义为：电子商务是运用电子通信作为手段的经济活动，通过这种方式人们可以对带有经济价值的产品和服务进行宣传、购买和结算。

联合国国际贸易程序简化工作组对电子商务的定义为：采用电子形式开展商务活动，它包括在线供应商、客户、政府及其参与方之间通过任何电子工具，如电子数据交换、Web 技术、电子邮件等共享结构化或非结构化商务信息，并管理和完成商务活动、管理活动和消费活动中的各种交易。

IBM 公司对电子商务的定义是：电子商务是在互联网等网络的广阔联系与传统信息技术系统的丰富资源相结合的背景下，应运而生的一种在互联网上展开的互相关联的动态商务活动。

电子商务有广义和狭义之分。狭义的电子商务又称作电子交易，主要是指利用互联网提供的通信手段在网上进行的交易。而广义的电子商务是包括电子交易在内的，利用互联网进行的全面的商业活动，如市场调查分析、财务核算、生产计划安排、客户联系、物资调配等。

简单地说，电子商务就是以电子作为载体的商务活动的总称，它包含两层含义：一是电子商务是使用电子作为媒介；二是电子商务是一种商务活动。

（二）电子商务的特点

电子商务与传统的商务活动方式相比，具有以下几个方面的特点。

1. 交易虚拟化

电子商务以电子虚拟市场作为其运作空间。电子虚拟市场是将以往存在的传统实物市场演化成为虚拟形态。在这一虚拟的市场中，商务活动中的生产者、中间商和消费者在很大程度上以数字方式进行信息交互，市场经营主体、市场经营客体以及经营活动的实现形式全部或部分地演变为电子化、数字化、虚拟化，或实现了某种程度的在线式经营等。

对交易中的卖方来说，它可以到网络管理机构申请域名，制作自己的主页，组织产品信息上网。买方则可以根据自己的需求选择商品，并将信息反馈给卖方。双方通过信息的交互传递达成交易并签订电子合同，当交易完成后，买方进行电子支付。整个交易都在网络这个虚拟的环境中进行。

2．交易数字化

同传统商务一样，电子商务过程中也涉及资金支付问题，不同之处在于电子商务的支付方式是在网络环境中进行，传递的是网络的数字化资金信息。随着金融电子化的发展，电子商务中买卖双方的结算行为可以通过互联网来方便、高效地进行，这就是网上支付。网上支付需要有银行的参与。在网上支付行为中，买卖双方的资金结算实际上是彼此开户银行账户上资金的增减，因此，它传递的是支付的指令信息而不是传统商务交易中的实体货币。买卖双方与各自开户银行之间的联系是通过互联网和银行的专用网共同参与来进行的，而银行与银行之间的资金清算却是通过银行的专用计算机网络进行的。

3．交易高效性

作为一种电子通信手段，同邮政通信相比较，互联网的信息传输速率极快，传输的信息量也很大。由于采用了分组交换技术，极大地提高了网络的使用效率。由于互联网将贸易中的商业报文标准化，使商业报文在世界各地的传递能在瞬间完成；计算机自动处理数据，使原料采购、产品生产、需求与销售、银行汇兑、保险、货物托运及申报等过程无须专人干预，就能在最短的时间内完成。电子商务克服了传统贸易方式的费用高、易出错、处理速度慢等缺点，极大地缩短了交易时间。

从时间上看，通过互联网，商务活动中需要的信息流能够高速度地传输，无论是买卖双方的信息交换，还是企业内部的信息传递，都可以方便地通过互联网来传递。电子商务的应用无疑提高了商业活动的时间效率。此外，计算机能够在无人值守的情况下工作，使得电子商务能够尽可能地摆脱时间的限制。

4．交易全球化

与电视、报纸等媒介不同，在互联网中，计算机与计算机之间、客户机与服务器之间能够方便地实现信息的双向传输，从而实现信息的快速交换。正是因为有了这种交互性，使得商务活动能够在不同地点的不同人之间非面对面地进行，它将传统商务的实体市场的地域性改为网上虚拟环境的全球性。电子商务拥有无地域的全球市场，其市场范围从概念和实现形式来看，都是真正的全球市场，这是由其所凭借的主要媒体——互联网的全球性的本质所决定的。这是一个单一的"无国境"的世界性市场，无论在哪个国家或地区，只要能接入国际互联网络，就可以方便地使用国际互联网所提供的各种服务，享用国际互联网上庞大的全球信息资源，并进入全球市场。

（三）电子商务的产生和发展

1．电子商务的产生

电子商务最早产生于 20 世纪 60 年代，发展于 20 世纪 90 年代，其产生和发展是建立在计算机、互联网的发展和成熟的基础上的。

20 世纪 60 年代，人们使用电报发送商务文件，后来又采用传真机来代替电报。但是，由于传真文件是通过纸面打印来传递和管理信息的，不能将信息直接转入信息系统中，因此，人们开始采用电子数据交换（EDI）作为企业间电子商务的应用技术，这就是电子商务的雏形。

由于 EDI 的使用费用过高，严重影响了其自身的发展。20 世纪 90 年代之前，大多数 EDI 都不通过互联网，而是通过租用的计算机线在专用网络上实现，这类专用的网络被称为 VAN 网（value added network，增值网）。从 20 世纪 90 年代开始，互联网因其成本低、功能强大而迅速普及，成为一种大众化的媒体，基于互联网的电子商务也开始发展并逐步完善。

1997 年，美国发布了《全球电子商务框架》，并制定了九项行动原则。1999 年，克林顿政府成立了电子商务工作组，由商务部领导。美国政府的这一系列政策极大地促进了电子商务的发展。

综上所述，EDI 在经济活动中的成功应用，为电子商务发展展示了效益前景，互联网的发展为电子商务的运行提供了技术环境，经济全球化为电子商务的广泛应用提供了市场环境。电子商务的产生是技术、经济和知识交融在经济领域应用的一个结晶，也是商务活动在发展过程中的一个必然结果。

2．电子商务的发展历程

按照不同的标准，可以将电子商务的发展历程进行不同阶段的划分。

（1）按照各个时期代表性的技术，可以将电子商务的发展历程划分为以下四个阶段。

第一阶段：EFT 阶段。

从技术上看，人类利用电子通信的方式开展贸易活动已有几十年的历史。20 世纪 60 年代，人们就开始用电报报文发送商务文件；20 世纪 70 年代，银行间电子资金转账（EFT）开始在安全的专用网络上推出，它改变了金融业的业务流程。电子资金转账是指通过企业间通信网络进行的账户交易信息的电子传输，由于它以电子方式提供汇款信息，从而使电子结算实现了最优化。这是电子商务最原始的形式之一，也是最普遍的形式。

第二阶段：电子报文传送技术阶段。

从 20 世纪 70 年代后期到 80 年代早期，电子商务以电子报文传送技术（如 EDI）的形式在企业内部得到推广。EDI 使企业能够用标准化的电子格式与供应商之间交换商业单证。例如，如果将电子数据交换与准时化生产（JIT）相结合，供应商就能将零件直接送到生产现场，节约了企业的存货成本、仓储成本和处理成本。

20 世纪 80 年代晚期到 90 年代早期，电子报文传送技术成为工作流技术或协作计算系统（也称为群件）中不可分割的部分。Lotus Notes 是这种系统的代表。群件的主要功能就是将现有的非电子方法"嫁接"到电子平台上去，以提高业务流程的效率。

第三阶段：联机服务阶段。

在 20 世纪 80 年代中期，联机服务开始风行，它提供了新的社交交互形式（如聊天室），还提供了知识共享的方法（如新闻组和 FIP），这就为互联网用户创造了一种虚拟社区的感觉，逐渐形成了"地球村"的概念。同时，信息访问和交换的成本已降得很低，而且范围也在空前扩大，全世界的人都可以相互沟通。

第四阶段：WWW 阶段。

20 世纪 90 年代中期到现在，互联网上出现了 WWW 应用，这是电子商务的转折点。WWW

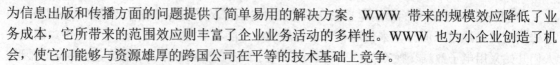

为信息出版和传播方面的问题提供了简单易用的解决方案。WWW 带来的规模效应降低了业务成本，它所带来的范围效应则丰富了企业业务活动的多样性。WWW 也为小企业创造了机会，使它们能够与资源雄厚的跨国公司在平等的技术基础上竞争。

（2）按照电子商务完成的方式来划分，电子商务的发展可以分为以下两个阶段。

第一阶段：基于 EDI 的电子商务。

前面划分的四个阶段中的第一阶段（EFT）、第二阶段（电子报文传送技术），属于基于 EDI 的电子商务。

第二阶段：基于互联网的电子商务。

前面划分的四个阶段中的第三阶段（联机服务）、第四阶段（WWW），属于基于互联网的电子商务。

目前，电子商务出现了许多新的发展趋势，如与政府的管理和采购行为相结合的电子政务服务、与个人手机通信相结合的移动商务模式、与娱乐和消遣相结合的网上游戏经营等都得到了很好的发展。

二、电子商务的种类

按交易所涉及的对象、交易所涉及的商品形式和开展电子业务的企业所使用的网络类型等的不同，可对电子商务进行不同的分类。

（一）按照参与交易的对象分类

按照参与交易的对象划分，电子商务可分为企业与企业之间的电子商务、企业与消费者之间的电子商务、企业与政府之间的电子商务、消费者与消费者之间的电子商务和政府与消费者之间的电子商务五类。

1. 企业与企业之间的电子商务

企业与企业之间的电子商务（business to business, B2B）是指企业使用互联网或各种商务网络向其供应商（企业或公司）订货和付款，或销售商向批发商、零售商出售商品和提供服务。在企业与企业之间的电子商务中，采购商与供应商通过互联网或各种商务网络完成谈判、订货、签约、接收发票和付款以及索赔处理、商品发送管理和运输跟踪等所有活动。

企业间的电子商务又可以分为两种：第一种是非特定企业间的电子商务，它是在开放的网络中对每笔交易寻找最佳伙伴，并与伙伴进行从订购到结算的全面交易行为；第二种是特定企业间的电子商务，它是过去一直有交易关系，而且今后要继续进行交易的企业间围绕交易进行的各种商务活动，特定的企业间买卖双方既可以利用大众公用网络进行从订购到结算的全面交易行为，也可以利用企业间专门建立的网络完成买卖双方的交易。

2. 企业与消费者之间的电子商务

企业与消费者之间的电子商务（business to customer, B2C）是指企业和消费者通过互联网完成商品或服务的出售和购买，即企业通过网上商店（电子商店）实现网上在线商品零售和为消费者提供所需服务的商务活动。这是大众最为熟悉的一类电子商务类型，目前在互联网上有很多这类电子商务成功应用的例子，如中国的网上书店当当网。随着互联网的普遍应用，这类电子商务有着强劲的发展势头。

3．企业与政府之间的电子商务

企业与政府之间的电子商务（business to government, B2G），涵盖了政府与企业间的各项事务，包括政府采购、税收、商检、管理条例发布、法规政策颁布等。政府一方面作为消费者，可以通过互联网发布自己的采购清单，公开、透明、高效、廉洁地完成所需物品的采购；另一方面，政府对企业宏观调控、指导规范、监督管理的职能通过网络以电子商务方式更能充分、及时地发挥。

4．消费者与消费者之间的电子商务

消费者与消费者之间的电子商务（customer to customer, C2C），是指消费者与消费者之间的商务活动。这种商务活动目前在网上表现的形式是消费者之间二手货的买卖，随着今后各种技术的进步，以及网上支付形式的变化和电子货币的推广和使用，网上的 C2C 形式的电子商务也会像在现实社会中的自由市场一样得到充分的发展。

5．政府与消费者之间的电子商务

政府与消费者之间的电子商务（government to customer, G2C），是指政府对公民个人的电子商务活动。政府可以把对个人的身份核实、报税、收税、福利基金的发放、拍卖、民意调查、政策法规查询等政府事务处理在网上进行，以促进政府、社会团体的在线服务及网上政治、社交活动等，建立与民众的密切联系。

（二）按照交易的商品形式分类

按照交易的商品形式划分，电子商务可分为间接电子商务和直接电子商务两类。

1．间接电子商务

间接电子商务（indirect electronic commerce）又叫作不完全的电子商务，是指在网上进行的交易环节只是订货、支付和部分的售后服务，而商品的配送还需交由现代物流配送公司或专业的服务机构去完成。因此，间接电子商务要依靠送货的运输系统等外部要素。

2．直接电子商务

直接电子商务（direct electronic commerce）是指商家将无形商品和服务产品内容数字化，不需要某种物质形式和特定的包装，直接在网上以电子形式传送给消费者并收取费用的交易活动。

（三）按照电子商务使用的网络类型分类

按照电子商务使用的网络类型划分，电子商务可分为 EDI 电子商务、Internet 电子商务和 Intranet 电子商务三类。

1．EDI 电子商务

EDI（electronic data interchange）电子商务是指以电子数据交换为基础进行的商务活动。EDI 是指将商务或行政事务按照一个公认的标准，形成结构化的事务处理或文档数据格式，从计算机到计算机的电子传输方法。简单地说，EDI 就是按照商定的协议，将商业文件标准化和格式化，并通过计算机网络在贸易伙伴的计算机网络系统之间进行数据交换和自动化处理。

2．Internet 电子商务

Internet 电子商务是指以计算机、通信、多媒体、数据库技术为基础，通过互联网在网上实现营销、购物服务的商务活动。它突破了传统商业生产、批发、零售及进货、销售、存储、调运的流转程序与营销模式，真正实现了少投入、低成本、零库存、高效率，从而实现了社会资源的高效运转和最大节约。消费者可以不受时间、空间、国界、厂商的限制，广泛浏览、充分比较，力求以最低的价格获得最为满意的商品和服务。

3．Intranet 电子商务

Intranet 电子商务，也称为企业内部网电子商务，是指在 Internet 基础上发展起来的以企业内联网（Intranet）为基础而进行的商务活动。Intranet 是在原有的局域网上附加一些特定的软件，将局域网与 Internet 连接起来，从而形成企业内部的虚拟网络。Intranet 将大、中型企业分布在各地的分支机构及企业内部有关部门和各种信息通过网络予以连通，企业各级管理人员能够通过网络掌握自己所需要的信息，利用在线业务的申请和注册代替传统贸易和内部流通的形式，从而有效地降低交易成本，提高经济效益。

（四）按照交易的地理范围分类

按照交易的地理范围划分，电子商务可分为本地电子商务、远程国内电子商务和全球电子商务三类。

1．本地电子商务

本地电子商务通常是指利用本城市内或本地区内的信息网络实现的电子商务活动。本地电子商务系统是利用 Internet、Intranet 或专用网将下列系统连接在一起的网络系统：参加交易各方的电子商务信息系统，包括买方、卖方及其他各方的电子商务信息系统；银行金融机构电子信息系统；保险公司信息系统；商品检验信息系统；税务管理信息系统；货物运输信息系统；本地区 EDI 中心系统（实际上，本地区 EDI 中心系统是连接各个信息系统的中心）。本地电子商务系统是开展远程国内电子商务和全球电子商务的基础系统。

2．远程国内电子商务

远程国内电子商务是指在本国范围内进行的网上电子交易活动。远程国内电子商务交易的地域范围较大，对软硬件和技术要求较高，要求在全国范围内实现商业电子化、自动化，实现金融电子化，交易各方具备一定的电子商务知识、经济能力和技术能力，并拥有一定的管理水平和管理能力等。

3．全球电子商务

全球电子商务是指在全世界范围内进行的电子交易活动。参加电子交易各方通过网络进行贸易，涉及有关交易各方的相关系统，如买方国家进出口公司系统、海关系统、银行金融系统、税务系统、运输系统、保险系统等。全球电子商务业务内容繁杂，数据来往频繁，要求电子商务系统严格、准确、安全、可靠，要有世界统一的电子商务标准和电子商务（贸易）协议，以促使全球电子商务顺利发展。

（五）按照资金支付的方式分类

按照资金支付的方式划分，电子商务可分为完全电子商务和不完全电子商务两类。

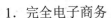

1. 完全电子商务

完全电子商务是指完全可以通过电子商务方式实现和完成完整交易过程的交易行为和过程，换句话说，完全电子商务是指商品或者服务交易的完整过程是在信息网络上实现的电子商务。完全电子商务能使双方超越地理空间的障碍进行电子交易，可以充分挖掘全球市场的潜力。

2. 不完全电子商务

不完全电子商务是指不能完全依靠电子商务方式实现和完成完整交易过程的交易行为与过程，它需要依靠一些外部要素才能完成交易。例如，鲜花、书籍、食品、汽车等非数字化的实物商品无法通过互联网完成配送，仍需要借助传统的渠道，如邮政服务和商业快递服务等来完成送货环节。我国的很多电子商务正处于这个阶段。

第二节　电子商务在国际贸易中的应用

一、电子商务对国际贸易的影响

电子商务是经济全球化的基础，它冲破了国家和地区间的各种障碍，使国际贸易走向无国界贸易，引起了世界经济贸易的巨大变革。电子商务对国际贸易的影响主要包括以下几点。

（一）国际贸易市场交易方式发生了重大变化，出现了"虚拟市场"

电子商务通过网上"虚拟"的信息交换，开辟了一个崭新的开放、多维、立体的市场空间，突破了传统市场必须以一定的地域存在为前提条件的限制，全球以信息网络为纽带连成一个统一的"大市场"，促进了世界经济全球市场化的形成。信息流动带来的资本、商品、技术等生产要素的全球加速流动，促进了全球"网络经济"的迅速发展。在这种网络贸易的环境下，各国间的经贸联系与合作得以大大加强。

（二）国际贸易经营主体发生了重大变化，出现了"虚拟公司"

现代信息通信技术通过单个公司在各自的专业领域拥有的核心技术，把众多公司相互连接为公司群体网络，联合完成单个公司无法实现的市场功能，可以更加有效地向市场提供商品和服务。这种新型的企业组织形式，在资本关系上不具有强制各个公司发生联系的权力，而是由于承担了一定的信息搜集处理和传递功能而似乎具有某种实体性。跨国公司战略联盟便是这种"虚拟公司"的主要表现形式，通过开放系统的动态网络组合寻找资源和联盟，实现"虚拟经营"以适应瞬息万变的经济竞争环境和消费需求向个性化、多样化方向发展的趋势，给跨国公司带来分工合作、优势互补、资源互用、利益共享的好处。

（三）国际贸易经营管理方式发生了重大变化

电子商务提供的交互式网络运行机制，为国际贸易提供了一种信息较为完备的市场环境，通过国际贸易这一世界经济运行的纽带，达到了跨国界资源和生产要素的最优配置，使市场机制在全球范围内充分有效地发挥作用。这种贸易方式突破了传统贸易以单向物流为主的运作格局，实现了"四流一体"，即以物流为依托、资金流为形式、信息流为核心、商流为主体的全新经营管理模式，这种经营方式通过信息网络提供全方位、多层次、多角度的互动式的商贸服务。生产者与用户及消费者通过网络使及时供货制度和"零库存"生产得以实现，商品流动更加顺畅，信息网络成为最大的中间商，国际贸易中由进出口商担任国家间商品买卖媒介的传统方式受到挑战，由信息不对称形成的委托—代理关系与方式发生动摇，贸易中间商、代理商和专业进出口公司的地位相对减弱，引发了国际贸易中间组织结构的革命，使管理方式发生了重大变化。

二、电子商务与国际贸易的交易程序

信息流、物流和资金流是实现电子商务的三个环节，信息流和资金流均可以在网上传递和储存，这正是电子商务不同于传统商务的特点所在，而除了数字商品外的实体商品并不能在网上传递，因此，就需要一个物流的配送体系。国际贸易需要三流合一才能完成全部的交易过程，一般来说，电子商务在国际贸易中的运用，根据传统交易程序的阶段不同而体现出不同的作用和特点。

（一）交易前的准备

在国际贸易交易前的准备工作中，一项重要的工作是进行国际市场调研，在电子商务环境下，交易双方可以在商务网上进行市场调研工作，如寻找交易伙伴、发布产品供求信息、了解商品价格等主要交易条件的情况并进行比较。实现这些工作的途径一般是：买卖双方在互联网上建立自己的主页，卖方在自己的企业主页上发布产品供应信息或宣传自己的产品，买方在自己的企业主页上发布产品需求信息，买卖双方再通过互联网寻找自己需要的产品和愿意合作的企业。

（二）合同的商订

1. 交易磋商

当买卖双方通过网络找到对方后，双方即可通过电子方式就主要交易条件进行磋商，如通过E-mail、QQ互发函电，直到双方达成一致。也可以是买卖双方的一方在自己的主页上直接发盘，另一方如果同意发盘条件，愿意接受该条件，可以在网上直接下订单。

2. 合同签订

交易双方在网上完成信息的磋商后，双方就可以签订电子合同。电子商务合同主要有两种方式：一是利用EDI进行签约；二是利用数字签字方式签订合同。电子合同是具有法律效力的文件，买卖双方在签订电子合同时，最好有认证机构（CA）进行验证、监督和管理。

2004年8月28日，第十届全国人民代表大会常务委员会第十一次会议通过了《中华人民共和国电子签名法》（以下简称《电子签名法》），这就使电子类的文件和文书拥有了法律保障。

（三）合同的履行

合同双方当事人应按照合同的规定，履行各自的义务。怎样进行资金的流动和账户间资金的划拨，这是电子商务在线支付的关键，也是进行真正的高效率电子商务的关键。因此，必须有银行的参与，才能进行网上支付与结算。另外，国际贸易合同的履行是以外贸单证作为媒介，通过单证的传递、处理和交换来实现的。在单证流转中，要涉及各国银行、货运公司、保险公司、商检和海关等部门，买卖双方可以利用 EDI 与有关部门直接进行各种电子单证的自动交换处理。如果发生违约现象，受损方可以向违约方索赔，电子商务环境下的网络协议和电子商务应用系统功能确保了交易双方所有交易文件的正确性，可以作为仲裁的依据。

交易中的支付环节完成后，必须完成商品的转移并提供相关的售后服务，这就要有一个完善的物流配送体系的参与和加入，以保证商品及时、完整地送到买方手里，以提高电子商务的效率。

三、电子单据

（一）电子单据的载体——EDI 网络

在国际贸易中，通常会产生大量的文件、票据、单证。从交易达成后签订合同开始，随着交易的进行，会产生发票、许可证、产地证书、商检证书、托运单、报关单、海运提单、汇票等一系列文件及单证。EDI 技术以计算机网络为依托，通过 EDI 网络中心，将与国际贸易有关的企业、公司、海关、商检、银行、保险和运输等各部分连成一个 EDI 网络。EDI 网络可将出口企业的单证以电子形式通过网络传送到商检局、外管局、银行、海关、工商、税务等有关部门，实现审批、报验并接收处理信息，如图 12-1 所示。

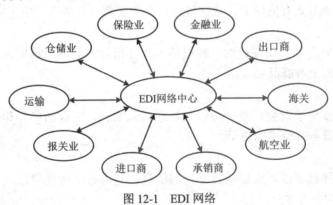

图 12-1 EDI 网络

（二）电子交单的规则

《跟单信用证统一惯例》是国际商会在传统交单方式下为信用证结算而制定的规则。为了适应电子网络和计算机的发展，国际商会于 2001 年 11 月制定了《〈跟单信用证统一惯例〉电子交单补充规则》（*UCP Supplement to UCP500 for Electronic Presentation*，eUCP1.0），于 2002 年 4 月正式实施。eUCP 不是对 UCP 的修改，而是对 UCP 的增补，旨在处理电子交单。当与 UCP 联合使用时，它为提交信用证项下的电子单据提供必需的规则。

随着 UCP600 于 2007 年 7 月 1 日的正式实施，国际商会随之对 eUCP1.0 进行了修改，修改后的规则为《跟单信用证统一惯例关于电子交单的附则》（*The Uniform Customs and Practice for Document Credits for Electronic Presentation*，eUCP1.1），它是对 UCP600 的补充。

四、电子商务的支付方式

（一）电子货币

电子货币是利用银行的电子存款系统和各种电子结算系统进行金融资金转移的方式。从形态上看，电子货币不再以贵金属、纸币等实物形式存在，而是以磁介质形式存在，是一种虚拟的货币。从结算方式上看，无论电子货币在流通过程中经过多少次换手，最后持有者均有权向电子货币发行者或其前手提出对等资金的兑换要求。

电子货币按支付方式分为预付型电子货币、即付型电子货币和后付型电子货币三种；电子货币按形态分为储值卡型、信用卡应用型、存款电子划拨型、电子现金型四种。

（二）电子支付

电子支付是指通过电子信息化手段实现交易中的价值与使用价值的交换过程。电子支付包括三种不同的支付系统：预支付系统、后支付系统和即时支付系统。预支付系统是先支付，后购买产品和服务；后支付系统是允许用户购买商品后再付款；即时支付系统是交易时即支付，是一种"在线支付"。

（三）网上支付与结算

网上支付的主要形式有信用卡、数字现金、电子支票、智能卡、电子钱包等。

1．信用卡

信用卡是银行或金融机构发行的，授权持卡人在指定的商店或场所进行记账消费的信用凭证，是一种特殊的金融商品和金融工具。

2．数字现金

数字现金又称作电子现金，是　种以数据形式流通的、能被消费者和商家接受的、通过互联网购买商品或服务时使用的货币。

3．电子支票

电子支票是一种借鉴纸质支票转移支付的优点，利用数字传递将钱款从一个账户转移到另一个账户的电子付款形式。

4．智能卡

智能卡类似于信用卡，但卡上不是磁条，而是计算机芯片和小的存储器。

5．电子钱包

电子钱包也叫作储值卡，是用集成电路芯片来储存电子货币并被用来作为电子购物活动中常用的一种支付形式。

（四）网络银行

网络银行是指银行使用电子信息工具通过互联网向银行客户提供银行的产品和服务。银行的产品和服务包括提存款服务、信贷服务、账户管理、电子单据支付以及提供其他电子支付的工具和服务。

第三节　电子商务中的安全与法律问题

一、电子商务中的安全问题

（一）电子商务中安全问题的表现

1. 信息安全问题

信息安全问题是指由于各种原因引起的信息泄露、信息丢失、信息篡改、信息虚假、信息滞后、信息不完善等，以及由此带来的风险，具体的表现为：窃取商业机密；泄漏商业机密；篡改交易信息，破坏信息的真实性和完整性；接收或发送虚假信息，破坏交易，盗取交易成果；伪造交易信息；非法删除交易信息；交易信息丢失；病毒破坏；黑客入侵等。

如果信息被非法窃取或泄露，可能给有关企业和个人带来严重的后果和巨大的经济损失。如果不能及时获得准确、完备的信息，企业和个人就无法对交易进行正确的分析和判断，无法做出符合理性的决策。非法删除交易信息和交易信息丢失可能导致经济纠纷，给交易的一方或多方造成经济损失。

2. 交易安全问题

交易安全问题是指电子商务交易过程中存在的各种不安全因素，包括交易的确认、产品和服务的提供、产品和服务的质量、价款的支付等方面的安全问题。

交易安全问题在现实中很多，如卖方利用信息优势，以次充好、以劣当优来发布虚假信息，欺骗购买者；卖方利用参与者身份的不确定性与市场进出的随意性，在提供服务方面不遵守承诺，收取费用却不提供服务或者少提供服务。当然也有相反的情况：买方利用卖方的诚实套取产品和服务，却以匿名、更名或退出市场等方式逃避执行契约合同。

3. 财产安全问题

财产安全问题是指由于各种原因造成电子商务参与者面临的财产等经济利益风险。财产安全往往是电子商务安全问题的最终形式，也是信息安全问题和交易安全问题的后果。

财产安全问题主要表现为财产损失和其他经济损失。前者如客户的银行资金被盗；交易者被冒名，其财产被窃取等。后者如信息的泄露、丢失，使企业的信誉受损，经济遭受损失；遭受网络攻击或故障，企业电子商务系统效率下降甚至瘫痪等。

（二）电子商务中安全问题的来源

1. 硬件层面

电子商务的基础是网络，而网络的物理支撑是各种硬件设施，这些硬件设施会由于各种原因存在安全风险。这里有设备故障，有人为因素，也有自然灾害。硬件安全问题虽然发生的概率不大，但是一旦发生，其影响巨大。

2. 软件层面

网络不仅需要硬件，更需要软件，各种系统软件、应用软件是网络运行所必需的，是电子商务的另一个支撑点。由于技术和人为的原因，各种软件不可避免地存在各种设计的缺陷和漏洞，而且由于软件的多样性和复杂性，在配备、使用中也会有各种问题，导致电子商务系统中存在技术误差和安全漏洞。

3．应用层面

（1）企业管理水平低，人员素质不高。电子商务在近几年才得到迅猛发展，各地都缺乏足够的技术人才来处理所遇到的各种问题，许多企业技术人员的技术水平较低，不能完全胜任所承担的工作。同时，企业对电子商务的管理也处于摸索的阶段，管理水平不高，效率低下。这些都给电子商务带来很大的安全隐患，其中包括交易流程管理风险、人员管理风险、网络交易技术管理风险、网络交易管理制度风险等。

（2）消费者电子商务知识贫乏，安全意识不强。目前，广大消费者对于电子商务这个新生事物还比较陌生，缺乏相应的知识，还不能十分熟练地应用这一新的交易手段，造成各种人为的安全问题。例如，有的消费者安全意识淡薄，不注意保护自己的密码等关键信息，容易导致资金被盗、冒名交易等；有的消费者对信息判断能力差，容易上当受骗；有的消费者对网络交易的流程缺乏了解，容易导致操作失误等。

（3）网络攻击、商业欺诈等违法犯罪行为。以获取机密信息或者破坏为目的的网络攻击是电子商务另外一个重要安全隐患，包括病毒攻击、木马程序，以及其他各种形式的网络攻击。这些网络攻击行为可能导致企业和个人的信息被盗、资金被窃取，也可能导致企业电子商务系统效率下降甚至崩溃。同时，因为网络交易的虚拟性所引起的交易欺诈行为有恶化的趋势，这会影响网民对网络产品的信任感，进而影响电子商务市场的健康发展。

4．环境层面

（1）法律不完善。在电子商务中，法律不仅是打击网络犯罪的武器，更是各个主体商务活动的游戏规则。电子商务是一种全新的商务活动，并由此衍生了一系列新的法律问题。例如，网络交易纠纷的仲裁、网络交易契约等问题，急需相应的法律保障，为市场制定新的、适用的游戏规则，否则，就会引起混乱。由于电子商务发展较快，我国有关的立法工作显得落后，存在许多法律空白，使许多电子商务纠纷的解决缺乏法律依据，这成为电子商务发展过程中的一个重要安全隐患。

（2）诚信缺乏。诚信是市场经济的基础，是市场顺利运行的前提条件。电子商务由于其具有开放性、虚拟性的特点，交易双方不直接见面，在身份的判别确认、违约责任的追究等方面都存在很大困难。因此，电子商务中的信用风险较传统业务中发生的概率要大得多。我国目前的状况是缺乏诚信、社会信用体系不完善，这给在网上利用电子商务进行交易的传统企业和个人带来不可预料的风险。其典型表现有：网上产品的质量问题导致消费者无法购买到合意的商品；网上支付存在风险；网络中的合同欺诈等。

二、电子商务中的法律问题

（一）电子商务参与各方的法律关系

（1）电子商务是在一个虚拟空间进行交易的，在电子商务的交易过程中，买卖双方之间，买卖双方与银行之间，买卖双方、银行与认证机构之间都将发生业务联系，从而产生相应的法律关系。

（2）买卖双方之间的法律关系实质上表现为双方当事人的权利和义务。在电子商务条件下，卖方应当承担三项义务：按照合同的规定提交标的物及单据；对标的物的权利承担担保义务；对标的物的质量承担担保义务。买方同样应当承担三项义务：按照电子商务交易规定方式支付价款的义务；按照合同规定的时间、地点和方式接收标的物的义务；对标的物验收的义务。

（3）在电子商务中，银行也变为虚拟银行，电子商务交易客户与虚拟银行的关系变得十分密切。大多数交易要通过虚拟银行的电子资金划拨来完成。虚拟银行同时扮演发送银行和接收银行的角色。在实践中，电子资金划拨中常常出现因过失或欺诈而致使资金划拨失误或迟延的现象。如是过失，自然适用过错归责原则；如是欺诈所致且虚拟银行安全程序在电子商务上是合理可靠的，则名义发送人需对支付命令承担责任。

（4）认证机构（CA）扮演着一个对买卖双方签约、履约进行监督管理的角色，买卖双方有义务接受认证中心的监督管理。在整个电子商务交易过程中，包括电子支付过程中，认证机构都有着不可替代的地位和作用。在电子商务交易的撮合过程中，认证机构是提供身份验证的第三方机构，它不仅要对进行电子商务交易的买卖双方负责，还要对整个电子商务的交易秩序负责。

（二）电子商务交易合同的法律问题

合同，亦称契约，反映了双方或多方意思表示一致的法律行为。现阶段，合同已经成为保障市场经济正常运行的重要手段。传统的合同形式主要有两种：口头形式和书面形式。口头形式是指当事人采用口头或电话等直接表达的方式达成的协议，而书面形式是指当事人采用非直接表达方式（即文字方式）来表达协议的内容。在电子商务中，合同的意义和作用没有发生改变，但其形式却发生了极大的变化。

（1）订立合同的双方或多方大多是互不见面的。所有的买方和卖方都在虚拟市场上运作，其信用依靠密码的辨认或认证机构的认证。

（2）传统合同的口头形式在贸易上常常表现为店堂交易，并将商家开具的发票作为合同的依据。而在电子商务中标的额较小、关系简单的交易没有具体的合同形式，表现为直接通过网络订购、付款。

（3）表示合同生效的传统签字盖章方式被数字签名所代替。

（4）传统合同的生效地点一般为合同成立的地点，而采用数据电文形式订立的合同，收件人的主营业地为合同成立的地点；没有主营业地的，其经常居住地为合同成立的地点。

电子商务合同形式的变化，给世界各国都带来了一系列法律新问题。电子商务作为一种新的贸易形式，与现存的合同法发生矛盾是非常容易理解的事情。但对于法律法规来说，就有一个怎样修改并发展现存合同法，以适应新的贸易形式的问题。

（三）电子支付中的法律问题

1. 电子支付的安全性问题

电子支付作为一种新兴的支付手段，从一开始就受到了各方的普遍关注，特别是对于普通用户来说。但一直以来，电子支付的安全性都是网络银行、卖家、买家最为关心的问题，

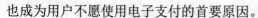

也成为用户不愿使用电子支付的首要原因。

2. 电子支付业的规范性问题

中国的网络银行体系基本上是属于实体银行在互联网上的延伸，但由于各个网络银行业务是由各银行独立开发、推销，开发模式、业务范围和发展规模有较大的差异，发展不均衡。例如，各银行信用卡业务展开了激烈的竞争，却不能达成内部的一致协议，实现信用卡的跨行结算。这种规范标准不统一的局面既造成重复建设、浪费资金，也使得整个结算系统不能满足消费者方便、快捷的要求。

3. 电子支付业的监管问题

网络银行作为传统银行补充产物的出现，对传统的银行监管手段提出了新问题，由于传统的资本管制手段对网络银行失去意义，而针对网络银行的监管体制还未建立。监管当局必须对网络银行监管中发生的新问题，如网络金融机构发行电子货币可能对国家货币政策产生的冲击，对资本市场的资金流产生的影响，使用电子货币进行网上支付会引发比传统支付手段高得多的交易风险等，建立相应的监管体制。

4. 电子支付的法律支持问题

迄今为止，电子支付业务在我国已经开展十几年了，然而我国关于电子商务的立法还不完备，甚至可以说是很缺乏。2004 年颁布的《电子签名法》和 2005 年颁布的《电子支付指引》是两部有关电子支付的法律法规。虽然它们的实施为我国电子商务法制环境的完善奠定了基础，但是电子商务和电子支付的立法问题和法律环境问题还远没有解决。与《电子签名法》的颁布同时进行的《中华人民共和国公司法》《票据法》《中华人民共和国证券法》《中华人民共和国拍卖法》等法律的修订，也未能体现与《电子签名法》的衔接。

5. 电子支付中的权利、义务及责任区分问题

我国现在关于电子支付的法律规范体系尚未完善，法律法规中对于电子支付中的银行、商户以及消费者之间的权利和义务没有明文规定，也没有明确指出在电子支付过程中发生的金融交易各方应当承担的法律责任，这样很容易产生纠纷。而且，关于产生纠纷后的解决方法没有相关的法律规定来指导，导致纠纷难以及时解决。

第四节　跨境电子商务

一、跨境电子商务概述

（一）跨境电子商务的概念

跨境电子商务（cross-border electronic commerce）简称跨境电商，是指处于不同关境区的交易主体，通过电子商务平台达成交易，进行结算，然后通过跨境物流送达商品，从而完成交易的一种国际贸易活动。跨境电子商务既是电子商务活动，也是一种国际贸易活动。与传统的对外贸易相比，跨境电子商务是一个新兴的行业，其交易通过网络和信息技术来完成，物流也涉及多个国家和地区。近年来跨境电子商务对我国外贸发展、解决人民就业、提升居民生活品质等方面做出了积极的贡献。跨境电子商务是一种新型的贸易方式，它将信息和通

信技术与传统的国际贸易结合在一起。

跨境电子商务的概念有广义与狭义两种。从广义上讲，跨境电子商务是指处于不同关境区的交易主体，通过电子商务完成进出口贸易中的展示、磋商谈判和交易环节，通过网络技术在线完成货款支付，通过跨境物流完成货物交付的国际商务活动。从狭义上讲，跨境电子商务是指处于不同关境区的交易主体，通过计算机网络进行交易和支付结算，通过跨境物流（快递、小包装等）向消费者送货的国际销售活动。狭义的跨境电子商务基本等同于在线跨境零售。

跨境电子商务按商品流向划分，可以分为出口跨境电子商务和进口跨境电子商务。出口跨境电子商务，是指国内卖家将商品以电子商务的方式直接卖给境外的买家，一般是国外买家访问国内商家的网店或者电子商务平台，然后下单购买并完成支付，由国内的商家用国际物流将商品送至国外买家手中。进口跨境电子商务，是指国外的卖家将商品以电子商务的方式直接卖给国内的买家，一般是国内消费者访问境外商家的购物网站或者电子商务平台来选择商品，然后下单购买，由境外卖家将商品以发国际物流的方式交给国内消费者。

（二）跨境电子商务的产生和发展

跨境电子商务脱胎于跨境贸易，最早的跨境贸易基本上是通过线下交易形式完成的。1995年，随着互联网络开始普及，各种基于商务网站的电子商务业务和网络公司开始涌现。我国的跨境电子商务起始于 1997 年，到 2004 年还只是跨境电子商务的探索期。随着经济快速发展，跨境电子商务也不断转变模式，探索合适的发展道路。B2C、M2C（生产厂家对消费者）等的发展模式，都是我国在跨境电子商务发展历程上探索的证明。根据相关部门提供的跨境电子商务数据显示，2012—2019 年，我国跨境电子商务交易规模从 2.1 万亿元增至 10.8 万亿元，我国的跨境电子商务已经具有了相当庞大的规模。

中国跨境电子商务发展经历了三个阶段：萌芽期、发展期、爆发期。

1. 第一阶段：萌芽期（1997—2007 年）。

跨境电子商务在中国起步于 20 世纪末，最早出现的是帮助中小企业出口的 B2B 平台，代表企业有阿里巴巴（国际站）、中国制造网等。1997—1999 年，中国的外贸 B2B 电子商务网站中国化工网、中国制造网、阿里巴巴（国际站）等相继成立，这些跨境电商平台为中小企业提供商品信息展示、交易撮合等基础服务。其中，阿里巴巴（国际站）是全球最大的跨境B2B 平台，并且已经从线上 B2B 信息服务平台逐步发展成 B2B 跨境在线交易平台。

2. 第二阶段：发展期（2008—2013 年）。

随着全球网民渗透率的提高，以及跨境支付、物流服务水平的提高，2008 年前后，面向海外个人消费者的中国跨境电子商务零售出口业务（B2C/C2C）蓬勃发展起来，DX（2006 年）、兰亭集势（2007 年）、阿里速卖通（2009 年）皆是顺应这一趋势成长起来的跨境电子商务 B2C网站。跨境电子商务零售的发展导致国际贸易主体、贸易方式等发生巨大变化，大量中国中小企业、网商开始直接参与国际贸易。

3. 第三阶段：爆发期（2014 年至今）。

2014 年中国对跨境电子商务零售进口做出监管制度创新，促进了中国跨境电子商务零售进口的迅猛发展，诞生了一大批跨境电子商务零售进口平台和企业，包括天猫国际、网易考拉、聚美优品、洋码头、小红书等，整个行业在 2015 年迎来了爆发式增长。如果说 20 世纪末开始的跨境电子商务只是改变了传统国际贸易的营销方式，那么随着全球互联网基础设施的迅速发展和普遍安装，当前跨境电子商务已经对国际贸易运作方式、贸易链环节产生了革命性、实质性的影响。中小企业、个人深入参与国际贸易的各个环节，中小企业直接与全球消费者进行互动和交易，全球化红利的受益者更加广泛，各方收益也更加均衡和普惠。

二、跨境电子商务的特点

（一）全球性

网络是一个没有边界的媒介体，具有全球性和非中心化的特征。依附于网络发生的跨境电子商务也因此具有了全球性和非中心化的特性。电子商务与传统的交易方式相比，其一个重要特点在于电子商务是一种无边界交易，丧失了传统交易所具有的地理因素。互联网用户不需要跨越国界就可以把产品，尤其是高附加值产品和服务提供给市场。网络的全球性特征带来的积极影响是信息的最大程度的共享，消极影响是用户必须面临因文化、政治和法律的不同而产生的风险。

（二）无形性

网络的发展使数字化产品和服务的传输盛行。而数字化传输是通过不同类型的媒介，如数据、声音和图像在全球化网络环境中集中进行的，这些媒介在网络中是以计算机数据代码的形式出现的，因而是无形的。数字化产品和服务基于数字传输活动的特性也必然具有无形性，传统交易以实物交易为主，而在电子商务中，无形产品却可以替代实物成为交易的对象。如何界定该交易的性质、如何监督、如何征税等一系列的问题给税务和法律部门带来了新的课题。

（三）匿名性

由于跨境电子商务的非中心化和全球性的特性，因此很难识别电子商务用户的身份和其所处的地理位置。在线交易的消费者往往不显示自己的真实身份和自己的地理位置，重要的是这丝毫不影响交易的进行，网络的匿名性也允许消费者这样做。在虚拟社会里，隐匿身份的便利迅即导致自由与责任的不对称。人们在这里可以享受最大的自由，却只承担最小的责任，甚至干脆逃避责任。

（四）即时性

对于网络而言，传输的速度和地理距离无关。传统交易模式下信息交流方式（如信函、电报、传真等）在信息的发送与接收间存在着长短不同的时间差。而电子商务中的信息交流，无论实际时空距离远近，一方发送信息与另一方接收信息几乎是同时的，就如同生活中面对面交谈。某些数字化产品（如音像制品、软件等）的交易，还可以即时清结，订货、付款、交货都可以在瞬间完成。

电子商务交易的即时性提高了人们交往和交易的效率，免去了传统交易中的中介环节，但也隐藏了法律危机，如在税收领域，电子商务交易的即时性会导致交易活动的随意性，电

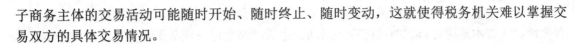

子商务主体的交易活动可能随时开始、随时终止、随时变动，这就使得税务机关难以掌握交易双方的具体交易情况。

（五）无纸化

电子商务主要采取无纸化操作的方式，这是以电子商务形式进行交易的主要特征。在电子商务中，电子计算机通信记录取代了一系列的纸面交易文件，用户都是发送或接收电子信息。由于电子信息以比特的形式存在和传送，整个信息发送和接收过程实现了无纸化。无纸化带来的积极影响是使信息传递摆脱了纸张的限制，但由于传统法律的许多规范是以规范"有纸交易"为出发点的，因此，无纸化带来了一定程度上法律的混乱。

三、跨境电子商务的主要运营方式和平台

（一）跨境电子商务的主要运营方式

根据跨境电子商务企业在跨境电子商务交易流通环节中所处的地位、作用以及商业模式的不同，可将跨境电子商务运营方式分为 B2B、B2C、C2C、跨境电子商务平台等几种类型。

1. 跨境电子商务 B2B 模式

跨境电子商务 B2B 模式是指企业对企业之间的跨境销售模式，是将企业的内部网络通过 B2B 跨境电子商务平台与客户紧密地联系起来，通过互联网快速响应的优势为顾客提供更加快速、方便、准确的服务。近年来 B2B 模式发展逐渐成熟，B2B 跨境电子商务平台的典型代表是环球华品和阿里巴巴，阿里巴巴也是全球最大的 B2B 跨境电子商务平台。

目前从出口规模上来看，B2B 模式是我国跨境电子商务出口的主要形式。跨境出口 B2B 模式主要分为两种类型：信息服务平台和交易服务平台。信息服务平台是通过第三方平台进行信息发布或者信息搜索完成交易撮合的服务，代表企业有阿里巴巴国际站、生意宝国际站、环球资源。交易服务平台是构建能够实现供需双方网上交易和支付的平台商业模式，代表企业有敦煌网、大龙网等。

2. 跨境电子商务 B2C 模式

跨境电子商务 B2C 模式是指企业直接面向消费者进行的跨境销售模式，也就是跨境零售。这种模式主要借助互联网进行在线销售活动，企业通过互联网为消费者提供一个新型的购物环境——网上商店，消费者可以直接在商店中进行网上购物、网上支付。这种形式的跨境电子商务一般以网络零售业为主，经营各种书籍、化妆品、电子产品、视频等商品。京东全球购、唯品会海外精选等都是这种模式。

3. 跨境电子商务 C2C 模式

跨境电子商务 C2C 模式是指消费者对消费者之间的跨境销售模式，是个人与个人之间的跨境电子商务活动。简单地讲，就是一个消费者使用计算机，通过互联网的方式将商品出售给另一个消费者。在 C2C 模式中，不可或缺的三个要素是：卖方、买方和 C2C 电子商务平台。淘宝全球购、洋码头扫货 App、街蜜等都是这种模式。

4. 跨境电子商务平台模式

跨境电子商务平台模式是一个为企业或个人提供网上跨境交易洽谈的平台，企业、商家

利用跨境电子商务平台提供的网络基础设施、支付平台、安全平台、管理平台等共享资源，有效地、低成本地进行自己的国际商务活动。中国的跨境电子商务平台主要有全球速卖通、敦煌网等。

（二）跨境电子商务的主要平台

跨境电子商务平台是基于互联网进行跨境电子商务贸易的虚拟网络空间，以及保障跨境商业活动顺利进行的管理工具，也是对信息流、物质流、资金流进行整合的一个场所。跨境电子商务平台按照服务类型、平台经营主体不同可以分为多种业务模式。

1. 按服务类型划分

按服务类型划分，跨境电子商务平台可分为信息服务平台和在线交易平台。

（1）信息服务平台。信息服务平台主要是为境内外会员商户提供网络营销平台，传递供应商或采购商等商家的商品或服务信息，促成双方完成交易。信息服务平台的典型代表有阿里巴巴国际站、环球资源网、中国制造网。

（2）在线交易平台。在线交易平台不仅提供企业、产品、服务等多方面信息展示，并且可以通过平台完成线上搜索、咨询、对比、下单、支付、物流、评价等全购物链环节。在线交易平台模式正在逐渐成为跨境电子商务中的主流模式，其典型代表有敦煌网、速卖通、DX、炽昂科技（FocalPrice）、米兰网、大龙网。

2. 按平台经营主体划分

按平台经营主体划分，跨境电子商务平台可分为第三方经营型平台、自营型平台、混合型平台。

（1）第三方经营型平台。第三方经营型平台是通过线上搭建商城，整合物流、支付、运营等服务资源，吸引商家入驻，为其提供跨境电子商务交易服务，商家在平台上出售商品，消费者在平台上购买商品，平台不参与用户交易，平台以收取商家佣金和增值服务佣金作为主要盈利模式。第三方经营型平台的典型代表有阿里巴巴国际站、中国制造网、环球资源网、敦煌网、1688.com、海带网、速卖通、eBay、Amazon、天猫国际、洋码头、淘宝全球购等。

（2）自营型平台。自营型平台是通过在线上搭建平台，平台方整合供应商资源，通过较低的进价采购商品，然后在电子商城上销售，并提供统一的仓储、物流、平台运营等一站式服务，用户可以在这里一站式采购。自营型平台主要以商品差价作为盈利模式，其典型代表有兰亭集势、DX、米兰网、网易考拉、京东全球购、聚美优品、小红书、大龙网、炽昂科技（FocalPrice）等。

（3）混合型平台。混合型平台是指整合自营模式以及第三方经营模式，平台既自己销售商品，也提供场所给第三方商家销售商品，如京东、亚马逊等。

当前跨境电子商务平台基本以第三方经营型和自营型这两大模式为主，第三方经营型是最能保证商品品质的模式，但是它门槛高，大部分跨境创业者多选择自营型模式以确保其产品品类最大化，从而获取大量的用户。

四、跨境电子商务的风险与防范

（一）跨境电子商务存在的主要风险

1. 市场风险

跨境电子商务中的市场风险主要源于市场供需及价格的变动或结算货币汇率的波动。跨境电子商务交易的商品种类繁多，千差万别，在进出口订单个性化、碎片化的背景下，进出口企业如何适应风云变幻的国际市场需求，以及如何应对国际市场风险，成为跨境电子商务企业面临的新的挑战。

跨境电子商务市场风险中的另一个风险是囤货滞销风险。当跨境电子商务企业将货物运抵进口国后，面临销售不畅带来的囤货滞销困境，若不能及时有效解决，还会引发跨境电子商务企业资金链断裂的风险。

随着跨境电子商务市场竞争加剧，为在顾客订单配送时间方面抢占先机，出口企业往往事先将货物运送到进口国的仓库，由此带来囤货滞销隐患，一旦需求受阻将导致囤货滞销风险。

跨境电子商务企业发展"海外仓"时对囤货滞销风险要格外重视。海外仓是采用集中采买、提前备货的形式，通过对大数据的运用，对产品的销售有一个预判。若对市场缺乏准确的把握，势必会造成库存风险。因此，企业必须很好地控制库存量，小范围试销，对销量好的产品再大量补充，若产生滞销品，要通过各种促销手段进行处理。

2. 物流风险

物流风险是跨境电子商务出口企业供应链上常见的风险，主要表现为跨境物流投递不畅带来的"财货两空"后果，具体现象包括商品丢失、海关扣关等。由于各国经济发展阶段和法律习惯不同，物流风险也表现得各有不同。欧美等经济体物流系统发达，物流风险发生概率相对较低。而诸如一些国土面积大、经济发展程度不高的发展中国家，如巴西、俄罗斯、非洲和南美洲的大多数国家，发生物流风险的概率较高。2015 年世界银行发布的《物流绩效指数》报告显示，南非的物流发展水平排名较低，尤其是海关通关、装运等环节的效率和安全度不高，因此，选择开拓南非市场的跨境电子商务企业，不仅物流成本较高，而且还可能面临时效性与安全性方面的困境。

3. 支付风险

货款支付是跨境电子商务经营过程中的关键环节，涉及国际贸易、国际金融和外汇管理等环节，不确定因素多，复杂程度高。在互联网背景下，网上跨境支付主要面临制度困境和技术风险。随着互联网金融的发展，跨境电子商务第三方支付行业发展迅速，以支付宝、京东网银等为代表的第三方支付公司已经先后取得跨境支付牌照，获准开展跨境电子商务外汇支付业务。然而，国内跨境电子商务第三方支付业务毕竟刚刚起步，法规制度不完善，征信体系尚未建立，支付信用安全风险、跨境消费身份认证技术性风险高，跨境交易资金流向监管难，安全支付仍面临不少现实困境。加上进出口通关、退税等跨境业务复杂，在一定程度上制约了跨境支付的推进。

4．清关风险

在传统国际贸易中，大部分的贸易是由出口商负责出口的清关手续、进口商负责进口的清关手续。在本国办理，相关的法律、操作流程比较熟悉，也不存在语言沟通的障碍，一般不宜出现问题。但在跨境出口的模式下，大部分的买家为最终消费者，不具备自行办理清关手续的能力，也就转为由出口商负责货物的出口和进口两项清关手续，也就相当于使用了DDP贸易术语，对卖家极为不利，增大了出口风险。不同国家的海关法律、法规也不尽相同，这就要求跨境电子商务必须对对方国家的清关手续和流程非常熟悉，并且与相关部门有较好的沟通。

5．政策法规风险

近几年，随着跨境电子商务的迅速发展，越来越多的企业借助跨境电子商务实现了转型升级，国家和地方政府部门也越来越意识到跨境电子商务的优越性，因此，先后出台了许多针对跨境电子商务的利好政策。这些政策的出台，一方面激励了跨境电子商务的发展，但同时也给传统贸易带来了更大的压力，因此，可以预见的是，为了平衡跨境电子商务与传统贸易的利益，政府同样会对传统贸易进行政策扶持，这也就意味着跨境电子商务的政策红利会渐渐消失。这些试验性的政策必然会对商检、税务、外汇等跨境电商交易环节产生不确定的影响，从而给跨境电子商务企业带来政策风险。另外，我国跨境电子商务企业"海外仓"的发展也面临国外政策法规风险，这些政策法规风险主要包括产品知识产权风险与税务风险。

（二）跨境电子商务主要风险的防范

1．跨境支付

跨境电子商务采用电子支付方式结算，安全性是电子支付需要首先考虑的问题。这不仅需要国家对相关支付平台和有跨境支付业务的企业资质等资信状况进行监督和管理，同时也需要办理电子支付的银行或非金融机构加强内部监督和管理。针对跨境电子商务支付存在的风险，可采取以下措施：第一，健全支付业务的法律法规，确保跨境电子商务支付业务的真实性；第二，规范跨境电子商务支付交易主体，降低跨境支付的交易信用风险；第三，建立支付安全保障系统，降低跨境电子商务支付安全风险；第四，简化跨境电子商务支付流程，提高资金流转的安全性；第五，灵活调整计价币种并协同分担汇率风险，及时有效应对汇损；第六，多种跨境支付搭配使用，降低跨境电子商务支付风险。

2．跨境物流

对于跨境电子商务企业来说，保证产品质量和货运质量是降低物流风险的前提条件。卖家在发货前要严把质量关，尽量避免寄出残次品；要注意产品质量、数量、配件等与订单一致，以防漏发、错发引起纠纷；应加强物流环节把控，认真做好包装工作；卖家选择物流运输商时多关注运输范围、口碑、时效等，要保证能及时查看到物流运输更新信息，从而更好地规避运营跨境电子商务的风险；买家下单后，卖家应及时告知预发货及收货时间，及时发货并在物流过程中与买家沟通物流信息；购买退运险等以转移风险。

3．电子通关

电子口岸及现代海关业务信息管理系统的搭建，为跨境电子商务快速便利通关提供了有利的条件。作为跨境电子商务企业，要熟悉和了解办理通关业务的相关要求，按照相关规定提前将交易信息和相关数据传输给海关，做好申请工作，配合海关对货物进行检验，及时缴纳关税，从而提高货物的通关效率，并及时解决通关中出现的问题；同时，要建构企业预警系统，合理规避政策风险；要选择成熟的海外代理服务商平台，推广多重通关经验，防范通关中存在的风险。

复习思考题

1．什么是电子商务？它有哪些特点？电子商务有哪些种类？
2．电子商务对国际贸易有什么影响？
3．网上支付有哪些形式？
4．电子商务中存在哪些安全问题？
5．跨境电子商务的营运模式有哪几种？
6．跨境电子商务有哪些风险？

案例分析题

敦煌网（www.dhgate.com）是国内最早开设的跨境电子商务交易平台之一，主要业务是利用平台帮助国内中小企业与全世界的中小批发商及零售商开展跨境贸易。该平台所销售商品覆盖消费电子、计算机、服装、美容美发用品、体育用品、鞋包、手表、珠宝饰品、家具、汽配和建材等品类。截至 2013 年年底，敦煌网已拥有来自欧、美、澳、亚、非等全球超过 200 个国家和地区的 550 万买家，国内注册卖家数超过 120 万。在线商品数量超过 2500 万种，平均每 3 秒钟产生一张订单。2013 年，敦煌网交易额超过 100 亿元人民币，年均增长率为 40%。敦煌网的运营特色主要表现为以下几个方面。

1．创建适用于中小企业跨境交易的服务模式

为了改变中小企业跨境贸易难的现状，敦煌网研发并建立跨境贸易在线交易平台，将 B2C 在线交易模式（如京东、天猫）运用到跨境交易电子商务 B2B 业务中，使商品的展示、营销、支付和物流管理等全部从线下移到线上，为跨境贸易提供一站式服务。在线交易的模式使敦煌网得以将分散的订单、信息流、资金流和物流整合起来，提升了敦煌网在代表中小卖家与跨境贸易服务商（包括推广、物流和支付等服务机构）谈判时的议价能力。此外，敦煌网还开创了"按交易额收取佣金"的收费模式，降低了中小企业开展跨境交易的成本。敦煌网利用自身的先发优势，与海外媒体（包括 Google、YouTube、Facebook、Twitter 和 Bing 等）展开了广泛的合作，利用海外的媒体平台帮助国内中小企业开展营销推广。敦煌网还利用自己在海外市场积累的市场信息，为用户提供大数据营销服务。

2．研发支持三十余种货币的支付和担保系统

敦煌网自主研发了 DHpay 支付系统，解决了国内卖家在世界范围内开展跨境贸易的支付和信用问题。DHpay 并不是一个独立的在线支付工具，而是敦煌网以平台上卖家巨大的收款需求为基础，与多国国内支付机构建立广泛的合作关系，使 DHpay 与这些支付机构的网上支付系统对接，保证这些国家或者地区至少有一家支付机构支持对 DHpay 系统的转账业务。

DHpay 还为买家和卖家提供交易担保功能，建立买卖双方互信交易机制。当买卖双方在敦煌网上达成交易，买家确认订单之后，可通过本地或者国际支付机构将货款汇入敦煌网的 DHpay 账户，由敦煌网代为保管，卖家在确认货款打入 DHpay 账户后即可发货，在买家确认收货后，由敦煌网将货款转入卖家账户，钱款即时到账。

3．研发跨境物流综合服务平台

敦煌网的客单价较低，但跨国配送要面临国际物流的复杂流程，配送效率和成本无法有效控制。此外，敦煌网还要面对用户虚假发货、订单欺诈等恶意利用平台规则的问题。为了降低跨境贸易的物流成本，提高配送效率，让国内外用户放心地在敦煌网平台上做生意，敦煌网研发了 DHLink 综合物流服务平台。目前，该系统已完成了敦煌网与 UPS、DHL、EMS、TNT、FedEx 等国际物流配送企业信息系统的对接。

请问：敦煌网跨境电子商务交易平台成功的经验是什么？

 技能拓展训练

目的：了解电子商务的业务流程。

资料：电子商务越来越多地走进我们的生活，你可以足不出户地在网上完成很多日常事务，也可以从事商务活动。假设最近你想购买一些物品，你了解到有几家商务网站有这些商品。

要求：请你选择一家商务网站完成一笔 B2C 业务，说明电子商务活动的基本流程。

参 考 文 献

[1] 安徽. 国际贸易实务教程[M]. 3版. 北京：北京大学出版社，2009.

[2] 蔡茂森，李永. 国际贸易理论与实务[M]. 2版. 北京：清华大学出版社，2017.

[3] 陈胜权. 国际贸易实务经典教材习题详解[M]. 北京：对外经济贸易大学出版社，2005.

[4] 陈岩. 国际贸易理论与实务[M]. 4版. 北京：清华大学出版社，2018.

[5] 陈岩，李飞. 跨境电子商务[M]. 北京：清华大学出版社，2019.

[6] 冯静. 国际贸易实务[M]. 北京：北京大学出版社，2009.

[7] 傅龙海. 国际贸易理论与实务[M]. 北京：对外经济贸易大学出版社，2009.

[8] 葛萍，周维家. 外贸英语函电[M]. 上海：复旦大学出版社，2008.

[9] 国际商会. 跟单信用证统一惯例（国际商会第600号出版物）[M]. 北京：中国民主法制出版社，2006.

[10] 中国国际商会，国际商会中国国家委员会. 国际贸易术语解释通则2020[M]. 北京：对外经济贸易大学出版社，2020.

[11] 国际商会（ICC）. 国际贸易术语解释通则® 2010[M]. 北京：中国民主法制出版社，2011.

[12] 郭建军. 国际货物贸易实务教程[M]. 北京：科学出版社，2007.

[13] 郭燕，杨楠楠. 国际贸易案例精选[M]. 北京：中国纺织出版社，2004.

[14] 韩常青. 国际贸易实务[M]. 北京：清华大学出版社，2008.

[15] 韩玉军. 国际贸易实务[M]. 3版. 北京：中国人民大学出版社，2018.

[16] 胡俊文，戴瑾. 国际贸易实战操作教程[M]. 北京：清华大学出版社，2009.

[17] 黄海东. 国际贸易实务[M]. 北京：科学出版社，2010.

[18] 冷柏军. 国际贸易实务[M]. 4版. 北京：中国人民大学出版社，2020.

[19] 李勤昌. 国际货物运输实务[M]. 北京：清华大学出版社，2008.

[20] 李季芳. 国际贸易实务[M]. 北京：电子工业出版社，2018.

[21] 黎孝先，王建. 国际贸易实务[M]. 7版. 北京：对外经济贸易大学出版社，2020.

[22] 李湘滇，刘亚玲. 国际贸易实务[M]. 北京：北京大学出版社，2011.

[23] 梁琦. 国际结算[M]. 北京：高等教育出版社，2005.

[24] 刘秀玲. 国际贸易实务与案例[M]. 北京：清华大学出版社，2008.

[25] 刘重力. 国际贸易实务[M]. 北京：清华大学出版社，2008.

[26] 缪东玲. 国际贸易理论与实务[M]. 3版. 北京：北京大学出版社，2019.

[27] 庞红，尹继红，沈瑞年. 国际贸易实务[M]. 6版. 北京：中国人民大学出版社，2019.

[28] 彭福永. 国际贸易实务[M]. 4版. 上海：上海财经大学出版社，2009.

[29] 覃征. 电子商务概论[M]. 6版. 北京：高等教育出版社，2019.

[30] 任丽萍，陈伟. 国际贸易实务[M]. 2 版. 北京：清华大学出版社，北京交通大学出版社，2010.

[31] 尚玉芳，阎寒梅. 新编国际贸易实务习题与解答[M]. 大连：东北财经大学出版社，2005.

[32] 盛洪昌. 国际贸易实务[M]. 5 版. 北京：清华大学出版社，2019.

[33] 宋文官. 电子商务概论[M]. 4 版. 北京：清华大学出版社，2017.

[34] 苏宗祥，徐捷. 国际结算[M]. 7 版. 北京：中国金融出版社，2020.

[35] 孙勤. 国际贸易理论与实务[M]. 北京：机械工业出版社，2010.

[36] 童宏祥. 报检实务[M]. 上海：上海财经大学出版社，2010.

[37] 吴国新，李元旭. 国际贸易单证实务[M]. 4 版. 北京：清华大学出版社，2017.

[38] 童宏祥. 进出口贸易业务[M]. 上海：上海财经大学出版社，2008.

[39] 王秋红. 国际贸易实务[M]. 兰州：兰州大学出版社，2006.

[40] 王晓东. 国际运输与物流[M]. 北京：高等教育出版社，2006.

[41] 夏合群，夏菲菲. 国际贸易实务模拟操作教程[M]. 4 版. 北京：对外经济贸易大学出版社，2020.

[42] 许晓东. 国际贸易实务[M]. 北京：中国纺织出版社，2017.

[43] 尹晓波. 国际贸易实务：教程与案例[M]. 北京：机械工业出版社，2011.

[44] 易露霞，陈原. 国际贸易实务双语教程[M]. 北京：清华大学出版社，2006.

[45] 姚新超. 国际贸易运输与保险[M]. 北京：对外经济贸易大学出版社，2006.

[46] 余庆瑜. 国际贸易实务原理与案例[M]. 2 版. 北京：中国人民大学出版社，2019.

[47] 张家成. 国际贸易理论与实务[M]. 2 版. 北京：电子工业出版社，2019.

[48] 张晓明. 国际贸易实务与操作[M]. 北京：高等教育出版社，2008.

[49] 张亚芬. 国际贸易实务与案例教程[M]. 3 版. 北京：高等教育出版社，2013.

[50] 章艳华，张凤芹，梁会君. 国际贸易实务[M]. 北京：清华大学出版社，2011.